Maria Magdalena
Heilige und Sünderin in der italienischen Renaissance

Monika Ingenhoff-Danhäuser

Maria Magdalena

Heilige und Sünderin in der italienischen Renaissance

Studien zur Ikonographie der Heiligen
von Leonardo bis Tizian

VERLAG ERNST WASMUTH TÜBINGEN

CIP-Kurztitelaufnahme der Deutschen Bibliothek

Ingenhoff-Danhäuser, Monika:
Maria Magdalena: Heilige und Sünderin in d. ital. Renaissance;
Studien zur Ikonographie d. Heiligen von Leonardo bis Tizian/Monika
Ingenhoff-Danhäuser. – Tübingen: Wasmuth, 1984.
  ISBN 3-8030-4011-6

© 1984 by Ernst Wasmuth Verlag Tübingen
Graphische Gestaltung: Dr. H. D. Ingenhoff
Druck: Gulde-Druck GmbH, Tübingen
Repros: Reproanstalt 16, Dußlingen
Printed in Germany
ISBN 3 8030 4011 6

Für Amina Ingenhoff

INHALT

VORWORT

Die vorliegende Arbeit wurde 1983 unter dem Titel »Magdalenenikonographie zwischen Leonardo und Tizian« der Fakultät für Kulturwissenschaften der Eberhard-Karls-Universität Tübingen als Dissertation vorgelegt und angenommen.

Vielen habe ich zu danken: meinen Lehrern, Kollegen und Freunden für ihre Unterstützung, Hilfe und ihr lebhaftes Interesse. Mein besonderer Dank gilt Prof. Dr. Konrad Hoffmann. Er hat den Gang der Arbeit wohlwollend und kritisch begleitet, mir auch über manche Klippen hinweggeholfen. Seine knappen und doch präzisen Hinweise halfen mir, den Rahmen der Arbeit einzugrenzen. Dank schulde ich Dott. Marco Chiarini, Direktor der Galleria Palatina, Florenz, der mir freundlicherweise die Erlaubnis erteilte, Tizians Bild der Magdalena technologisch zu untersuchen. Prof. A. Bettagno danke ich, daß er mir die Gelegenheit zum Einblick in die Fotothek der Fondazione Cini, Venedig, ermöglichte. Eine Fülle von Hinweisen, speziell zu Tizian, gaben mir Prof. Dr. H. Siebenhüner und Dr. Charles Hope (London). Zu Dank verpflichtet bin ich auch Dr. E. Stahn von der Biblitheca Hertziana, Rom. Sie hat mir nicht nur bei der Beschaffung von Fotos geholfen, sondern mich auch auf die Spur eines von mir gesuchten Bildes aufmerksam gemacht. Wichtige Hinweise verdanke ich Dr. M. Anstett-Janssen. Sie überließ mir zudem in großzügiger Weise ihr Bildmaterial zur Einsicht. Prof. Dr. Dr. E. Fechner, Prof. Dr. U. Herrmann und Dr. habil. St. Kummer standen mir mit sachkundigem und fachlichem Rat zur Seite. Für Untersützung und Hilfe danke ich außerdem Prof. Dr. J. Paul, Prof. Dr. D. de Chapeaurouge, Dr. M. Wagner, Dr. G. Herzog zu Mecklenburg und Dr. H. Krins. Zu Dank verbunden fühle ich mich schließlich Frau Dr. V. Birbaumer vom Wasmuth Verlag, deren Erfahrungen der Redaktion des Buches zugute kamen.

Eine unersetzliche Hilfe war mir mein Mann. Seine immerwährende geduldige Anteilnahme an den Sachproblemen, seine unermüdliche Unterstützung und Ermutigung haben mir die Kraft gegeben, den eingeschlagenen Weg weiterzuverfolgen, auch Widerstände zu überwinden. Er hat, wie auch unsere Kinder, viele Verzichte leisten müssen, um das Zustandekommen der Arbeit zu ermöglichen.

Monika Ingenhoff-Danhäuser
Frondsbergstr. 33/1
7400 Tübingen

EINLEITUNG

Ausgangspunkt der vorliegenden Untersuchung ist Tizians Bild der ‚Magdalena' im Palazzo Pitti in Florenz. Die Darstellung der Heiligen wirkt ungewöhnlich verweltlicht. Magdalena, als Büßerin bekannt, in der Bildenden Kunst Italiens seit Jahrhunderten tradiert, erscheint plötzlich in ganz anderer Gestalt: Tizian präsentiert sie als eine schöne junge Frau, die in ihrer Nacktheit den Eindruck sinnenfroher Lebensfreude vermittelt. Es verwundert nicht, wenn den Betrachter angesichts einer solchen Büßerin Unbehagen befällt. Das betrifft sowohl die Gestalt der Heiligen selbst, ihre Glaubwürdigkeit als Büßerin, als auch die Frage, ob ein solches Bild der Funktion eines Heiligen- bzw. Andachtsobjektes in jener Zeit noch gerecht wurde.

Diese Feststellung ist nicht neu. Vor allem im 19. Jahrhundert mehren sich kritische Stimmen, aus denen deutlich Scheu und Skepsis angesichts einer solchen Heiligendarstellung herauszuhören sind. So bemerkt J. Burckhardt: »In der bekannten Magdalena sollte wohl die bußfertige Sünderin dargestellt werden, allein in dem wundervollen Weib, deren Haare wie goldene Wellen den schönen Leib umströmen, ist dies offenbar Nebensache«[1]. Für L. Colet ist Tizians ‚Magdalena' die „Madeleine, figure brûllante et vertigineuse qui trouble les cœurs!". Sie meint weiter: „Sa nudité superbe resplendit comme au temps de ses voluptés . . ." und „. . . on dirait d'une magnifique lionne dans sa crinière fauve; ses grands yeux brillent d'une flamme inassauvie; ses lèvres prépurines ont un sourir désespéré; ses narines, flexibles, hument les parfums des baia, à defaut des chaudes haleines qui l'enivraient naguère"[2]. Crowe und Calvalcaselle stellen fest, daß für Tizian „a new model takes the place of the ‚Violante' and ‚Flora' and serves to represent alternately the Goddess of Love, and the Magdalen of Scripture"[3]. Die Autoren sind sicher, „that Titian had no other purpose in view than to represent a handsome girl"[4]. Ähnlich äußert sich Wölfflin: „Magdalena ist die schöne Sünderin und nicht die Büßerin mit verwüstetem Leib"[5]. Ruskin urteilt noch härter und nennt sie „the disgusting Magdalen of the Pitti Palace"[6]. H. Tietze spricht der Darstellung schließlich alle religiösen Funktionen ab, „sie ist eine reizende Büßerin ohne religiöse Hintergedanken"[7]. Auch Pallucchini unterstreicht die Ambivalenz der Darstellung, die sich durch eine Mischung von Pathos und greifbarer Sinnlichkeit auszeichnet[8]. D. Rosand äußert sich ähnlich: „Titian's penitent Magdalen belongs to a special genre that he himself created for his contemporaries: a religious image, overt in the sensuality of its appeal, that at once inspires devotion and sustains delection"[9]. Doch ist eine solche Darstellung tatsächlich „in ihrem tiefsten Wesen nur eine Huldigung an weibliche Schönheit unter religiösem Vorwand"[10]?

In allen diesen Bemerkungen ist der Unterton einer moralisierenden Wertung nicht zu überhören. Keiner konnte sich offenbar mit der Tatsache abfinden, ein Heiligenbild zu akzeptieren, das scheinbar zu allem anderen denn zu frommen Gefühlen aufruft. Die Moralvorstellungen des 19. Jahrhunderts versperrten den Gedanken daran, wie die Formulierung eines solchen Heiligenbildes wohl zustande kam, welche Gründe dafür vorgelegen haben mochten, daß Tizian ein Bild solcherart geschaffen hat. Kommt hinzu, daß dieses Werk nur am Anfang einer ganzen Reihe weiterer Magdalenenbilder stand, die Tizian im Laufe seines Lebens gemalt hat. Sie gleichen nicht alle dem Bild in Florenz, doch unterscheiden sie sich auch nicht wesentlich voneinander.

Haben die Autoren des 19. Jahrhunderts recht, Tizians Magdalenenbild nur als Produkt eines Modetrends anzusehen, moralisch nicht ganz einwandfrei, das Bild der Gesellschaft der Renaissance überschattend? Sicherlich nicht, denn wir wissen von der Freizügigkeit des Denkens und Empfindens, die den Menschen der Renaissance eigen war. Mit Schamgefühlen belegt, läßt sich der Glanz der Renaissance nicht trüben.

Betroffen war vor allem das Bild von der Frau. Es waren die in jeder Weise gebildeten Frauen, die *virago* oder die *poetessa*, die ein hohes Ideal in der Renaissance verkörperten. Dieses Ideal lebte im 19. Jahrhundert ungebrochen fort. Daneben gab es freilich jene ‚anderen‘, auch ‚Buhlerinnen‘ genannt, die am Rande dieser von hochgesinnten Frauengestalten geprägten Zeit existierten. An die Buhlerinnen oder auch Kurtisanen erinnerte man sich im 19. Jahrhundert nur mit Zögern, verwarf sie als schamlos, ihre Moral als skandalös[11], fast eine Parallele zu den Urteilen über Tizians Magdalena.

Gerade deshalb fragt es sich, warum ein Bild wie Tizians ‚Magdalena‘ in jener Zeit offensichtlich doch geschätzt wurde. War es nur für den männlichen Betrachter gedacht? Oder sah man ein solches Bild vielleicht auch unter anderen Aspekten, die mit der Person der Dargestellten selbst zu tun hatten? Immerhin hatte das Thema Magdalena eine lange literarische Tradition, die bis weit in das Mittelalter zurückreicht[12]. Man weiß auch, daß selbst ein Mann wie Savonarola Magdalena in seinem «Tractato dello Amore di Jesu Christo» von 1492 nicht unbeachtet ließ[13]. Auf der anderen Seite berichtet M. Bellonci, daß Alfonso d’Este zu seiner Hochzeit mit Lukrezia Borgia vom französischen König eine Medaille mit dem Bild der Magdalena zum Geschenk erhielt. Wie man aus der Anmerkung des Berichterstatters Cagnolo erfährt, wollte Ludwig XII. damit auf die junge Frau anspielen, eine Frau von „der Tugend und Sanftmut einer Magdalena“[14]. Die „Unverschämtheit dieser Allegorie und dieses Geschenkes mußte man erdulden“, wie M. Bellonci fortfährt[15]. Lukrezia hatte Alfonso d’Este 1502 geheiratet, ihr Ruf war allgemein bekannt.

Nun klafft zwischen dem sittenstrengen Savonarola und der in ihrem Ruf angeschlagenen Lukrezia Borgia ein tiefer Abgrund. Und doch, so will es scheinen, offenbart sich bei beiden eine bestimmte Vorstellung von der Person der heiligen Magdalena: tugendhaft-sanftmütig auf der einen, in Anspielung auf den Lebenswandel der Lukrezia Borgia mit Schuld und Sünde beladen auf der anderen Seite.

Ein Jahrhundert später erfährt man, wie G. B. Marino in einem Sonett einer Magdalena Tizians, die er im Besitz hatte, huldigt. Dabei zeigt sich, daß offensichtlich in der Beurteilung der Heiligen ein Wandel eingetreten war. Marino sieht in Magdalena die junge, in der ersten Blüte ihrer Jahre stehende Frau, die begnadet zu „Christi liebender Geliebten“ wurde[16]. Doch hatte Magdalena unter diesem Aspekt keine Vergangenheit mehr? Im Gegenteil – in der Literatur des 17. Jahrhunderts wird sie auffälligerweise als „holy harlot“ gesehen, als ehemalige Dirne[17]: Erotik und Askese mischen sich hier auf eigentümliche Weise. Dies war keineswegs abwertend, sondern durchaus ernst gemeint[18]. Ja – man gewinnt den Eindruck, daß sich in der Gestalt Magdalenas, hinter ihrer erotischen Ausstrahlung, eine ganze Skala menschlicher Gefühle verbirgt.

Immerhin – die Urteile des 19. Jahrhunderts über Tizians Bild der Magdalena sind zeitgebunden nicht unbegründet, doch haben sie einseitig nur die Darstellung der schönen Sünderin im Blick, nicht jedoch das, was sich eigentlich, wenngleich verhüllt, in diesem Bilde zu erkennen gibt. Der Beantwortung dieser Frage nachzugehen ist Aufgabe der vorliegenden Arbeit, bestimmt die Methode.

Wenn Tizians Bild im Brennpunkt der Betrachtung steht, so muß versucht werden, formal-typologische Zusammenhänge aufzudecken. Dabei stoßen wir auf Leonardo. Es sind seine Bilderfindungen, die sich auf seinen Schülerkreis auswirken und Früchte tragen. Auch das Bild der nackten schönen Sünderin Magdalena erfährt durch einen seiner Schüler – möglicherweise unter dem Einfluß des Meisters – eine Neuformulierung, entstanden vor dem Hintergrund von Ficinos Liebesphilosophie.

Leonardo, als künstlerisches Vorbild, beeinflußt auch die Malerei Venedigs, doch in einer Umprägung, die nur dort in besonderer Weise möglich wurde. Daran ist Tizian hauptsächlich beteiligt. Indes, die ‚Magdalena‘ Tizians läßt sich nur hinreichend ausdeuten, wenn wir die Quellen der Zeit befragen. Nur dann läßt sich verstehen, ob und warum Magdalena in einer bestimmten Rolle vorgestellt wurde. Ob Magdalena diese Rolle historisch zukommt, ist eine weitere Frage[19], doch scheinen die Menschen der Renaissance diese Rolle in sie hineinprojiziert zu haben: nicht allein aus Lust und Laune, sondern aus einer zwingenden Notwendigkeit heraus, welche die Bedürfnisse der Gesellschaft jener Zeit spiegelt.

Doch fügt sich das neue Magdalenenbild auch in die äußeren Belange der Gesellschaft ein. Das, was ein Kunstwerk für seine Zeit bedeutet, ist deswegen auch mitbestimmt durch die Funktion, die es für die Gesellschaft, für die es geschaffen wurde, hatte. Der Zweck bzw. die Bestimmung des Kunstwerkes ist insofern integrierender Bestandteil seiner Deutung. „Die Deutung des Kunstwerkes als geschichtliches Phänomen stellt sich demnach immer als eine bloße Möglichkeit dar und nicht als eine gesicherte geschichtliche Erkenntnis"[20]. Dementsprechend kann der Sinn eines Kunstwerkes mehrdeutig, wenn nicht widersprüchlich sein, doch gerade darin liegt auch die Möglichkeit bzw. ein Ansatz, die Wandelbarkeit der Bilddeutung aufzuzeigen.

Den Wandel der Magdalenenikonographie im 16. Jahrhundert darzulegen ist ausschlaggebender Aspekt der vorliegenden Arbeit. Dieser Wandel ist von wechselnden historischen Entwicklungsphasen begleitet und empfängt von hier seine Impulse. Abhängig davon gibt es Sinnzusammenhänge zwischen äußerem Erscheinungsbild und ikonographischer Neuerung des Magdalenenbildes, die sich wechselseitig bedingen. Dabei wird auch berücksichtigt, welchen Einfluß das Tridentinum auf die Darstellung der Heiligen nimmt. Auch Tizian wird davon berührt.

Schließlich wird in einem Ausblick versucht, darzulegen, wie das Bild der Sünderin Magdalena im 17. Jahrhundert mehr und mehr in den Sog der Profanierung gerät, um endlich, seines Sinngehaltes entleert, zum Objekt lustbetonter Anschauung zu werden, bevor die Kritiker des 19. Jahrhunderts der Darstellung Magdalenas den Stempel ihrer Moralvorstellungen aufdrücken.

I DARSTELLUNG UND IKONOGRAPHIE MAGDALENAS BIS ZUR RENAISSANCE

Maria Magdalena spielt unter den Jesus umgebenden Frauen eine besondere Rolle, deren Ursprünge bis in frühchristliche Zeit zurückreichen. Als biblische Gestalt erscheint sie in allen vier Evangelien. Sie ist es, die Christi Füße im Hause Simons salbt. Sie ist es, die ihm als erste nach seiner Auferstehung begegnet, ihn erkennt und von ihm erkannt wird. Sie ist es schließlich, die den Jüngern die Botschaft seiner Auferstehung bringt[1]. Sie ist ganz offensichtlich die Frau, die ihm, neben seiner Mutter, am nächsten stand und zu seiner anhänglichsten und treuesten Jüngerin wurde[2]. Freilich ist ihre Rolle innerhalb des Kreises der Jünger gerade deswegen umstritten. So wird ihr in einer der weitverbreiteten Schriften der frühchristlichen Gnosis, der *Pistis Sophia*, bescheinigt, daß sie wie keine andere dazu berufen ist, zur Trägerin besonderer christlicher Geheimüberlieferungen zu werden[3]. Ihre dominierende Rolle bringt sie deswegen auch in Konflikt mit den männlichen Jüngern. Vor allem Petrus beklagt sich bei Jesus über ihre unstillbare Redegewandtheit, die allen anderen das Wort abschneidet[4]. Obwohl Jesus sich angesichts dieser Vorwürfe schützend vor sie stellt, zeigt sich, daß in Gestalt der Maria Magdalena ein geheimer und latenter Konfliktstoff verborgen ist.

Dies erklärt sich auch daraus, daß Maria Magdalena zwar als biblische Gestalt bezeugt, jedoch von vornherein mit Ambivalenz belastet ist. Denn sie ist in den Evangelien nicht als eine einzige Person faßbar, sondern eine Kompilation dreier verschiedener Frauen: als Maria Magdalena, die spätere Jüngerin Christi; als Maria von Bethanien; schließlich als die namenlose Sünderin[5]. Die Definition dieses Einheitsbildes der Maria Magdalena, das Gregor der Große am Ende festschreibt, beruht auf der Exegese der Kirchenväter[6]. Mit dem ausgehenden 6. Jahrhundert wird es zur verbindlichen Formulierung und gilt bis zum Ende des 15. Jahrhunderts[7]. Erst danach wurde dieses Einheitsbild in Zweifel gezogen und blieb bis vor kurzem Gegenstand exegetischer Diskussionen[8]. Wir können uns hier nicht mit den neuesten Untersuchungen, die die patristische Auslegung der Gestalt Maria Magdalenas zurecht in Zweifel ziehen, auseinandersetzen. Denn ausgerechnet die Rolle Magdalenas als die *magna peccatrix* fällt diesen Überlegungen zum Opfer, wird als die für die „Frauenfrage folgenreichste patriarchalische Geschichtsfälschung des Abendlandes" erklärt[9]. Zwar verkehrt eine solche Formulierung alle bisherigen Überlieferungen in ihr Gegenteil, doch ist es gerade deswegen notwendig, die Traditionen zurückzuverfolgen, weil sie hinsichtlich der Entwicklung des Magdalenenbildes, auch in der Kunst, wertvolle Aufschlüsse über dessen Wandel geben.

Es kann keinen Zweifel darüber geben, daß die Ambivalenz der Gestalt Maria Magdalenas ganz entscheidend auch dadurch bestimmt ist, daß sie einerseits als Sünderin, andererseits als überzeugte und bevorzugte Jüngerin Christi gilt, die schließlich als Heilige in den Legenden erscheint. Gerade in diesen wird jedoch, aufgrund der vielen Imponderabilien, die die *vita* der Heiligen begleiten, manches hinzugedichtet. Die Legenden orientieren sich wohl an dem Einheitsbild Maria Magdalenas, doch wird dieses mit vielfältigen Begebenheiten ausgeschmückt, die das Widersprüchliche ihrer *vita* zu erklären versuchen. So wird sie bei Jacobus de

Voragine zur verlassenen Braut des Johannes, die sich aus Enttäuschung einem lasterhaften Leben hingibt, worauf Christus sie erlöst und bekehrt[10]. Zweifellos: Die Bekehrung wird zum zentralen Geschehen im Leben der Heiligen.

Die Entstehung des Magdalenenkultes läßt sich bis in das 8./9. Jahrhundert zurückverfolgen[11]. Zentrum ist zunächst Frankreich, doch verbreitet er sich zusehends über ganz Europa[12]. Besonders die Cluniazenser stellen Magdalena in den Mittelpunkt ihrer Predigten: Ihre Läuterung und ihre Bekehrung werden beispielhaft, als Zeichen inneren Wandels, herausgestellt[13].

Cluniazenser sorgten auch im 11. Jahrhundert dafür, daß Vezélay zum Ort ihrer Reliquienverehrung erklärt wurde, damit zur beliebten Wallfahrtstätte für viele Pilger[14]. Daß Frankreich so zum Ausgangsort der Magdalenenverehrung wurde, hängt mit der Legende ihrer wundersamen Meerfahrt zusammen. Danach hat Magdalena, nach Christi Tod, um der Christenverfolgung zu entgehen, das Heilige Land verlassen und landete nach langer beschwerlicher Seefahrt mit ihrem Schiff in der Provence[15]. Von hier aus, so wird berichtet, entfaltete sie mit Hilfe des Bischofs Maximin ihre Missionstätigkeit, wobei ihr auch Wunderwirken zugesprochen wird[16].

Während die französische Legende vorwiegend Magdalena, die Missionarin, in das Blickfeld rückt, gibt es eine andere Legende, derzufolge die Heilige als Büßerin geschildert wird[17]. Diese Legende hat ihren Ursprung in einem anderen Land, nämlich in Italien, und zwar schon zu Beginn des 10. Jahrhunderts[18].

Auch diese Legende verbreitet sich rasch über Europa, auch nach Frankreich. Hier wurde 1217, wiederum nahe Vezélay, der erste Franziskanerkonvent in Frankreich im Auftrag Franz von Assisis gegründet[19]. Die Bußlegende Magdalenas fällt damit auf fruchtbaren Boden: Die französische und italienische Legende verbinden sich miteinander. Der Ort der Magdalenenverehrung verlagert sich nach St. Beaume. Hier, in den Bergen der Provence, wird nun die Höhle, in der die Büßerin lebt, lokalisiert[20]. Hier, so heißt es, findet ihre Erhebung statt, von hier aus wird sie von Engeln zur Stätte ihrer letzten Kommunion geleitet, in das Oratorium des Bischofs Maximin[21].

Magdalena, die Büßerin, verdrängt von nun an die Vorstellung von der Heiligen als Missionarin[22]. Wie kommt es zu dieser seltsamen Akzentverschiebung? Wenn Magdalena, die Sünderin, als biblische Gestalt akzeptabel ist, so entbehrt die Figur der Büßerin Magdalena jeder historischen Grundlage im Zusammenhang mit den Evangelien[23].

Es gibt jedoch die Verbindung zu einer anderen Heiligen: Maria Aegyptiaca. Ihre Existenz ist allerdings nicht durch die Bibel, sondern einzig einer im 7. Jahrhundert entstandenen Legende nach bekannt[24]. Diese verbreitet sich, spätestens seit dem 9. Jahrhundert, vor allem in den romanischen Ländern. Wichtigstes Ereignis im Leben dieser Heiligen ist die Geschichte ihrer Wandlung, die sie, eine ehemalige Dirne, dazu veranlaßt, ihrem sündigen Leben zu entsagen und in der Einöde der Wüste Buße zu tun. Hier lebt sie nackt und völlig von der Sonne verbrannt, als ein Priester sie findet und ihr aus Mitleid seinen Mantel überläßt[25]. Die Legende dieser Heiligen hat wohl die Phantasie der Dichter in Italien beflügelt. Im 10. Jahrhundert entsteht, in Anlehnung an die Legende der Maria Aegyptiaca, diejenige der Büßerin Maria Magdalena[26]. Beide Legenden gehen jedoch nicht ineinander auf, sondern bestehen von nun an selbständig nebeneinander, auch sind die beiden Heiligen in der Darstellung mit unterschiedlichen Attributen ausgestattet: Maria Aegyptiaca mit drei Broten, Maria Magdalena mit dem Salbgefäß[27]. Immerhin bleibt eine enge Verwandtschaft zwischen beiden bestehen: die Buße. Magdalena wird damit zunehmend in die Rolle der Sünderin gedrängt, sie wird zur büßenden Sünderin, ja zur Büßerin schlechthin.

Der Bußgedanke fordert zu Assoziationen heraus. Zum äußeren Erscheinungsbild einer Büßerin gehören Armut und Askese mit all ihren Begleiterscheinungen, wie Nacktheit, Entbehrungen aller Art, z. B. Hunger, Durst, Kälte oder Hitze, die zu ertragen sind, auch Finsternis in der Nacht, schließlich Selbstkasteiung als selbst auferlegte Marter, bis hin zu Flagellantentum. Buße bedeutet aber auch Demut, Ergebenheit bis zur Selbstaufgabe, die Isolation des Eremitendaseins, das fast einer freiwilligen Gefangenschaft gleichkommt, ohne menschliche Kontakte, die Wärme mitfühlender Gespräche oder sonstige Hilfe. Es ist ein völliges Zurückgeworfensein auf sich selbst mit dem Ziel, die ungestörte Zwiesprache und Nähe Gottes zu suchen. Der Verlaß auf ihn kann nur einem ungetrübten und ungebrochenen Vertrauen und Glauben an ihn entspringen. Das alles kann man sich heute kaum mehr vorstellen. Doch verwundert es nicht sonderlich, daß Glaubensbekenntnisse solcher Art im 13. Jahrhundert in Gang gesetzt werden, die in dieser Zeit von für uns kaum nachvollziehbaren Gedanken inspiriert werden.

Es sind vor allem die in ihren Anfängen laikalen Bestrebungen Franz von Assisis, die hier, einer geistigen Epidemie gleich, die Menschen ergriffen[28]. Viele gaben alle weltlichen Freuden und Hoffnungen auf, um in strenger Askese ihr Heil im Glauben an das Jenseits zu suchen. Es ging darum, den christlichen Glaubensinhalten neues Leben zu verschaffen, dem Christentum einen neuen Sinn zu geben – von der Art, daß er vom niedersten Bauer oder Bürger ebenso wie von Menschen des höchsten Standes verstanden wurde. Ziel dieser von Franz von Assisi eingeleiteten Bewegung war die Reformierung der Kirche. Ihrer Korrumpierung und Nachlässigkeit hatte Franz den Kampf angesagt. Seine unablässigen Mahnungen und sein eigenes Vorbild asketischen Lebens verfehlten ihre Wirkung nicht. Die Anerkennung des Ordens erfolgte noch zu seinen Lebzeiten, sein Wirken hatte lange und weitreichende Folgen. Sowohl Katharina als auch Bernardin von Siena sind nicht denkbar ohne die Vorbereitung durch Franz von Assisi, der für diese zu ihrer Mission berufenen Heiligen Wegbereiter war[29].

Im Zuge dieser Entwicklung lag es nur zu nahe, einer frühchristlichen Heiligen wie Maria Magdalena neue beispielhafte Charakterzüge zu verleihen, die diesen Bußideen entgegenkamen. Der Gedanke, diese am Beispiel der *Büßerin* Magdalena zu aktualisieren, drängte sich nachgerade auf. Damit ließ sich den männlichen Büßern, wie Johannes d. T. oder Onophrius, ein gleichwertiges weibliches Gegenbild zur Seite stellen. Allerdings ist die Vorstellung dieser weiblichen Heiligen mit einem Sündenregister befrachtet, das ihresgleichen beim männlichen Heiligen vergeblich sucht[30]. Man hat tatsächlich das Bild der Sünderin Magdalena, über die biblisch-historischen Tatsachen hinweg, verfälscht, indem man die namenlose Sünderin mit einer ehemaligen Dirne gleichsetzte[31].

Die Vorstellung der Büßerin Magdalena wurde in der Folgezeit zum Sinnbild des Bußgedankens schlechthin. Mit Beginn des 13. Jahrhunderts entstehen so auch die ersten ihr eigens gewidmeten Bildzyklen in der Kunst. Wurde Magdalena bisher vorwiegend in den entsprechenden Szenen der Lebensgeschichte Christi wiedergegeben, so wurde ihr Leben als Büßerin nun so wichtig, daß die Legende ihrer *vita* in detailliertem Szenarium ausgebreitet wird[32]. Dabei lassen sich zwei Themengruppen unterscheiden. Einmal sind es diejenigen, die sich mit den durch die Evangelien überlieferten Themen befassen, zum anderen werden die Darstellungen aufgenommen, die Teile der durch die Legenden tradierten Themen zum Inhalt haben[33].

Früheste Beispiele von Bildzyklen finden sich in der hochgotischen Kunst Frankreichs: in den Glasfenstern der Kathedralen von Chartres, Bourges, Auxerre und Semur-en-Auxois[34]. Soweit hier die legendären Begebenheiten erzählt werden, sind sie an die französische Legende gebunden, d. h. Magdalena wird als wundertätige Missionarin verstanden. Doch finden sich schon in Auxerre Reflexe auf die italienische Bußlegende, indem sie hier allerdings nicht nackt, sondern in ein Gewand eingehüllt wiedergegeben wird[35].

Das Bild der nackten, nur von ihren Haaren verhüllten Büßerin Magdalena entsteht erstmals im 13. Jahrhundert in Italien[36], und zwar – nicht zufällig – in Perugia. Hier schafft ein umbrischer Lokalmaler, sicher unter dem direkten Einfluß der franziskanischen Reformbewegung, in der Kirche St. Prospero die früheste Darstellung dieses Bildtypus der haarummantelten Büßerin, der in der Folge weitreichende Bedeutung erlangen wird. Es ist ein Fresko, das 1225 datiert und mit dem Namen „Bonamicus" signiert ist. Neben einer Darstellung des «Jüngsten Gerichtes» gibt es eine Gruppe von Heiligen als Standfiguren, deren eine als „S. Maria Magd." gekennzeichnet ist. Anstatt wie die anderen Heiligen ein Gewand zu tragen, fällt Magdalena dadurch auf, daß sie, offenbar nackt, nur von langen, glatten, über ihre Schultern fallenden Haaren bedeckt ist, die freilich alles verhüllen bis auf das Gesicht, die Füße und die betend erhobenen Hände. Es kann keinen Zweifel geben, wer hier gemeint ist.

Wie kommt es aber zu dieser Neuformulierung Magdalenas? Ist es wiederum das Vorbild der Maria Aegyptiaca, das als Modell für eine solche Darstellung gedient hat? So naheliegend eine solche Vermutung ist, gibt es dafür keine Beweise. Denn in der Legende der Maria Aegyptiaca findet sich keinerlei Hinweis darauf, daß sie haarummantelt vorzustellen wäre[37]. Im Gegenteil: Den Quellen zufolge sind ihre Haare schulterlang, ansonsten ist sie nackt. Um diese Nacktheit schnellstens zu bedecken, reicht ihr der Priester Zosima ja seinen Mantel.

Dergestalt wird Maria Aegyptiaca auch in den frühesten von ihr bekannten Darstellungen wiedergegeben: nackt mit schulterlangen Haaren[38]. Erst im 12. Jahrhundert gibt es eine Darstellung, die die Heilige im Haarkleid zeigt: ihre ,Kommunion' (Kapitell aus dem Kloster Alpsbach, heute in Colmar, Unterlindenmuseum)[38a]. Doch entbehrt diese Darstellung Maria Aegyptiacas jeder literarischen Grundlage[39].

Auch für Maria Magdalena gibt es keine Quelle, die belegen kann, sie sich als Haarummantelte vorzustellen. Es sei denn, man denkt an die biblische Gestalt der namenlosen Sünderin, die Jesu Füße mit ihren Haaren trocknet. Da Anstett-Janssen jede Möglichkeit ausschließt, daß in der Bildenden Kunst die Darstellung Maria Aegyptiacas diejenige der Maria Magdalena beeinflußt haben könnte[40], bleibt zu bemerken, daß in diesem Falle eine merkwürdige Parallelität der Ereignisse vorliegt: Im Abstand von hundert Jahren entstehen zwei Neuformulierungen von zwei verschiedenen Heiligen, die jedoch fast deckungsgleich sind[41].

Ein anderer Vergleich liegt nahe: Agnes. Sie wurde, der Legende nach, dazu verurteilt, nackt in ein Dirnenhaus gebracht zu werden[42]. Doch, wie durch ein Wunder, begannen im gleichen Augenblick ihre Haare zu wachsen, wurden zum Haarkleid, das ihre Blöße bedeckte. Agnes wird als haarummantelte Heilige jedoch erst zu Beginn des 14. Jahrhunderts in der Kunst Italiens wiedergegeben[43]. Folglich gibt es auch hier keine Querverbindung, die darauf schließen ließe, daß der Bildtypus der haarummantelten Büßerin Magdalena in irgendeiner Form von der Darstellung der Heiligen Agnes abhängig wäre. Allerdings fällt auf, daß auch diese Heilige, wenngleich unter anderen Umständen, mit dem Dirnenwesen zu tun hat. Agnes, die Tugendhafte, zur Dirne herabgewürdigt, und Maria Aegyptiaca, die ehemalige büßende Dirne: Daß die haarummantelte büßende Sünderin Magdalena in diese Gesellschaft rückt, kann kein Zufall sein. Im Gegenteil, die Ambivalenz gegenteiliger Charakterzüge, die eine Gestalt wie Magdalena kennzeichnen, wird damit auch anderweitig deutlich.

Doch ist die Buße Magdalenas zunächst das, was diese Gestalt interessant macht. So geht es denn auch zur Zeit der Entstehung des Bildtypus der haarummantelten Magdalena zuerst darum, exemplarisch die Büßerin vorzuführen. Daß man dabei auch den Zeitablauf der Buße bedenkt, liegt auf der Hand. Es wird nur zu verständlich, wenn aus solchen Gedanken ein Bild assoziiert wird, das die Haare der in ihrer Armut nackten Büßerin unablässig wachsen läßt, bis sie sie schließlich ganz einhüllen: Dies ist äußeres, sichtbares Zeichen dafür, daß Magdalena tatsächlich das Leben einer Anachoretin führt.

Als eines der hervorragendsten Beispiele, das die *vita* der Büßerin Magdalena schildert, seien die hundert Jahre nach dem genannten Bild in Perugia entstandenen Fresken von Giotto genannt, die dieser in der Magdalenenkapelle der Unterkirche von Assisi geschaffen hat. Die noch jugendliche und zarte Gestalt der knieenden Büßerin wird im Profil gezeigt. Zwei Engel heben sie empor. Darunter ist die karge öde Felslandschaft mit der Höhle zu sehen. Mit dieser Szene ist die ‚Erhebung' der Heiligen gemeint, ihre tägliche Speisung durch die Engel, ein zentrales Geschehen in der Legende ihrer *vita*.

Diese Szene gewinnt in den folgenden Jahrhunderten eine besondere Bedeutung. Denn so wie die zyklischen Bilderfolgen, die das Leben der Heiligen erzählend darstellen, allmählich zurückgehen, wächst das Interesse an der Einzeldarstellung der Erhebungsszene. Sie wird schließlich als das wichtigste Ereignis im Leben der Heiligen herausgestellt, das am Ende als *pars pro toto* für ihre *vita* einsteht[44]. Dergestalt ist sie z. B. in dem Stundenbuch der Sforza wiedergegeben: als junge Frau, über und über von ihren Haaren bedeckt und von Engeln umgeben (Abb. 2).

Demgegenüber ist sie vom Meister von Pistoia als Standfigur freskiert in einer Nische dargestellt (S. Domenico, Pistoia). Als knieende haarummantelte Büßerin zeigt sie sich auch auf einem Fresko in der Kirche San Miniato al Monte (Florenz). Es fällt auf, daß die Heilige auf diesen beiden Darstellungen schmal und abgehärmt aussieht, auch älter im Vergleich zu der Magdalena aus dem Stundenbuch der Sforza. Jung und mädchenhaft wirkt sie indes auf einer Altartafel des Timoteo Vitti. Merkwürdig ist an dieser Darstellung, daß die Heilige über ihrem Haarkleid noch einen Umhang trägt.

Während im allgemeinen die Jugendlichkeit Magdalenas hervorgehoben wird, stellt Donatello die Heilige erstmalig als eine gealterte, häßliche und zahnlose, von den Entbehrungen der Buße geprägte Frau vor (Abb. 3). Es ist eine lebensgroße Statue, die er um 1460 für das Baptisterium von Florenz geschaffen hat[45]. Das Werk wirkt ebenso eindrucksvoll wie abstoßend. Es findet auch kaum Nachahmung. Bis auf Desiderio da Settignano und Benedetto da Majano, die diesen Typus der Büßerin, wenngleich etwas gemildert, wiederholten, bleibt er in dieser Formulierung singulär und wird nicht weiterentwickelt. Der jugendlichen, ja schließlich schönen Büßerin wird der Vorzug gegeben.

Einen nicht unbeträchtlichen Beitrag hat dazu die deutsche Kunst des 15. Jahrhunderts geliefert. Hier wird das Bußleben der Heiligen weniger spartanisch verstanden. So erscheint sie auf den Außenseiten der Flügel des Apokalypsenaltares des Meisters Bertram (London, Victoria and Albert-Museum) nicht mehr in schroffer Einöde, sondern in der Idylle einer Waldlandschaft. Doch ist es nicht nur die lieblichere Umgebung, die diese Darstellung der Büßerin gegenüber allen vorangegangenen Bildern kennzeichnet: Magdalena ist hier erstmalig nicht mehr haarummantelt, sondern nackt. Das bedeutet einen eklatanten Bruch mit der bisherigen Tradition. Die deutsche Kunst vermittelt dadurch Anstöße, die die Entwicklung einer neuen Vorstellung des Bildes der Büßerin einleiten[45a].

Dabei läuft dieser Entwicklungsprozeß nicht kontinuierlich ab. Aber es wird doch zunehmend üblich, in der deutschen Kunst Magdalenas Nacktheit nicht unter einem Haarkleid verschwinden zu lassen, sondern vielmehr die Körperformen der Heiligen unter einem eng anliegenden Haarfell zu betonen. Beispiel dafür ist Riemenschneiders «Erhebung» des Münnerstädter Altares (Abb. 4). Magdalenas Haare sitzen wie angegossen, einem Hosenanzug gleich. Die Haupthaare fallen in langen gewellten Partien über Schultern, Rücken und Brust, um sich im spitzen Winkel im Schoß zu vereinen. Außer den Händen und Füßen sind eigentümlicherweise auch die Kniee und die Brüste nackt. Im Grunde ist diese Magdalena ein anmutiger Akt, dessen Behaarung erst recht auf sich aufmerksam macht.

Schließlich schafft Dürer mit seinem 1503 entstandenen Holzschnitt (B 121) die erste eindeutig als klassischen Akt gemeinte Formulierung der Büßerin Magdalena (Abb. 5). Der behutsame, wenngleich bedeutungsvolle Ansatz des Meisters Bertram wird fruchtbar. Denn das, was bei ihm die jugendliche, fast kindliche Gestalt an Verständnis für die Proportionen des Körpers vermissen ließ, entfaltet sich bei Dürer zu voller Blüte. Fast ein Jahrhundert liegt zwischen diesen beiden Darstellungen – eine Zeit, in der sich die Einstellung des Menschen zum Körperlichen verändert hatte, in der nun auch die künstlerische Wiedergabe des menschlichen Leibes ganz neue Impulse empfängt.

Vergegenwärtigt man sich die Einstellung des mittelalterlichen Menschen zu seinem Körper, so zeigt sich, daß dieser ihm nicht viel mehr gilt als die „vorübergehende und vergängliche Hülle der unsterblichen Seele"[46]. Im gleichen Maße, wie diese als überirdisch angesehen und nur in dieser Funktion entwickelt wurde, mußte notwendigerweise alles Körperliche als minderwertig abgewertet werden. Der Körper ist demnach nichts anderes als ein „Schemen der Seele", dessen materielle Vergänglichkeit sich darin offenbart, daß er, seines Inhaltes, der Seele, beraubt, als leere Hülle zurückbleibt, zum „Fraß der Würmer und Maden" wird[47]. Es wäre allerdings falsch, wollte man schließen, daß diese Einstellung zum Leiblichen von Gefühlen der Prüderie begleitet wurde. Vielmehr schenkte man dem nackten Körper deswegen so wenig Aufmerksamkeit, weil er eben nur als die vergängliche Hülle dessen betrachtet wurde, was Leben und Dasein des Menschen eigentlich ausmacht: der unsterblichen Seele. Infolgedessen begegnete man dem Körper und seinen Verrichtungen mit einer gewissen Nachlässigkeit: Man schlief nackt, genierte sich nicht, Besucher im Bett zu empfangen[48], aß mit den Fingern etc. Das alles entsprang einer eher naiven Einstellung den natürlichen und alltäglichen Notwendigkeiten gegenüber[49]. Dem mehr Aufmerksamkeit zu schenken als unbedingt nötig hätte bedeutet, die strenge Grenze, die Leib und Seele voneinander trennte, durchlässig werden zu lassen.

Schließlich entwickelte sich langsam „eine größere Unbefangenheit gegenüber dem Zeigen des nackten Körpers", die „Schamgrenze" verschob sich[49a]. Doch diese „Phase der Lockerung" von Sitten und Gebräuchen ist begrenzt, wird am Ende erneut eingeengt. In seinem «Prozeß der Zivilisation» hat N. Elias diesen Wandel vom Mittelalter zur Neuzeit anhand von Quellen ausführlich belegt und verdeutlicht. Gegenstand seiner Untersuchungen sind die Verhaltensnormen, so, wie sie sich im gesellschaftlichen Leben abspielten und die Umgangsformen bestimmten. Dabei wird deutlich, daß diese in der Renaissance zusehends brüchig werden und sich von mittelalterlichen Traditionen zu lösen beginnen. Die neue Gesellschaft befindet sich im „Übergang. Man spürt es schon am Ton, an der Art des Sehens, daß, bei aller Verbundenheit mit dem Mittelalter, doch etwas Neues im Werden ist . . . Man sieht differenzierter"[50]. Man sieht aber auch individueller; „alte Vorschriften und Gebote werden von einem ganz individuellen Temperament durchdrungen"[51]. Die Wandlungen der Gesellschaft ihrer Zeit zu beschreiben, waren vor allem die Humanisten berufen: „Einer kleinen weltlichbürgerlichen Intelligenzschicht wurden Chancen, sowohl des Aufstiegs, der Möglichkeit,

Ansehen und geistige Macht zu gewinnen, wie der Freimut und der Distanzierung, die weder vorher noch nachher in dem gleichen Maße vorhanden waren", geboten[52]. Soweit es bei diesem Wandlungsprozeß um äußere Sittlichkeitsnormen des Umgangs der Menschen untereinander ging, veränderten sich diese dadurch, daß die „Art und der Mechanismus der Affektmodellierung durch die Gesellschaft sich ändert"[53]; will sagen, daß einerseits eine „Lockerung der Sitten und Gebräuche" stattfindet, andererseits jedoch der „Code des Verhaltens strenger, das Maß der Rücksichtnahme, das einer vom anderen erwartet, größer" wird[54].

Die Wandlung gesellschaftlicher Verhaltensnormen betraf freilich nicht allein die äußeren Umgangsformen, sondern sie griff auch in die Intimsphäre des einzelnen ein, bestimmte Schlafgewohnheiten, Badesitten und nicht zuletzt die persönlichen Beziehungen der Geschlechter untereinander[55]. Dabei zeigt sich, daß Nacktheit weiterhin im Hinblick auf die intimen Lebensgewohnheiten keineswegs als anstößig oder schamhaft empfunden wurden[56]. Im Gegenteil – man zeigte den nackten Körper mit größter Unbefangenheit, ja, man lief mitunter nackt zum nächsten Badehaus[57]. Hier trafen sich Männer, Frauen und Kinder ohne die geringste Scham. Erst mit zunehmender Zivilisation „haftete sich das Schamgefühl an Verhaltensweisen, die bisher nicht mit solchen Gefühlen belegt waren"[58].

Ähnliches galt für die Beziehung der Geschlechter untereinander. Sexuelle Aufklärung wurde mit recht drastischen Mitteln betrieben, wenngleich der moralisch-pädagogische Effekt nicht unterschätzt werden darf. So schildert Erasmus in seinen «Colloquien» das Gespräch des Jünglings mit der Dirne höchst anschaulich, doch am Ende zeigt sich der Erfolg, indem die Dirne sich von ihrem schlechten Lebenswandel abkehrt[59]. Erasmus hatte die «Colloquien» bewußt als pädagogisches Lehrbuch konzipiert, das den Jugendlichen als Einführung in das Leben dienen sollte. Der moralische Zweck war ernsthaft gemeint, und doch zog sich der Autor damit die Kritik der Kirche zu, denn allzu deutlich und früh wurde der Jugendliche auf diese Weise mit den erotischen Beziehungen der Geschlechter vertraut gemacht[60].

Auch der Sexualität gegenüber hatte man ein entsprechend anderes Selbstverständnis. Außereheliche Beziehungen wurden bei beiden Geschlechtern geduldet, uneheliche und eheliche Kinder nicht selten zusammen aufgezogen[61]. Erst unter dem zunehmenden Druck der Kirche und der höfisch-absolutistischen Gesellschaft des 17. und 18. Jahrhunderts gewinnt die Ehe als gesellschaftliche Institution ihren verbindlichen Charakter, werden die natürlichen Triebe mehr und mehr verdrängt[62].

Teil dieser Gesellschaft sind auf ihre Weise auch die Künstler. Daß die im Wandel befindliche Einstellung zum Körper und seinen Funktionen an ihnen nicht spurlos vorüberging, zeigt sich daran, daß auch der Darstellung des nackten Körpers in der Kunst ein neues Interesse entgegengebracht wird, das den Blick der Künstler schärft[63].

Dabei wird der nackte Körper zunächst zum Ansatzpunkt und Vorwurf für bestimmte Darstellungen, deren Wert durch den Bildinhalt bestimmt wird. Im Quattrocento findet sich die Darstellung des Nackten deshalb hauptsächlich eingebunden in den Rahmen von Scenarien, in Deutschland mehr die Lebensweise der Gesellschaft schildernd[64], in Italien den literarischen Überlieferungen der Dichter folgend[65]. Dabei spielten erotische Themen eine besondere Rolle. Sie sind in Italien vor allem von den bemalten Cassoni, den Hochzeitstruhen, des Quattrocento her bekannt[66]. Themen sind die großen Liebespaare der Antike, wie Venus und Mars, deren Geschichten, mit Vorliebe und Aufmerksamkeit bedacht, in vielerlei Varianten geschildert werden[67]. Nicht umsonst beklagt sich deswegen Savonarola, daß „kaum eine Kaufmannstochter Hochzeit macht, ohne ihre Aussteuer in einer Truhe zu verwahren, die

10

nicht mit heidnischen Geschichten bemalt wäre; so lernt die neuvermählte Christin den Trug des Mars und Vulkanos' Listen eher kennen als die berühmten Taten heiliger Frauen in den beiden Testamenten"[68]. Die Darstellung des Aktes ist jedoch in diesen Bildern immer eingebunden in das jeweilige Thema, erscheint nicht um seiner selbst willen. Er ist nicht mit Schamgefühlen „belegt"[69], wird aber ebensowenig als Verkörperung der Lust angesehen.

Das ändert sich zunehmend im Laufe des Quattrocento. Mehr und mehr werden dem Anblick und der Gestaltung des Aktes neue Werte zugemessen. Vor allem Italien wird das Land, in dem die Künstler mit der Wiederentdeckung der Antike auch dem klassischen Vorbild nacheifern. Dabei steht im Mittelpunkt des Interesses die Proportionslehre des menschlichen Körpers. Sie orientiert sich an den mathematisch-physikalischen Gesetzmäßigkeiten, so wie sie von Vitruv her bekannt sind[70]. Doch erst mit Alberti beginnt die eigentliche theoretische Auseinandersetzung, die systematisch die Proportionen des menschlichen Körpers und seine Anatomie untersucht und darstellt[71]. So empfiehlt Alberti dem angehenden Maler das Studium des nackten Körpers als die am besten geeignete Methode, die anatomischen Eigenheiten und Details des menschlichen Leibes kennenzulernen[72]. Eine andere Forderung ist, die Proportionen der Gliedmaßen untereinander, zu Kopf und Körper, zu erkennen und miteinander in die rechte Beziehung zu setzen[73]. Das Gesehene läßt sich mit Hilfe eines mathematisch-geometrischen Figurensystems ins Bild umsetzen[74]. Schließlich gilt es, die Bewegungen der Gliedmaßen darzustellen, die verschiedenen dadurch in Gang gesetzten Muskelschwellungen und das Sehnenspiel genau wiederzugeben[75].

Doch waren es nicht allein die theoretischen Forderungen und Überlegungen, die den Künstlern ein neues Verständnis für die Gestaltung des Aktes vermittelten. Immerhin wurden im Quattrocento auch schon antike Kunstwerke bekannt[76], die den Künstlern als Vorbild dienten, ließen sich doch daran nicht nur die klassischen Proportionen studieren, sondern auch das Spiel der Muskeln, Bewegungsmotive oder die Typik männlicher oder weiblicher Körperformen. Als Beispiele seien Antonio Pisanellos bekannte Frauenakte genannt (Abb. 6) oder Mantegnas Aktstudien (Abb. 7). Auffallend ist bei letzterem, wie neben dem Anatomiestudium ein Empfinden für weiche fließendere Formen bemerkbar wird. Die Bewegungsmotive werden graziöser, erhalten neue Ausdruckswerte. Die emotionalen Ausdrucksmotive der klassischen Kunst werden erkannt. Sicher kann das bei einem Maler wie Mantegna nicht überraschen, war er doch, als Schüler Squarciones, von Jugend auf mit den klassischen Vorbildern vertraut und konnte sie in allen Details studieren. So „rissen sich die fortschrittlichen Meister des italienischen Quattrocento von mittelalterlichen Traditionen los"[77]: Die Aktdarstellung entwickelt sich von nun an zur eigenen Kunstform[78]. Die Renaissance entschleierte, als sie den klassischen Akt um seiner selbst willen entdeckte, „nicht allein die Natur des menschlichen Körpers, sondern auch die Natur der menschlichen Gemütsbewegungen; sie streifte den Menschen nicht nur die Kleider ab, sondern auch einen Schutzpanzer von Konventionen"[79].

Unkonventionell ist so auch, gemessen an den bisherigen Magdalenendarstellungen, Dürers Formulierung der Heiligen. Nicht unbegründet läßt sich schließen, daß ihm hierzu italienische Aktstudien als Anregung gedient haben[80], seien sie ihm nun direkt oder durch Stiche oder Zeichnungen vermittelt worden. Es ist jedenfalls bekannt, daß er von den „nackten Bildern" italienischer Künstler sehr beeindruckt war[81]. Dies zeigt sich auch am Beispiel der Darstellung Magdalenas als Akt. Dabei scheint ihm sogar die Vorstellung einer italienischen Landschaft vorgeschwebt zu haben, erkennbar daran, wie sich vor felsiger Küste das Meer im Hintergrund verliert.

So lückenlos sich Dürers «Magdalena» als Akt in die Tradition der deutschen Formulierung fast hüllenloser Magdalenendarstellungen (Riemenschneider) als deren letzte Konsequenz einfügen mag, ist die Frage nach der Funktion dieses Holzschnittes bisher offen geblieben. Das Blatt soll, so wird vermutet, eines von einer ganzen Folge weiterer Holzschnitte gewesen sein, die, unterschiedlichen Themas, ursprünglich als Illustrationen für ein Erbauungsbuch gedacht waren[82]. Sie wurden jedoch, entgegen dieser Absicht, als Einzeldrucke verwendet. Damit gehört das Blatt in die Reihe der in Deutschland um diese Zeit beliebten und volkstümlichen kleinen Andachtsbilder. Sie werden mit Erfindung der Buchdruckerkunst reproduzierbar und als Ablaß- oder Klebebildchen für Gebets- oder Heiligenbücher gehandelt.

Doch wären diese Art Bilder während des 15. Jahrhunderts kaum so volkstümlich geworden, wenn nicht der Volksglaube von der frommen Überzeugung getragen worden wäre, daß von solchen Bildern die gleiche besondere Kraft ausgeht wie von einem kirchlichen Heiligenbild[83]. Ihm und bestimmten mystisch-visionären Erlebnissen, vor allem in den mittelalterlichen Frauenklöstern, verdanken diese Andachtsbilder ihre Entstehung[84]. Insofern fanden auch jene eigenartigen ikonographischen Umprägungen statt, die, wie im Falle der Magdalena, eine Szene aus der Gesamtlegende der Heiligen herauslösen[85]. Dies gilt nicht nur für Heiligendarstellungen, sondern ebenso bekannt sind die aus dieser Entwicklung heraus geschaffenen Christus-Johannes-Gruppen, Vesperbilder oder Darstellungen des Schmerzensmannes[86].

Der Wert dieser Andachtsbilder liegt darin, daß am Beispiel einer heiligen Figur das Extrem menschlichen Empfindens reflektierbar wird und sich auf den Betrachter überträgt. Christliches Heilsgeschehen war so für den Einzelnen, auch zu Hause in der privaten Umgebung, jederzeit gegenwärtig, und sei es schließlich in der „Funktion eines Merkzettels", den er in sein Gebetbuch einlegen konnte[87].

II ENTSTEHUNG EINES NEUEN BILDTYPUS DER MAGDALENA UNTER DEM EINFLUSS LEONARDOS

Das ‚Andachtsbild' und seine Funktion in Italien um 1500

Welche Erwartungen stellte nun der Gläubige in Italien an ein Andachtsbild? „Andacht ist die bewußte und gewollte Hinwendung zu Gott, ihr besonderes Mittel ist die Meditation", so formuliert Baxandall und umschreibt damit jenen Gefühlskomplex, der den frommen Menschen, als seiner Religion und seinem Glauben verpflichtet, kennzeichnet[1]. Meditation oder auch Kontemplation läßt sich erreichen durch persönlichen Entschluß, ist aber auch abhängig von der Fähigkeit des Menschen, religiöse Gefühle frei zu assoziieren, ein Vorgang, der äußerste Disziplinierung erfordert. Um dies, auch für den einfachen Menschen, zu erleichtern, wurden Bilder geschaffen, die religiöse Gefühle anregen und unterstützen sollten. „Wisse", so heißt es bei Johannes von Genua, „daß es drei Gründe für die Institution von Bildern in den Kirchen gibt. Erstens zur Unterweisung der einfachen Menschen, weil sie durch die Bilder belehrt werden, als wären es Bücher. Zweitens, um das Geheimnis der Inkarnation und Beispiele der Heiligen dadurch stärker auf unser Gedächtnis wirken zu lassen, daß wir sie täglich vor Augen haben. Drittens, um Empfindungen der Frömmigkeit hervorzurufen, die durch Gesehenes leichter wach werden als durch Gehörtes"[2]. Diese Forderungen in die Sprache des Bildes umzusetzen, besagt, daß diese „Bilder vergleichsweise klare, lebendige und leicht verständliche Anreize für das Nachdenken über die biblischen Geschichten und das Leben der Heiligen" zu vermitteln haben[3]. Die Funktion des Andachtbildes ist eine dreifache, doch charakterisieren läßt sie sich nur unter zwei Aspekten: dem intellektuellen und dem emotionalen. Dabei fällt dem Kunstwerk die Aufgabe zu, dem Betrachter Sinn und Inhalt des Bildes eindeutig und überzeugend zu vermitteln[4]. Damit das Kunstwerk diese ihm zufallende Funktion erfüllen kann, nämlich fromme Gefühle zu wecken, muß der Künstler sein Werk so gestalten, daß er die Gefühle des Betrachters auch erreicht, d. h. daß vom Kunstwerk auch eine stark erzieherische Wirkung ausgehen darf, die die Erlebnisfähigkeit des Betrachters anspricht.

Die Ansprache an den Betrachter konzentriert sich dabei vorwiegend auf eine sympathetische, d. h. daß sie als Appell an die mitfühlenden und miterlebenden Emotionen des Beschauers verstanden wird. So, wenn etwa Alberti davon spricht, „mit den Weinenden zu weinen, mit den Trauernden zu trauern oder mit den Lachenden zu lachen"[5]. Werden diese Gemütszustände in die Sprache des Bildes übersetzt, so kann dieses sogar eine größere Wirkung erzielen, als das bei mancher Predigt der Fall ist. Mitunter werden Menschen weniger durch Gehörtes als durch Gesehenes zur Andacht angeregt, oder m. a. W.: „Wer nicht zur Frömmigkeit erweckt werden kann, wenn er die Geschichten der Heiligen *hört*, wird zumindest bewegt, wenn er diese in Bildern *sieht*, als wären sie gegenwärtig"[6]. Dabei darf man sicherlich nicht unterstellen, daß der Betrachter im Hinblick auf seine religiösen Gefühle ein unbeschriebenes Blatt war, dem jede Vorstellung oder Imaginationsfähigkeit fehlte. Doch war er in gewisser Weise angewiesen auf die Kraft und die Macht der Bilder, die sein eigenes Empfinden zu ergänzen

13

vermochten. Der Maler war in diesem ganzen Gefüge eine Art Mittelsperson, der die religiösen Stoffe im Bild zu visualisieren hatte. „Dem Maler fiel die äußere, dem Publikum die innere Visualisierung zu. Der Geist des Publikums war keine leere Tafel, in die sich die Vorstellungen des Malers von einer Geschichte oder einer Person einprägen konnten; er war eine aktive Instanz der inneren Visualisierung, mit der sich jeder Maler auseinanderzusetzen hatte"[7]. Mit anderen Worten, das Andachtsbild hatte eine äußere und eine innere Funktion. Der äußere Anlaß war die Darstellung eines bestimmten religiösen Stoffes. Die Interpretation dieses Stoffes zeigt sich als ein Wechselspiel von unterschwelligen Kräften auf emotionaler Ebene, die den Maler ebenso angingen wie den Betrachter. Gefühle, die sich angesichts von Heiligenbildern einstellen, sind nicht nur erwünscht, sondern sollen in jeder Weise und mit allen Mitteln gefördert werden.

Magdalenenbilder von Perugino, Piero di Cosimo und Raffael

Dem Gebot des *devoto*, der den Kanon von Frömmigkeit und Andacht umfaßt, fügten sich in Italien die religiösen Darstellungen auch während des Quattrocento ein[8]. Dies gilt ebenso für die Bilder der Magdalena.

Kennzeichnend für die z. B. von Perugino gemalten Heiligen- oder Madonnenbilder ist ein äußerst fein empfundenes Mienenspiel, das sich in den Gesichtern der Dargestellten zeigt. Dabei überwiegen jedoch im Ausdruck die Züge von passivem Leiden oder von Verklärung. Religiöses Empfinden wird dargestellt als ein Insichgekehrtsein der Figuren, die ebenso unberührbar wie entrückt erscheinen, wobei ein verzückt Schwärmerisches unleugbar mitschwingt. Die heiligen Gestalten Peruginos sind wohl menschliche Wesen, jedoch entziehen sie sich dem direkten Kontakt mit dem Beschauer durch ihre ätherische und vergeistigte, gleichsam überirdische Zartheit in Ausdruck und Gebärde. Eben dergestalt stellt sich auch das Bild der Magdalena dar, das Perugino um 1500 geschaffen hat (Abb. 8). Die Heilige ist als ein junges anmutiges Mädchen, durchaus menschliches Wesen, doch eines, das träumt, dargestellt. Der stille, nachdenklich-leidende Zug im Antlitz, die ruhige Gebärde der übereinandergelegten Hände wirken wie das äußere Regulativ höchst diffus-sensibler Emotionen, die von der Dargestellten ausstrahlen und sich auf den Betrachter übertragen.

Das trifft auch für Piero di Cosimos Bild der Magdalena zu (Abb. 9). Es gehört zu den wenigen in dieser Zeit in Italien bekannten autonomen „Andachtsportraits", d. h. daß es nicht als Teil eines Altars konzipiert worden ist[9]. Dieser Bildtypus hatte sich aus der niederländischen Tradition des Stifterportraits entwickelt und hatte sehr bald auch in der italienischen Kunst Ansehen gewonnen[10]. Das erklärt auch den weltlichen Einschlag, soweit er das äußere Erscheinungsbild der Dargestellten anbetrifft: die modische Tracht oder die perlendurchflochtene Frisur.

Im Gegensatz zu Perugino und Piero die Cosimo stellt sich Raffaels Magdalena als *Büßerin* vor (Abb. 14). Es handelt sich um eine Zeichnung, um 1504 entstanden, die als Entwurf zu einem verschollenen Altar gilt[11]. Diese Magdalena ist nicht nackt, doch unterscheidet sie sich von den üblichen Darstellungen der Haarummantelten. Ihr Körper ist wohl ganz von ihren Haaren umhüllt, doch dergestalt, daß die Haare sie wie ein Gewand umhüllen, das am Hals mit einem Band umschlungen, in der Taille gegürtet und mit einem Hüftband umwunden ist. So, wie es sich den Körperformen anschmiegt, wirkt dieses Haarkleid fast modisch, ohne daß sich darunter die Nacktheit deutlich erkennen läßt wie etwa bei Riemenschneiders Magdalena.

14

Ihren Gesichtszügen nach ist Magdalena eine junge Frau, die mit ihren zum Gebet erhobenen Händen und dem gen Himmel gerichteten Blick ein Bild ebenso anmutiger wie stiller Frömmigkeit bietet. Sie steht Peruginos Auffassung nahe und bewegt sich in der Interpretation als Büßerin durchaus noch auf dem Boden der in Italien traditionellen Magdalenenikonographie.

Der neue Bildtypus der Büßerin Magdalena bei Leonardo und seinem Schülerkreis

In diese anhand weniger Beispiele vorgestellte, geordnete Welt, die das Wesen des Andachtsbildes charakterisiert, bricht nun etwas Neues und Außergewöhnliches ein: Plötzlich entsteht ein ganz anderer Bildtypus der *büßenden* Magdalena, und zwar im engsten Umkreis Leonardos. Er war 1506 erneut nach Mailand gegangen und unterhielt eine große Werkstatt mit zahlreichen Schülern. Hier tauchen auf einmal eine Reihe neuer Magdalenenbilder auf, die sich grundlegend von dem bisher genannten, in Italien üblichen Bildtypus der Haarummantelten unterscheiden. Anders als diese wird Magdalena nun als junge schöne Frau dargestellt, die ihre Nacktheit nicht mehr verbirgt, sondern, im Gegenteil, durch geschickte Drapierung der Haare die Blöße ihres Körpers enthüllt. Alle diese Bilder sind zumeist kleinformatig und zeigen die Dargestellte als Halb- oder Dreiviertelakt, einem Bildnis ganz ähnlich. Der Hintergrund auf diesen Bildern ist oft dunkel, mitunter lassen sich andeutungsweise Interieurs erkennen. Dadurch wirkt das Ganze genrehaft und intim.

Dabei ist es vor allem *ein* Schüler aus Leonardos engstem Umkreis, der unter dem Einfluß des Meisters eine ganze Anzahl dieser neuen Magdalenenbilder gemalt hat: der sogenannte Giampietrino. Seine Lebensdaten sind weitgehend unbekannt, und er ist infolgedessen als Persönlichkeit wenig faßbar. Es wird vermutet, daß er um oder kurz nach 1506 Schüler Leonardos wurde und wohl bis zum Ende des zweiten Viertels des 16. Jahrhunderts in und um Mailand tätig blieb[12]. Er gehört zu jenen Schülern Leonardos, von denen Suida zurecht bemerkt, daß es nur ihrem Fleiß und Nachahmungseifer zu verdanken ist, daß uns eine ganze Anzahl von Bildideen des Meisters überliefert wurden, die sonst unwiderbringlich verloren und unbekannt geblieben wären[13]. Dazu zählen *auch* die zahlreichen Darstellungen der büßenden Magdalena. Soweit überschaubar, gibt es mehr als ein Dutzend Magdalenenbilder innerhalb des Giampietrino zugeschriebenen Œuvres[14]. Er hat das Thema unterschiedlich gestaltet, doch in sehr engem Rahmen mit geringen Variationen. Manche dieser Bilder wiederholen das eine oder andere Motiv fast wörtlich mit geringfügigen Abwandlungen. Auch die Qualität dieser Bilder ist sehr unterschiedlich: Es gibt solche, die ein hohes malerisches Können verraten, andere hingegen wirken merkwürdig ungelenk. Im folgenden seien drei der Bilder exemplarisch vorgestellt, die ihm zugeschrieben werden.

Das erste Bild befindet sich in der Brera (Abb. 13). Die Dargestellte ist mit überkreuzten Armen wiedergegeben. Hals- und Hüftpartie sind nackt. Die sorgsam drapierten Haare fallen über ihren Rücken hinab, bedecken als wellig gelockte Haarbänder ihre Schultern und verteilen sich vorn unter den Armen und über der Hüfte so, daß ihre Blöße teilweise verhüllt, aber auch ebensoviel enthüllt wird. Die Heilige ist im Dreiviertelprofil dargestellt, ihre Augen blicken empor. Vor ihr steht ein Salbgefäß, im Hintergrund ist ein Fenster zu erkennen. Die Maße des Bildes sind klein und betragen 64×52 cm[15].

Eine ähnliche Darstellung Magdalenas befindet sich in der Kathedrale von Burgos in einer Seitenkapelle, die der Condestabile Fernández de Velasco gestiftet hat[16] (Abb. 12). Auch hier ist die Heilige in einem geschlossenen Raum dargestellt, der jedoch mehr einer Höhle gleicht.

Ein diffuses Licht fällt von rechts im Hintergrund ein, ohne eigentlich den Raum zu erhellen. Wie auf dem Bilde in der Brera steht das Salbgefäß vor Magdalena. Auf beiden Bildern gleicht sich dieses in auffälliger Weise. Die Darstellung der Heiligen ist derjenigen auf dem Bild in der Brera ähnlich, doch zeigt sie sich mehr en face und dem Betrachter zugewendet. Aus melancholischen Augen blickt die Heilige in die Ferne, ihr Mund ist leicht geöffnet. Reich und voll umspielt das Haar, in üppigen Locken gewellt, den Körper. Auch hier fällt auf, wie geschickt es der Maler verstanden hat, die Drapierung der Haare so anzuordnen, daß die nackten Partien des Körpers hervorgehoben werden. Sogar ein Teil des Brustansatzes wird sichtbar. Die Wirkung dieses Bildes liegt nicht allein in der formalen Gestaltung, in der Monumentalität, mit der die Heilige den Bildraum beherrscht, sondern auch in der farbigen Stimmung. Giampietrino imitiert hier ganz auffällig die Sfumatomalerei Leonardos. Es überrascht daher nicht, daß dieses Bild noch heute als ein Werk von Leonardo selbst gilt und zu den besonderen Sehenswürdigkeiten der Kathedrale zählt[17].

Wir stellen ein drittes Bild vor (Abb. 10). Anders als bei den vorgenannten Bildern ist die Heilige hier vor einem Gebetpult sitzend dargestellt. Das Salbgefäß (wiederum von der gleichen Art und Form) befindet sich am unteren rechten Bildrand unterhalb des Pultes. Das besondere an diesem Bild ist die Art der Kompositionsweise. In lebhafter Drehbewegung ist der Oberkörper der Dargestellten dem Betrachter zugewandt, während der Kopf, über die Schulter seitlich zurückgedreht, das Gesicht der Heiligen im Dreiviertelprofil erscheinen läßt. Analog ist auch die Haltung der Beine der Position des Oberkörpers entgegengesetzt. Das Prinzip beabsichtigt gegenläufiger Kompositionselemente setzt sich in der Armhaltung fort, wobei besonders der Übergreifgestus des rechten Armes der Komposition räumliche Tiefe verleiht[17a]. Wie auf dem Bilde in Burgos wird unter der linken Hand ein Teil des Brustansatzes sichtbar. Anders jedoch als bei den vorgenannten Bildern ist die Nacktheit der Heiligen teilweise unter einem Tuch verborgen, das in lockerem Wurf durch den Arm geschlungen über ihren Schoß fällt. Lebhaftigkeit und Bewegung beherrschen die Komposition bis in jedes Detail. Sie sind vom Künstler bewußt geplant, ja, man möchte fast behaupten, daß die Auseinandersetzung mit dem Werk des Lehrers hier geradezu exemplarisch vorgetragen wird. Dafür spricht auch die Kopfhaltung und der Blick Magdalenas, die ganz der Zeichnung Leonardos zum Philippus aus dem Abendmahl entsprechen (Abb. 11). Hier wie dort gibt es bemerkenswert analoge Züge um Mund- und Kinnpartie, ebenso charakteristisch erscheint auf beiden Darstellungen die Neigung des Kopfes. Auffällig ist auch die jeweils hohe Stirn der Dargestellten und der ungewöhnlich sprechende Blick.

Vergleicht man die drei Bilder untereinander, so fallen trotz formaler Unterschiede, bzw. Abweichungen, unverkennbar Gemeinsamkeiten auf. Gemeinsam ist das Kleinformatige und die Intimität der Darstellung. Durch Farbnuancierung wird das Stoffliche hervorgehoben und spezifische Eigenheiten, wie das lebendig wirkende Spiel der Haare oder die zarte Durchsichtigkeit des Karnates, besonders unterstrichen. Ein kontrastierender Hell-Dunkel-Effekt steigert die Modellierung. Tiefenwirkung und Räumlichkeit vermitteln auch die Gebärden der Dargestellten. Bemerkenswert sind die zartgliedrigen Hände, denen eine überaus graziöse und beredte Bewegtheit eignet. Die Gesichter sind von Schönheit und Harmonie, von fast zeitloser Individualität geprägt und einander ähnlich.

Der Harmonie des äußeren Erscheinungsbildes gesellt sich etwas anderes hinzu: Die Schönheit erscheint von innen her ergänzt. Dies läßt sich sinngemäß als eine Form von Beseelung oder Sensibilität beschreiben, die aus dem Innern der Dargestellten nach außen zu dringen scheint. Das verdeutlichen der geöffnete Mund oder auch die fragenden Augen – Merkmale, die man bei jeder der Dargestellten findet. Physiognomie und Gebärdensprache ergänzen einander auf eigentümliche Weise. Man möchte meinen, daß die Atmosphäre dieser Bilder ebensoviel Erwartung wie Hoffnung oder auch Hingabe ausstrahlt. Ein neues Spannungselement kommt in diesen Darstellungen zum Ausdruck.

Diese neuartige Interpretation der büßenden Magdalena ist nun sicherlich keine Eigenerfindung von Giampietrino, vielmehr muß man zweifellos dahinter die führende Hand Leonardos vermuten. Tatsächlich hat sich auch Leonardo mit dem Thema beschäftigt (Abb. 16). Es gibt von ihm eine kleine Zeichnung in der Sammlung des Courtauld Institute (vormals Cheltenham), die neuerdings um 1508 datiert wird und eine bekleidete Magdalena in zwei Varianten wiedergibt[18]. Es sind flüchtig skizzierte Federzeichnungen. Die größere der beiden zeigt Magdalena, wie sie mit ihrer rechten Hand das Salbgefäß öffnet, das sie in der linken hält. Die kleinere Zeichnung ist eine Variante der ersten Skizze. Bemerkenswert ist, wie Kopf und Körper in fast kapriziöser Gegenbewegung dargestellt sind. Das Ganze wirkt höchst spielerisch – ein vielleicht zufälliger Einfall zu einer Heiligendarstellung, ohne die Absicht, ihn je im Bilde zu verwirklichen. Und doch wurde diese Zeichnung von den Schülern Giampietrino und Luini als Vorlage benutzt: Beide haben das Motiv fast wörtlich übernommen (Abb. 15, 17, 18). Es zeigt sich abermals die starke Wirkung Leonardos auf seine Schüler. Sie läßt sich in fast keiner Schülerarbeit verleugnen. Nicht zuletzt deswegen haftet allen Schülern – trotz Anerkennung individueller Talente – eine gewisse Gruppenidentität an. Der Einfluß des Meisters war eben so groß, daß sich ihm kaum jemand entziehen konnte. Diese eigentlich lebenslange innere Abhängigkeit vom Meister, die in fast jedem Werk seiner Schüler irgendwo aufleuchtet, läßt vermuten, daß auch der Bildtypus der nackten Magdalena, so wie er von Giampietrino bekannt ist, in der direkten Einflußsphäre Leonardos entstanden ist[18a].

Vergleicht man die Darstellungen der bekleideten Magdalenen mit denjenigen der nackten Büßerin, so zeigt sich bei allen eine fast unterschiedslose Gleichförmigkeit, vor allem, was die Gesichtszüge angeht. Der äußeren entspricht die innere Verwandtschaft: Psychologisierende Elemente sind eigentümlich diffus aufgefaßt, als beabsichtigt Indifferentes, das sich als Ausdruck gegenläufiger Emotionen beschreiben läßt. Es ist dieselbe Eindringlichkeit des Fragenden und Erkennenden im Blick dieser Frauen, ein Blick, der den Betrachter sieht und dennoch übersieht. Ein fast unmerkliches Lächeln umspielt die Lippen der Dargestellten. Wünsche scheinen angedeutet und werden doch wieder zurückgehalten. Es ist ein Versprechen von Wunscherfüllung, das sich zugleich hinter einem Maskenhaft-Unnahbaren versagt. Diese Frauen sind menschliche Gestalten, doch haftet ihnen etwas Marionettenartiges, Puppenhaftes an. Diese Frauen können erotisch anziehend wirken, aber die Kühle dieser Erotik läßt sogleich alle Wünsche gefrieren. Es hat den Anschein, als solle hier etwas enthüllt werden, das sich zugleich so verschleiert gibt, daß es sich im Augenblick, in dem man es zu fassen glaubt, verflüchtigt. Das, was als Momentanes und Wirkliches vorhanden scheint, erweckt den Eindruck als sei es stehengeblieben wie eine Uhr: Zeit wird Zeitlosigkeit, die in ihrer Unendlichkeit endlich ist. Eine unübersehbare Kette von Zweideutigkeiten, die beabsichtigt scheinen, werden in diesen Bildern evident. Diese Ambivalenz wirkt befremdlich, kann sich in ihr doch ebensoviel Realität als Utopie ausdrücken. Utopie soll sich in diesem Zusammenhang als das artifizielle Konstrukt von Phantasievorstellungen, die einem real Vorhandenen aufgedrängt werden, verstehen lassen.

Dies alles läßt sich unter dem Oberbegriff Emotionen subsumieren. Von Emotionen war auch schon bei den Bildern von Perugino, Piero di Cosimo und Raffael die Rede, und zwar im Zusammenhang mit dem Andachtsbild. Doch welch ein Unterschied tut sich zwischen ihren

Darstellungen und denjenigen von Giampietrino oder Luini auf. Jene bewegten sich in der fest umgrenzten Welt überlieferter Ausdrucksformen[19]: keine Zweideutigkeiten, sondern die eindeutige fromme Ansprache an das Gefühl des Betrachters. Nicht der geringste Verdacht stellt sich ein, daß jene Magdalenen Verführerinnen sein könnten. Auch diese Frauen sind Menschen, und doch wirken sie nicht konstruiert. Ihre Unnahbarkeit entspricht einer Introversion, die dem Betrachter die eigenen Gefühle nur mittelbar, gleichsam als Medium, vermittelt. Sie scheinen abgeschlossen in einer ganz eigenen Welt, die ihre Grenzen hat und die der Betrachter nicht überschreiten kann.

Leonardos Malerbuch: die *moti*

Die neuen Ausrucksformen von Emotionen, die in Giampietrinos Bildern evident werden, verraten ein offensichtlich höchst wachsames Interesse an psychologischen Vorgängen. Die Entdeckung von Emotionen unter psychologischen Aspekten geht auf Leonardo selbst zurück. In seinem «Buch von der Malerei» begegnen wir nicht nur dem Maler, sondern auch dem Kunsttheoretiker Leonardo, der sich hier in subtilster Weise mit den Problemen Kunst und Künstler auseinandersetzt. Neben vielem anderen gilt sein besonderes Interesse der Frage nach Darstellung und Darstellbarkeit von Emotionen. Immer wieder kommt er darauf zurück und widmet sich dem Thema aus jeweils anderem Blickwinkel. So bemerkt er: „Das Allerwichtigste, das sich in der Theorie der Malerei finden mag, sind die für die Seelenzustände eines jeden Wesens passlichen Bewegungen, wie für Verlangen, Verschmähen, Zorn, Mitleid oder Ähnliches"[20]. An anderer Stelle heißt es: „Ein guter Maler hat zwei Hauptsachen zu malen, nämlich den Menschen und die Absicht seiner Seele. Das Erstere ist leicht, das Zweite schwer, denn es muß durch die Gesten und Bewegungen der Gliedmaßen ausgedrückt werden"[21]. Oder: „Mache die Bewegungen der Figuren den Gemütszuständen derselben angepaßt . . .“[22]. Schließlich umschreibt Leonardo das Ziel, das der Maler anzustreben hat: „Solche Bilder werden, wenn die Gebärden und Stellungen gut zu den Gemütszuständen passen, verstanden werden als wenn sie sprächen"[23]. Aus den Zitaten wird deutlich, worum es Leonardo geht: Seine diffizile Beschreibung bezieht sich auf jene Art der Bewegung von Körper und Gliedmaßen, die nicht allein mehr den Gesetzmäßigkeiten einer Proportionslehre verpflichtet ist. Vielmehr werden Bewegungsarten, als Gebärdensprache, abhängig von der inneren Motivation einer Figur. Ausdrücklich unterscheidet Leonardo deswegen zwei Arten von Bewegung und bezeichnet sie einmal als „movimenti (oder ‚moti‘) del corpo", zum anderen als „accidenti (oder ‚moti‘) mentali"[24]. Beide Bewegungsarten stehen in unmittelbarem Bezug zueinander, dergestalt, daß die „moti mentali" bestimmte „moti del corpo" hervorrufen und umgekehrt die Körpersprache die Gemütsbewegung einer Figur auszudrücken vermag. Daraus ist zu schließen, daß eine Bewegungsart nur aus der anderen verständlich wird. Dabei sei nicht übersehen, daß die „moti del corpo" von primärer Funktion sind, denn sie müssen ursächlich darauf abgestimmt und angelegt sein, das zu erzielende und beabsichtigte Ergebnis zu veranschaulichen: die Darstellung von Emotionen. Nun heften sich allein an diesen Begriff eine Fülle von Vorstellungen, die außerordentlich differenziert sind. Es kann sich dabei ebenso um zufällige wie um beabsichtigte menschliche Stimmungen handeln, die es zu veranschaulichen gilt. Man kann sich darunter auch die Verschiedenartigkeit der Temperamente vorstellen, die eine darzustellende Person kennzeichnen. Schließlich können ganz persönliche individuelle Charakterzüge dazu gehören, die im äußeren Habitus einer Person spiegelbildlich wiedergegeben werden können. Am Ende ist ebenso vorstellbar, daß der Künstler bewußt und gezielt bestimmte Zwecke verfolgt, wie z. B. moralische, die er in die von ihm geschaffene Gestalt hineinprojiziert. Wie auch immer – der Möglichkeiten, *moti* darzustellen, gibt es viele, und zweifellos ist es am einfachsten, extreme Gemütszustände wie Trauer, Schmerz oder Freude wiederzugeben. Daran gemessen ist es ungleich schwerer, differenzierte und subtile Eigenschaften im Bilde zu veranschaulichen. Denn das, was Worte abstrakt als ein gleichsam Schwebendes, Begriffliches zu umschreiben und auszudrücken vermögen, läßt sich nicht ohne weiteres in die konkrete Welt des durch das Material bestimmten Bildes übersetzen. Dies zu bewerkstelligen, bedarf es besonderer Fähigkeiten.

„Mir aber scheint", so schreibt Leonardo, „es sei alles Wissen eitel und voller Irrtümer, das nicht von der (Sinnes-)Erfahrung, der Mutter aller Gewißheit, zur Welt gebracht wird und im nicht wahrgenommenen Versuch abschließt, d. h. (dasjenige, welches so beschaffen ist) daß sein Ursprung seine Mitte oder sein Ende durch gar keinen der fünf Sinne hindurch geht"[25]. Leonardo stellt den traditionellen Definitionen von den Proportionen etwas Neues entgegen: Es ist die Erfahrung, die durch die Sinne vermittelt wird. Diese sinnliche Erfahrung ist für ihn nun *nicht nur* rationale Erkenntnis, sondern besagt auch etwas anderes. Während diese sich intellektuell lernen läßt, ist jene nicht zu erwerben, sondern ist subjektiver Teil der Persönlichkeit eines Künstlers. So hängt seine Qualifikation nicht allein mehr von seinen manuellen und visuellen Fähigkeiten ab, sondern über sein Können entscheidet auch seine sinnliche Erfahrung. So, wie er sie erkennt, pflegt, differenziert und nutzt, wird seine sinnliche Erfahrung zur wertvollen Hilfe, Natur genau zu beobachten und nachzuahmen. Dabei bedeutet Natur für Leonardo nicht allein die Realität und das Sichtbare einer konkreten Welt. Für ihn ist „Natur voller unendlicher Ursachen, die noch nie erfahren wurden"[26]. Deshalb kommt er zu dem Ergebnis, daß die „Malerei sich nicht nur um die Werke der Natur bestrebt (zeigen soll), sondern um zahllose andere, welche die Natur nimmer schuf"[27]. Damit stellt sich Leonardo einem Problem, das ebenso neu wie unlösbar erscheint. Denn den visuellen Evidenzen der sichtbaren Gegenstände stehen unsichtbare aus der schöpferischen Phantasie geschaffene zur Seite. Aus ihrem Zusammenwirken ergibt sich das, was im weitesten Sinne als „selbstschöpferische Auffassung von der Natur" verstanden werden kann[28]. Wie ernst es Leonardo meint, zeigt sich daran, daß er den Künstler zum „Dolmetscher (interprete) zwischen selbiger Natur und der Kunst" erklärt[29]. Der Künstler ist also aufgefordert, die äußeren Naturformen mit Hilfe seiner sinnlichen Erfahrung in die Erscheinungsform des Kunstwerkes zu übersetzen, um assoziative Vorstellungen und Phantasien zu veranschaulichen. Indem der Künstler eigenständig interpretierend eingreift, wird die Sinngebung eines Kunstwerkes abhängig von seinen eigenen Assoziationen und Phantasien. Sie fließen in sein Werk ein.

Veranschaulichung einer Wirklichkeit, die mehr einer Utopie gleicht, war einer der Gedanken, die sich angesichts von Giampietrinos Magdalenenbildern einstellten. Gemessen an Leonardos Erkenntnissen hatte der Schüler den theoretischen Lehren seines Meisters einiges abgewonnen. Sein Verständnis der *moti* wird zumindest im Bild der Magdalena im Castello Sforzesco überzeugend deutlich. Etwas Vibrierendes, Beunruhigendes, geht von diesem Bilde aus. Demgegenüber wirken die *moti* der beiden anderen Magdalenen in sich ruhend und geschlossen. Sensibilität und Bewegtheit ist hier ganz in das Spiel der Finger verlegt. Sie scheinen von sonderbarem Eigenleben, das sich in der Zartheit der Gelenke und der Biegung der Hände ausdrückt und bis in die Fingerspitzen fortgeführt wird. Nur diese liegen dem Körper auf, berühren ihn so, als sollte an ihnen der Tastsinn veranschaulicht werden. Tastbar scheint auch die malerische Oberflächensubstanz der blassen transparenten Haut Magdalenas, die weiche wellige Haarfülle, die den Körper der Dargestellten wie ein Pelz umschmeichelt. Giampietrinos Interesse gilt hier, so scheint es, tatsächlich dem Tastbaren. Darin folgt er Leonardo, der den Sinnen des Sehens und Tastens besondere Bedeutung zumißt[30].

Schon Wölfflin bemerkt, daß „mit dem Erwachen eines feineren Tastgefühles, wie es sich in der leonardesken Modellierung bekundet, der weibliche Körper eine neue künstlerische Bedeutung bekommt"[31]. Dies gilt bis zu einem gewissen Grad auch für die Schüler Leonardos. Allerdings: Wenn Veranschaulichung im Kunstwerk auf dem Wege sinnlicher Erfahrung vermittelt wird, so ist unvermeidlich, daß in das Werk selbst sinnliche Elemente eingehen und den Charakter der Dargestellten in unübersehbarer Weise mitbestimmen. Denn „die Bedingung der Vermittlung ist die Sinnlichkeit. Der Sinnlichkeit verdankt das Werk seine Entstehung, über Sinnlichkeit gelangt es zur Erscheinung, sinnlich ist die Art der Vermittlung, Sinnlichkeit muß ihm selbst eigen sein: ein Modus von Leiblichkeit. Damit ist Leiblichkeit als die Vermittlungsgrundlage postuliert"[32]. Es zeigt sich, daß über die Beobachtung psychologischer Vorgänge gewissermaßen ein weiteres neues Symptom in die künstlerische Auffassung eines Kunstwerkes einfließt, das sich als sensualistisch charakterisieren läßt. Sinnlichkeit visuell zu veranschaulichen bedeutet, daß Leibliches und Seelisches von nun an latent im Kunstwerk vorhanden sind. Das kann für weltliche Darstellungen ohne weiteres akzeptiert werden, doch, wenn es sich um Heiligenbilder handelt, so können die Folgen die sein, daß diese neue Sinnlichkeit einem solchen Bild plötzlich auch weltliche Züge verleiht. Dies gilt z. B. für die Darstellungen Magdalenas als bekleidete Heilige von Giampietrino und Luini und unterscheidet sie von den Darstellungen Peruginos, Raffaels oder Piero di Cosimos. Von einer sinnlichen Präsenz kann bei diesen Heiligen nicht die Rede sein.

Das, was für die bekleideten Magdalenen von Giampietrino oder Luini gilt, wiegt ungleich schwerer und stärker angesichts der Bilder der nackten Büßerin. Immerhin muß man sich vergegenwärtigen, daß die Darstellung der Nacktheit bis weit in das Quatrocento hinein von kirchlicher Seite als anstößig empfunden wurde und entsprechend strengen Regelungen unterworfen war. Ausnahmen wurden nur dann geduldet, wenn die Nacktheit einer christlichen Figur sachlich erforderlich und begründet war[33]. Damit waren Eremiten oder sonstige biblische Gestalten, wie z. B. Eva, gemeint. Für Magdalena hatte das nur bedingt Gültigkeit, insofern ihre Blöße unter ihrem Haarkleid verborgen blieb. Um so erstaunlicher muß es erscheinen, in welch ungewöhnlicher Weise Giampietrino mit den überkommenen Traditionen bricht[34].

Idealisierte Schönheit

In dem Maße, wie sich das Verhältnis des Menschen zum Körper wandelte, wurde dieser nun nicht mehr als leere Hülle verstanden, die ihren Sinn und ihre Belebung nur durch die Seele erfuhr. Der Leib wurde zur irdischen Heimat der Seele. Diese neu wachsende Erkenntnis führte auch zu einer neuen Bewertung des Leiblichen. Denn der Leib wird nun zum Träger von Lust und Last, melden sich doch seine Wünsche und Begierden ebenso, wie die Versagungen schmerzlich empfunden werden. Es sind die Triebe, derer man sich zunehmend bewußt wird. Besonders die sexuellen Triebäußerungen verlieren ihren Unbefangenheitscharakter, unterliegen einer zunehmenden „Intimisierung"[35]. Als Regulativ macht sich der Intellekt zum Anwalt gegenteiliger Interessen, kann Triebverzicht oder auch, unter dem Postulat bestimmter Verhaltensnormen, Triebabwehr verlangen. Damit wird das Problem des Dualismus von *Leib* und *Seele*, die miteinander übereinstimmen oder streiten können, deutlich. Einen Ausweg aus diesem Dilemma gibt es im Leben nicht.

Er läßt sich aber in der Kunst finden und formulieren, nämlich im Ideal. Denn greift der Maler interpretierend in die sichtbare Welt der Natur ein, so vermag er diese tatsächlich im Bilde idealisierend abzuwandeln. Auf diese Weise läßt sich z. B. unvollkommene Schönheit einer Figur korrigieren, indem man bewußt die äußere Anmut durch Hinzufügungen steigert, unschöne oder störende Details abschwächt oder übergeht, dadurch harmonisiert. Das kann auf Kosten der naturgetreuen Ähnlichkeit, z. B. eines Portraits, gehen. Doch ist das legitim, weil Kunst eben Natur nicht mehr nur nachahmt, sondern interpretiert. Kunst kann sogar Natur übertreffen, wie Leonardo es ausdrückt, denn jene ist im Gegensatz zu dieser unvergänglich[36]. „Die Zeit zerstört in wenig Jahren, was bei der Nachahmung der Schönheit nicht der Fall ist"[37]. So kann sich „das Werk des Malers würdiger bewahren als das der Natur, seiner Lehrerin"[38].

Leonardos Theorien entspringen, wie man vermuten möchte, nicht nur einem neuen anthropologischen Interesse, vielmehr wird dieses gelenkt und ergänzt durch das Studium der Antike. Leonardo empfiehlt es dem angehenden Maler ebenso wie vor ihm schon Alberti[39]. Doch nicht nur praktisch, sondern auch theoretisch sucht man die Auseinandersetzung mit der Antike. Und neben „dem Nachahmungsgedanken ging nun, wie in der Kunstliteratur der Antike, so auch in der Kunstliteratur der Renaissance, von Anfang an der Gedanke der Naturüberwindung parallel"[40].

Die Idee von idealisierter Schönheit, die das Naturvorbild zu übertreffen vermag, hat vor allem auf die malerische Darstellung des Menschen gewirkt. Dies betrifft sowohl die Wiedergabe des Portraits als auch diejenige des Aktes. Denn daraus folgt, daß der Künstler sein Werk aus einer vorgefaßten Absicht heraus konzipiert und produziert. Mit Hilfe seiner Vorstellung und seiner Phantasie vermag er äußeren *und* inneren Erscheinungsformen der Natur Gestalt zu verleihen. Diese werden nur durch seine Vermittlung im Kunstwerk wirklich und existent, sie sind mit seinem rein anschaulichen und subjektiven Empfinden gekoppelt. Die eigenen psychischen Erfahrungen des Künstlers fließen in sein Werk ein. Subjektiv und spontan formt er vorgegebene Stoffe um, seine eigenschöpferische Auffassung kommt ins Spiel. Indem der Künstler „sich abwandelnd und erfindend von der Wirklichkeit emanzipiert"[41], erfährt er zugleich ein neues subjektives Selbstverständnis. Als Folge davon verändert sich auch sein Verhältnis zum Objekt, zum Naturvorbild. Ideelles gewinnt dadurch im Bilde Gestalt, so daß die Sprache des Bildes abhängig wird von den gedanklichen Vorstellungen des Künstlers und seinen Fähigkeiten, diese in der materialen Welt des Kunstwerkes zu vermitteln. Es ist eben diese „Vermitteltheit, als die es zur Erscheinung kommt. Diese Vermitteltheit besagt nicht nur, daß es in der Vermittlung der Wahrnehmung einem Betrachter nur zu Augen kommt – darin wäre es allen anderen Gegenständen völlig gleichrangig – sondern, daß es als Vermitteltes schon, nämlich als Vermittlung eines Werkstoffes mit einer gestaltenden Absicht, zum *Erlebnis* kommt"[42].

Veranschaulichung einer Wirklichkeit, die utopisch anmutet, erklärt sich als Folge eben jenes Idealisierungsgedankens. Das Ideal wird konstruierend geschaffen, und, in der Konsequenz wird Naturüberwindung als legitimes Mittel der Kunst bezogt. Daß nicht nur das äußere Erscheinungsbild der Dargestellten idealisiert wurde, sondern daß sich dahinter auch gewisse Wunschvorstellungen hinsichtlich der inneren Qualitäten der Dargestellten verbergen mochten, liegt auf der Hand. So bemerkt Elias zurecht, daß mit zunehmender Zivilisation auch die „Darstellung des nackten Körpers in der Kunst eine neue Bedeutung gewinnt: sie wird in stärkerem Maße als bisher Traumbild und Wunscherfüllung"[43].

Als Traumbilder, die geheime Wunschvorstellungen zu erfüllen vermögen, lassen sich auch Giampietrinos Magdalenen charakterisieren. Angesichts der Auffassung des Nackten in diesen Bildern möchte man Elias beipflichten, daß unter allen Sinnesorganen speziell „das Auge zum Vermittler von Lust" wird[44]. Das, was für die Darstellung des Aktes gilt, wird nicht minder in anderen Details von Giampietrinos Magdalenenbildern deutlich. Magdalena ist bei ihm nicht als Ganz-, sondern als Halb- bzw. als Dreiviertelakt wiedergegeben. Sie wird dadurch dem Betrachter in ganz anderer Weise optisch nahegerückt, so daß die physiognomischen Eigenheiten der Dargestellten nuancierter und präziser ins Auge fallen, sich eindringlicher einzuprägen vermögen.

Auch ikonographisch gibt es eine Neuerung bei Giampietrino. Seine Magdalena ist nicht mehr, wie noch bei Dürer, eingebunden in den Rahmen ihrer Legende als Büßerin. Giampietrinos Magdalenen sind verselbständigt, erkennbar nur noch an den sie umgebenden Attributen. Selbst die Höhle wird schließlich durch das Interieur einer Kammer ersetzt. Hat man alle Kriterien zusammengenommen, fragt man sich aber, ob man Giampietrinos Magdalenenbilder noch den Andachtsportraits zurechnen kann. Dies wird erst recht bedenklich angesichts der Bilder der wenig konventionellen nackten Büßerinnen.

Weibliche Idealportraits

Die Wiedergabe Magdalenas als Halb- bzw. Dreiviertelfigur läßt daran denken, diese Bilder in die Nähe der Bildniskunst zu rücken. Der weltliche Einschlag in diesen Heiligendarstellungen gibt deshalb Veranlassung, sie mit einer anderen Gruppe von Bildern weiblicher Halbakte zu konfrontieren. Diese sind um etwa die gleiche Zeit entstanden wie die Bilder der nackten Magdalenen, und zwar wiederum im Leonardoumkreis. Es sind alles profane Darstellungen, die den Einfluß Leonardos widerspiegeln. Eines der wohl frühesten Beispiele ist das Bild der ‚Mona Vanna', das in mehreren Varianten existiert, deren qualitätvollste sich heute in Chantilly (Abb. 20) befindet. Die Darstellungen der ‚Mona Vanna' sind nichts anderes als die Gestalt der ‚Mona Lisa' in Form eines Aktes. Es scheinen dies die ersten Versuche einer Auseinandersetzung mit dem Thema des weiblichen Halbaktes zu sein. Es ist müßig über die Qualität dieser Bilder zu sprechen. Dabei sei dahingestellt, ob dieser Entwurf als Studie zur «Mona Lisa» angesehen werden kann oder ob man eine direkte Beteiligung des Meisters ausschließen muß[45].

Es gibt jedoch neben der «Mona Vanna» eine ganze Anzahl anderer mehr oder weniger bekleideter weiblicher Halbfigurenbilder, die typologisch von dieser abhängen. Dazu gehören Darstellungen, wie die «Flora» (Abb. 19) von Giampietrino, aber auch Luinis «Martha und Magdalena» (Abb. 21), früher auch als «Eitelkeit und Bescheidenheit» bezeichnet. Weiter seien die Darstellungen «Abundantia» (Sammlung Borromeo, Mailand), «Kleopatra» (Abb. 26) und die «Mythologische Figur» (Abb. 24) genannt, die alle Giampietrino zugeschrieben werden. Auch Luinis «Susanna» (Abb. 23) und Marco d'Oggionos «Venus» (Abb. 22) sind dieser Gruppe von Halbakten zuzuordnen. Schließlich reihen sich Sodomas «Lukrezia» (Pinakothek Sabauda, Turin) und Melzis «Colombine» (Abb. 27) hier ein. Die genannten Bilder sind nun, wie schon Bode zurecht vermutet hat, auch in engem Zusammenhang mit der bekannten Büste «Flora» (Abb. 28) von Leonardo zu sehen[46]. Dabei brauchen wir uns auf den Streit, ob sie von Leonardo selbst oder nur auf einen Entwurf von ihm zurückgeht, nicht einzulassen[47]. Es ist jedoch nicht von der Hand zu weisen, daß sie wie ein Lehrstück auf Giampietrinos «Flora» gewirkt hat. Diese ist nichts anderes als die ins Bild gesetzte Büste[48].

Noch ein zweites Werk ist zu nennen, das mit Leonardo in Zusammenhang gebracht wird und erwähnt werden muß. Es ist die Darstellung einer «Sabina Poppaea» (Abb. 25), die der Schule von Fontainebleau zugeschrieben wird. Das Werk wird auf eine Bilderfindung Leonardos zurückgeführt und ist nur durch diese späte Nachbildung bekannt. So berichtet Lomazzo von der Darstellung einer verschleierten lächelnden Pomona, die Leonardo für Franz I. geschaffen haben soll[49]. Wie es heißt, soll das Bild der Sabina Poppaea im Zusammenhang mit der Bemerkung Lomazzos stehen[50]. Wenn es sich bei dem Werk in Genf auch um die Nachbildung oder Kopie eines Entwurfes von Leonardo handelt, so ist nicht auszuschließen, daß eine solche Bildidee schon im Mailänder Atelier vorhanden war. Ein Beleg dafür wäre z. B. das Bild der ,Mythologischen Figur' von Giampietrino, die in ihrer Rechten einen dünnen Schleier vor ihren Körper hält (Abb. 24).

Es sei an ein drittes Werk Leonardos erinnert, mit dem sich der Meister kurz nach 1500 beschäftigt hat: die kniende bzw. stehende Gestalt der Leda. Auch dieses Motiv wurde von den Schülern, zumal von Giampietrino, mehrfach kopiert oder variiert, ganz abgesehen von der breiten Wirkung, die dieses Motiv, auch über Mailand hinaus, auf andere Künstler Italiens ausgeübt hat. Obwohl die «Leda» als Ganzakt konzipiert ist, zeigen sich unübersehbare Analogien zu den weiblichen Halbfigurenbildern. Wie schon von der früheren Forschung bemerkt, trifft dies vor allem auf Giampietrinos »Kleopatra« zu[50a] (Abb. 26). Auch seine «Abundantia» steht «Leda» nahe, doch ebenso Leonardos «Flora» (Abb. 28).

Es zeigt sich, daß die Gruppe der profanen Frauenbilder in ihren Grundzügen auf Ideen und Entwürfe Leonardos selbst zurückgehen. Zugleich wird deutlich, daß die Schüler meistens nur abwandeln, was ihnen aus der Fülle der Bildererfindungen Leonardos vorgegeben ist. Daß sich Leonardo mehr als einmal mit dem Thema des weiblichen Aktes beschäftigt haben muß, erklärt auch eine Bemerkung Carlo Amorettis, der berichtet, daß Melzi aus dem Nachlaß von Leonardo eine ganze Reihe von Zeichnungen nackter Frauen, Göttinnen und Nymphen geerbt habe. Sie wurden aus Gewissensgründen dem Kuraten von Bartolomeo übergeben, „damit er sie verbrenne, was dieser allzu eifrig ausführte"[51].

Vergleicht man die profanen Frauenbilder untereinander, so fällt die Portraithaftigkeit aller Dargestellten auf. Indes: Ihre Gesichter wirken maskenhaft, und das ist der gemeinsame Nenner, der alle Dargestellten untereinander verbindet. Bei genauerem Hinsehen finden sich jedoch Unterschiede, sowohl bei den mehr oder weniger ausgeprägten Körperformen als auch in den Gesichtszügen dieser Frauen. Sie scheinen wohl nach einem bestimmten Naturvorbild geschaffen, doch so idealisiert, daß sie eher einem idealen Aktportrait gleichen oder, wie Bode sie nennt, „weibliche Idealportraits" darstellen[52]. Die scheinbare Individualität in den Gesichtszügen dieser Frauen ist nicht mit denen der Magdalenen zu vergleichen. Hier, möchte man meinen, sei Idealisierung noch weiter getrieben, Individuelles weitgehend eliminiert.

Bei den weiblichen Idealportraits kann man sich des Gedankens nicht erwehren, daß von den Dargestellten etwas absichtlich Verführerisches ausgeht, das sich jedenfalls bei den Magdalenen nicht so aufdringlich anpreist. Das läßt sich z. B. an dem mehrdeutigen Lächeln von Giampietrinos «Flora» erkennen. Es wird aus der Handbewegung der «Susanna» ersichtlich, mehr noch muß die seltsame Begegnung der Schlange mit «Kleopatra» erstaunen. Es gibt wohl keinen Zweifel darüber, daß in diesen Bildern erotische Elemente eine Rolle spielen, die der sensualistischen Tendenz der Auffassung des Körperlichen entgegenkommen, ja, ihr eigentlich Vorschub leisten.

Dies trifft, wie bekannt, auch auf Leonardos «Leda» zu[52a]. Vielschichtige ikonographische Aspekte ergeben sich zudem aus den weiteren «Leda» umgebenden figürlichen Darstellungen. Sinn und Kern der Bildaussage zielen auf erotische Bedeutungszusammenhänge. Dabei spielt das in der Zeit Leonardo bewegende Interesse an der Anatomie des Menschen eine Rolle. Doch sind es nicht allein Vorgänge der Fortpflanzung oder Zeugung, die Leonardo im Blick hat, sondern er weiß und spricht auch ziemlich unverblümt über die durch Sexualität ausgelösten sinnlichen Lusterlebnisse[52b]. Es kann nicht verwundern, wenn seine Schüler auch in diesen Punkten dem Meister nachzueifern und dem in ihren Werken Ausdruck zu geben versuchten. Der Schleier von sinnlich-erotischer Lust, der sich über die weiblichen Halbfigurenbilder ausbreitet, ihnen jene eigenartige Färbung verleiht, verrät seine Herkunft.

Erotik hat in der Renaissance freilich vielerlei Gesichter. Ebenso vielfältig sind ihre Erscheinungsformen in der Kunst. Auch hier läßt sich eine Entwicklungslinie verfolgen. Sie leitet sich in Italien auch von der Cassonimalerei des Quattrocento ab[53]. Erotische Darstellungen beschränken sich dabei auf Themen meist heidnischen Ursprungs. Eine Schlüsselrolle spielt oft Venus als Personifikation irdischer und himmlischer Liebe. Der Zweck dieser Darstellungen war oft moralisierend, d. h. daß dem Ideellen dieser Geschichten die Priorität eingeräumt wurde. Entsprechend bewegt sich die Darstellung des Nackten, soweit notwendig, mehr oder weniger im Rahmen quattrocentesker Auffassung des Aktes. Gemessen an den Akten des Leonardoschülerkreises wirken sie bar aller Sinnlichkeit. Das will nicht heißen, daß sich nicht auch im Rahmen der Cassonimalerei Wandlungen bemerkbar machen, aus denen sich ein „halb keuscher, halb wollüstiger Venuskult entwickelte, in dem die Doppelnatur der Göttin zum höchsten Grad von Ehrfurcht oder Frivolität oder beidem zugleich gesteigert werden konnte"[54]. In keinem Fall sind diese Darstellungen jedoch das, was „jener Tendenz anzureizen oder einer im Leben versagten Wunscherfüllung" gleichkommt[55] und sich in so auffälliger Weise bei den Frauenbildnissen der Leonardoschule bemerkbar macht. Freilich sollte man nicht glauben, daß „wenn die malerische Darstellung (vor Leonardo) so selten auf Sinnenreiz ausging, das aus Prüderie geschah. Das ausgehende Mittelalter zeigt einen sonderbaren Gegensatz zwischen stark ausgeprägtem Schamgefühl und verblüffender Unbefangenheit"[56]. Dieses Schamgefühl entsprach jedoch keineswegs dem heute gültigen Standard. Deswegen kamen solcherart „Darstellungen nicht aus gepresster Seele; sie deckten nicht unter Durchbrechung von Tabus etwas Heimliches auf"[57]. Der Spielraum für Uneindeutiges in erotischen Darstellungen öffnet sich erst zu Beginn des 16. Jahrhunderts, wodurch manchen solcher Darstellungen etwas Undurchschaubares anhaftet, das jedoch seine Wirkung auf den Betrachter nicht verfehlt.

Botticellis «Simonetta Vespucci»

Ein Bild darf in diesem Zusammenhang nicht unerwähnt bleiben, obwohl es, an den Werken Leonardos und seiner Schüler gemessen, wie ein Anachronismus wirkt. Gemeint ist Piero di Cosimos bekannte Darstellung der «Cleopatra» bzw. Simonetta Vespucci (Abb. 30). Die Datierung des Bildes schwankt bisher zwischen 1480 und 1520, neuester Forschung zufolge wird sie mit 1498 angegeben[58]. Demnach liegt seine Entstehung fast ein Jahrzehnt vor dem im Leonardoumkreis in Mailand neu auftauchenden Bildtypus der weiblichen Halbakte. Piero di Cosimo folgt indes einer in Italien während des Quattrocento üblichen und bekannten Tradition der Bildniskunst, dem Profilbildnis (Abb. 29). Daß sein Bild allerdings kein Unikum ist, lehrt eine ähnliche Darstellung, die auf eine Idee von Leonardo zurückgehen soll[59]. Es ist ein

Kupferstich, der die Profilbüste einer mit Lorbeer bekränzten Frau, mit halb entblößter Brust, wiedergibt. Aus einer Umschrift ergibt sich, daß der Entwurf Leonardos mit der ACADE-MIA LEONARDO VINCI in Verbindung steht. Diese Gelehrtenakademie hatte sich in den Jahren zwischen 1490 und 1500 in Mailand konstituiert, zu einer Zeit als Leonardo noch in Mailand war[60]. Man muß deshalb annehmen, daß der genannte Entwurf auch in diesen Jahren entstanden ist, also fast gleichzeitig wie Pieros Gemälde. Ob Piero di Cosimo Leonardos Entwurf gekannt hat, sei dahingestellt, obwohl beide miteinander Jahre befreundet waren[61]. Die eigentliche Quelle für beide Darstellungen scheint sich jedoch in der Werkstatt Verrocchios zu finden. Denn im Victoria- und Albert-Museum (London) befindet sich ein Marmorrelief, das ebenfalls die Profilbüste einer barbusigen jungen Frau darstellt. Es wird um 1460/65 datiert und als Arbeit aus der Verrocchiowerkstatt angesehen, möglicherweise unter dem Einfluß Desiderio da Settignanos. Vom Typus her wirkt die Dargestellte zart und vermittelt zugleich den Eindruck einer weichen Weiblichkeit, so wie sie von Verrocchio und seinem Schülerkreis bekannt ist[62]. Auch dieses Relief wird als Portrait der Simonetta Vespucci angesehen, obwohl eine solche Vermutung etwas gewagt erscheint, denn um 1460 hatte die Porträtierte noch gelebt und Gombrich bestritt sicherlich zurecht, daß es als schicklich galt, Frauen der Gesellschaft – selbst wenn es sogenannte Favoritinnen bestimmter Fürsten waren – dergestalt wiederzugeben[63]. Piero di Cosimos Bild hingegen könnte man als posthumes Idealportrait der Simonetta gelten lassen. Es zeigt sich immerhin anhand der genannten Beispiele, daß es schon seit dem späten Quattrocento eine Tendenz zu solcherart Frauenbildern gab. Eine Tendenz, die gewissermaßen als dünner Faden gesponnen wurde und, von nun an latent vorhanden, sich mehr und mehr verdichtete. Als definitiv neuer Bildtypus begegnet er uns freilich erst in Mailand.

Giampietrinos ‚Magdalena-Egeria‘

Betrachtet man die Magdalenenbilder vor dem Hintergrund der Darstellungen weiblicher Halbakte, so ist, trotz der genannten Unterschiede, eine Verwandtschaft zwischen diesen und den Heiligenbildern nicht zu übersehen. Geht man davon aus, daß Giampietrino die Vorstellung der nackten Magdalena bewußt geplant hat, so fragt man sich, inwieweit die Uneindeutigkeit dieser religiösen Bilder eine Folge der künstlerischen Formulierung bzw. der Auffassung ist oder die Ambivalenz der Bildaussage ebenso von ihm eingeplant war. M. a. W.: Ist diese Interpretation das zufällige oder das geplante Produkt seiner subjektiven ‚sinnlichen Erfahrung‘, die als Eigenerlebnis die Tendenz des Bildes bestimmt? Jedenfalls begegnet man einer solchen Heiligendarstellung mit einem gewissen Argwohn und vermag den Sinn des Gegensätzlichen und Widersprüchlichen, der sich in diesen Bildern ausdrückt, nicht recht zu begreifen. Doch sind es nicht unsere subjektiven Interpretationen, die aus unseren Beobachtungen resultieren? Haben wir uns am Ende von Leonardos eigenen Äußerungen dazu verleiten oder überreden lassen, diese Ambivalenz in Giampietrinos Magdalenenbildern überhaupt erst zu erkennen?

In diesem Zusammenhang ist ein weiteres Bild einer Magdalena von Giampietrino vorzustellen, das sich zwischen den weiblichen Halbakten und den zuerst genannten Magdalenenbildern einordnen läßt. Diesmal ist die Heilige als Ganzakt dargestellt. Das Bild befindet sich in Mailand (Abb. 31). Vor einer dunklen Baumgruppe ist die Dargestellte auf einer felsartigen Erhöhung sitzend wiedergegeben. Sie stützt sich auf ihren linken Arm, wendet den Körper dem Betrachter zu, während die Rechte auf den lässig übereinander geschlagenen Beinen ruht. Der Kopf ist leicht zur Seite geneigt, ihre Augen blicken rätselvoll und sonderbar auf den Betrachter. Im Hintergrund verliert sich eine Berglandschaft mit Wiesen und einer Burg. In ihrer linken Hand hält die Dargestellte einen Schlüssel, zu ihren Füßen befinden sich ein geschlossenes bauchiges Gefäß und ein Totenkopf.

Höchst merkwürdig ist, daß dieses Bild nicht nur als die Darstellung einer Magdalena gilt, sondern auch als «Egeria» bezeichnet wird[64]. Egeria gehört zu den heidnischen Quellnymphen. Sie sind ihrem Charakter nach außerordentlich vielseitige und schillernde Gestalten. Als sogenannte halbgöttliche Wesen stehen sie im Dienste der Menschen, sind Mittler zwischen diesen und den olympischen Göttern. Sie gelten als wohlwollende Begleiterinnen der Frauen, aber als ziemlich skrupellose Verführerinnen der Männer. Im ganzen gesehen sind sie weibliche Elementargeister unberechenbaren Charakters, denen ebensoviel Hilfreiches und Schützendes wie Unheilvolles und Dämonisches anhaftet[65]. Sie werden in der Regel als junge schöne Mädchen dargestellt, meist dort, wo sie hausen: in Höhlen oder Grotten. Vielfach sind sie nackt wiedergegeben. Immer aber sind sie daran erkennbar, daß sie ihre weiblichen Reize ziemlich ungeniert zur Schau stellen. Zum Zeichen ihrer Verbundenheit mit ihrem Hauptelement, dem Wasser, werden ihnen mitunter eine Schale, eine Muschel oder auch eine Urne als Attribute beigegeben[66].

Es stellt sich die Frage, welche der beiden Gestalten Giampietrino in seinem Bild gemeint hat: Magdalena oder Egeria, die christliche Heilige oder die heidnische Nymphe? Das Gefäß auf dem Boden vor der Dargestellten kann ebensogut Magdalenas Salbgefäß wie die Urne der Egeria symbolisieren. Der Totenkopf hingegen verweist eindeutig auf Magdalena. Er wird der Büßerin seit Beginn des 16. Jahrhunderts als Attribut hinzugefügt[67]. Der Schlüssel ist jedoch weder für Magdalena noch für Egeria als Attribut bekannt oder üblich. Er kann, mit dem gebotenen Vorbehalt gegenüber mutwilliger Interpretation, im weitesten Sinne als Anspielung auf *fides* gelten, die als Zeichen ihrer Treue im Glauben dieses Attribut haben kann[68]. Mit *fides* ist eine der christlichen Kardinaltugenden gemeint. Aus der Welt der heidnischen Mythologie ist *fides* aber auch als römische Göttin bekannt, deren kultische Bedeutung zwar nicht unmittelbar, jedoch zweifellos indirekt auf den Einfluß Egerias zurückzugehen scheint[69]. Wir können freilich der Frage nach der jeweiligen Funktion von *fides* im Zusammenhang mit Magdalena oder Egeria nicht weiter nachgehen, das würde in Bereiche der Spekulation führen.

Eine andere Frage ist allerdings, ob in Giampietrinos Bild nicht vielleicht die ikonographische Uminterpretation eines heidnischen in ein christliches Thema vorliegt. In solchen Fällen wurde ein antiker Prototypus als Modell für eine christliche Figur verwendet. So wurde z. B. das Motiv des Herkules für ein Christusbild benutzt, oder eine antike ‚Venus pudica‘ wurde umtransponiert in die Gestalt einer ‚Eva‘[70]. Panofsky kennzeichnet diese ikonographischen Umwandlungsprozesse treffend, wenn er sagt, daß „antike Originale einer *interpretatio Christiana*“ unterzogen wurden[71]. Allerdings unterschied sich der Sinngehalt des antiken Vorbildes zumeist eindeutig von dem der christlichen Uminterpretation. Attribute und sonstiger Kontext der Darstellungen erklären unzweideutig deren ikonographischen Bezug bzw. deren Zugehörigkeit zu dem jeweiligen Themenkreis.

Anders bei Giampietrinos Magdalena-Egeria: Man kann tatsächlich nicht sagen, wer von den beiden gemeint ist. Freilich läßt sich auch nicht sagen, ob diese ikonographische Ambivalenz vom Künstler eingeplant war oder einer späteren Interpretation angehört. An diesem Beispiel zeigt sich aber sehr deutlich, daß der Betrachter im Nachhinein tatsächlich nicht mehr sagen kann, wer oder was in einem solchen Bilde gemeint wurde, es sei denn, er kann die näheren Umstände, die die Entstehung des Gemäldes begleitet haben, aufdecken. Man bleibt in einem solchen Fall auf Vermutungen angewiesen, das Bild selbst gibt in dieser Beziehung fast unlösbare Rätsel auf. Vielleicht ging es dem Maler oder seinem unbekannten Auftraggeber auch um nicht mehr als die Darstellung eines Aktes, den weiblichen Halbakten vergleichbar, um ein Aktportrait wie diese.

Wird ein solches Bild wie das der Magdalena-Egeria also nurmehr Vorwand, einen mehr oder minder reizvollen Akt zu präsentieren? Das, was für eine Gestalt wie die der Egeria angemessen ist, muß für eine Heilige völlig unpassend erscheinen. Gemessen an den anderen Magdalenen wirkt diese Frau in der Tat frivol. Dieses Bild läßt sich nicht mehr als Andachtsbild bezeichnen. Im Gegenteil – es wirkt ganz und gar profaniert. Der Ambivalenz der künstlerischen Auffassung hat sich nun auch noch die ikonographische Ambivalenz hinzugesellt. Auch auf anderer Ebene „scheint hier einem künstlerischen Verlangen zuliebe die Wirklichkeit geopfert und eine ideale Welt geschaffen worden zu sein"[72].

Zur Frage der Profanierung des Heiligenbildes

Kann oder muß man also davon ausgehen, daß zu Beginn des 16. Jahrhunderts – nicht zuletzt unter dem Einfluß Leonardos – eine Tendenz um sich greift, die darauf hinausläuft, Heidnisches mit Christlichem oder Weltliches mit Religiösem derart zu verschmelzen bzw. zu vermischen, daß man von einer Austauschbarkeit oder Auswechselbarkeit des einen gegen das andere sprechen darf? Das würde allerdings bedeuten, daß der Sinn einer Darstellung in der Tat für den Betrachter verunklärt werden kann. Denn die Absichten des Künstlers können für den Beschauer mißverständlich werden und, vor allem, wirken, weil bei diesem plötzlich ganz persönliche eigene Assoziationen und Phantasien geweckt werden. Mit anderen Worten: Ideen und Vorstellungen des Künstlers können, müssen aber nicht mehr unabdingbar mit denjenigen des Betrachters übereinstimmen, wenn beider Gedanken sich in einem religiösen Bild begegnen.

Wir sind vor die Frage gestellt, ob solche ikonographischen Ambivalenzen innerhalb eines religiösen Bildes in jener Zeit überhaupt möglich oder vom Künstler beabsichtigt waren. Es trifft sich, daß wir hierzu wiederum Leonardo selbst befragen können. Im Zusammenhang mit einer Heiligendarstellung, die er geschaffen hat, berichtet er: „Es kam mir selbst schon vor, daß ich ein Bild machte, das etwas Heiliges vorstellte, und das ein darein Verliebter, der es gekauft hatte, die Vorstellung der Göttlichkeit beseitigen und herunternehmen lassen wollte, um es ohne Scheu küssen zu können"[73]. Im weiteren entschließt sich der so sonderbar durch das Bild erregte Käufer dazu, den Gegenstand seines Begehrens aus dem Hause entfernen zu lassen, um weiteren Versuchungen aus dem Wege zu gehen. Wir kennen das Bild nicht und können auch nicht sagen, ob Leonardo hier vielleicht nur eine Anekdote erzählt. Immerhin ist von Interesse, daß Leonardo überhaupt ernsthaft den Gedanken erwägt, daß es solche faszinierenden Bilder gibt. Ja – mehr noch: An anderer Stelle stellt er unumwunden fest, daß es nicht nur Bilder gibt, die „die Sinne erregen können", sondern daß es auch Maler gibt, die „brünstige Stellungen und Vorgänge so üppig malen, daß sie damit den Beschauer der Bilder zur gleichen Lustbarkeit aufreizen"[74]. Die Worte Leonardos müssen zu denken geben, denn damit ist höchst direkt angesprochen, was aus der sinnlichen Erfahrung *auch* in solche – sogar religiöse – Darstellungen miteinfließen kann: erotische Elemente.

Natürlich kann man den Wahrheitsgehalt der Anekdote in Zweifel ziehen. Doch nach

Pedretti trägt sie autobiographische Züge, d. h. daß ihr eine wahre Begebenheit zugrunde liegen kann[75].

Im übrigen bestätigt Leonardo damit unsere eigenen Überlegungen. Es bleibt die frappierende Tatsache, daß ein Heiligenbild sonderbare Gefühle und offenbar unkontrollierbare Wünsche bei einem Betrachter auszulösen oder zu wecken vermag. Nun sind Emotionen angesichts eines Heiligenbildes an sich nicht unerwünscht – im Gegenteil: Es sollte nachgerade zu Andacht, frommen Gedanken oder Kontemplation aufrufen. Aus Leonardos Anekdote geht aber klar hervor, daß sich beim Betrachter gewissermaßen die ‚falschen‘ Gefühle eingeschlichen haben. Diese Emotionen sind deswegen falsch, weil sie anstatt zur Einkehr und Besinnung zum Gegenteil, nämlich zur Lust, aufreizten. Solch eine Heiligendarstellung kann sich also dadurch kompromittieren, daß ihr Sinngehalt verzerrt und nicht mehr eindeutig erklärt werden kann.

Wir können uns zwar nicht anheischig machen, Leonardos Gedanken aus unserer Sicht ‚richtig‘ interpretieren zu wollen. Denn wir vermögen uns nicht einfühlungspsychologisch in die sozialpsychologischen Verhältnisse jener Zeit zurückzuversetzen, um den Versuch zu unternehmen, gedanklich nachzuvollziehen, was Leonardo seinen Zeitgenossen mit solch provozierenden Äußerungen zu sagen hatte. Wir vermögen uns in diesem Fall allenfalls der Meinung A. Hausers anzuschließen, daß „Kunst eine Form nicht nur der Enthüllung, sondern auch der Verhüllung ist und daß Kunstwerke nicht nur Selbstbekenntnis oder Mitteilung, sondern auch Täuschung und Selbsttäuschung, als Dichtung und Wahrheit, d. h. im besten Falle als die halbe Wahrheit, zu betrachten sind"[76].

Wie dem auch sei – es bleibt eine ebenso ungewöhnliche wie überraschende Tatsache, daß Leonardo ernsthaft mit dem Gedanken spielte, ein Heiligenbild, um bestimmter Zwecke willen, zu profanieren. Dazu kommen seine so seltsamen Bemerkungen über lusterregende Bilder. Selbst wenn man einräumt, daß Leonardo mit seiner eigenartig bizarren Phantasie, seinen skurrilen Einfällen und seiner enormen Experimentierfreude mitunter spielerischen Impulsen gehorcht, muß man dennoch die genannten Bemerkungen ernst nehmen. Denn es bestätigt sich einmal mehr, daß für Leonardo, neben den rationalen, völlig gleichwertig, auch irrationale Kriterien über die Qualität eines Kunstwerkes entschieden. Diese als neu anzusprechende Bildqualität ist nicht mehr allein von der sinnlichen Erfahrung des Künstlers abhängig, sondern ebenso von der Bereitschaft des Betrachters, Sinnlichkeit im Kunstwerk wahrzunehmen und anzuerkennen. Künstler und Betrachter sind die zwei einander ergänzenden Instanzen, die über das Kunstwerk Zugang zueinander finden. Die Fähigkeit des Künstlers erweist sich daran, daß und *wie* er seine sinnliche Erfahrung dem Betrachter so vermittelt bzw. auf ihn zu übertragen weiß, daß letzterer eigene Phantasien assoziieren kann. Diese *können* mit denen des Künstlers kongruent sein, doch *müssen sie es nicht*. Der Betrachter kann infolgedessen in einen Zwiespalt geraten, indem gegenläufige Emotionen assoziativ in ihm geweckt werden, mit denen er sich auseinanderzusetzen hat.

Verfolgt man diesen Gedanken im Hinblick auf die Heiligendarstellung, so muß man wohl davon ausgehen, daß Leonardos Anekdote die bewußte Erkenntnis zugrunde liegt, daß der Betrachter angesichts einer mit Sinnlichkeit aufgeladenen Heiligendarstellung mit höchst ambivalenten Gefühlen konfrontiert werden kann. Aus diesem Grund wird verständlich, daß der Käufer den Wunsch nach Profanierung seines Heiligenbildes äußerte – in dem Bestreben, das Objekt seines unüberwindlichen Begehrens ungehindert genießen zu können. Erinnert man sich an Giampietrinos Bild der Magdalena-Egeria, so ist nicht auszuschließen, daß auch dieses, solcherart verändert, nun zum profanierten Heiligenbild geworden sein kann. Es läßt sich jedoch auch umgekehrt folgern: Das Heilige muß in einer solchen Darstellung derart verschleiert werden, daß weltliche Gefühle weder unterdrückt noch verdrängt werden müssen, sondern sich einstellen dürfen, legitimiert durch die Ambivalenz der Interpretation. Das kann dazu führen, daß das Heilige nurmehr Alibifunktion erfüllt und dazu dient, anderes Hintergründiges um so ungezwungener genießen zu können.

Giampietrinos Bild der Heiligen Katharina

Wir müssen in diesem Zusammenhang an ein weiteres Bild von Giampietrino denken, das unsere Vermutung bestätigt. Diesmal ist es kein Bild der Magdalena, sondern eines einer Heiligen Katharina[77] (Abb. 32). Merkwürdigerweise ist sie wie jene ebenfalls nackt dargestellt. Dabei ist von Interesse, daß das Motiv dieser Darstellung tatsächlich auf eine noch vorhandene, in Londoner Privatbesitz befindliche Zeichnung von Leonardo selbst zurückgehen soll[78]. Wir kennen diese zwar nicht, doch ließe sich unsere Hypothese dadurch bestätigen, daß sich die Idee zu diesen sonderbar ambivalent wirkenden Heiligenbildern von Leonardo selbst herzuleiten scheint. Dies entspricht auch in gewisser Weise seiner kleinen Anekdote – mit dem Unterschied, daß Giampietrino diese Darstellung als Heiligenbild belassen und nicht in ein profanes Thema umgewandelt hat. Jedenfalls – Katharina nackt darzustellen und noch dazu als reizvolle Person, ist ikonographisch unbegründet[79]. Geht es also bei diesem Bild nun wirklich nur noch um die Darstellung einer Schönheit in Gestalt einer Heiligen? Um eine solche Wunschvorstellung zu befriedigen, wäre das Bild einer Heiligen Agnes viel eher geeignet gewesen, denn sie nackt darzustellen, wäre ikonographisch berechtigt[80].

Welche Bedeutung kommt dem Gestus Katharinas demnach zu? Hat Giampietrino versucht, die sensualistische Auffassung des Themas abzuschwächen oder gar zu unterlaufen, indem er Katharina mit einer solchen Gebärde darstellt? Wenn man allerdings sieht, wie die Heilige ihre Brüste in eindeutiger Weise umgreift, so stellt sich der Gestus nur als die scheinbare Anpassung an die überlieferten Formen religiöser Gebärdensprache dar[81]. Man könnte umgekehrt interpretieren, daß die Heilige ihre Blöße mit den Händen keusch zu bedecken sucht. Das hätte dann aber mit dem ‚Frömmigkeitsgestus‘ nur noch bedingt zu tun. Daß Giampietrino diesen auch anders kannte und verstand, zeigt ein Blick auf die Magdalenendarstellungen in der Brera und in Burgos.

Wie auch immer – das Bild der Katharina wirkt in mehr als nur einem Detail irritierend: Die Ambivalenz der künstlerischen Auffassung erfährt infolge der ikonographischen Ungereimtheiten eine zusätzliche Steigerung dadurch, daß die Ambivalenzen von Ikonographie und Auffassung einander potentiell ergänzen. Dieses Bild ist der Beweis dafür, daß die Gestalt der Heiligen nur noch Alibifunktion erfüllt, um eine schöne Frau zu präsentieren. Mit anderen Worten: Es scheint berechtigt, bei diesem Beispiel von der Profanierung eines Heiligenbildes zu sprechen, nicht nur im Hinblick auf die äußere Erscheinung der Heiligen, sondern auch wegen der zweckbestimmten Umprägung der Ikonographie.

Um zu rekapitulieren: Wenn man davon ausgeht, daß das Bild der Magdalena-Egeria als profaniertes Heiligenbild anzusehen ist, so nur unter dem Vorbehalt, daß der ursprünglich von Giampietrino erdachte Entwurf tatsächlich der Darstellung einer Magdalena entsprechen sollte, die in das Bild der heidnischen Nymphe umtransponiert wurde, analog der Anekdote von Leonardo. Ob das bei diesem Bild der Fall war, wissen wir nicht. Bei der Darstellung der

Katharina hatten wir die Ambivalenz von künstlerischer Auffassung *und* Ikonographie bemerkt. Man könnte sich vorstellen, daß der Reiz eines solchen Heiligenbildes denjenigen eines profanen sogar in den Schatten zu stellen vermag: Könnte nicht die eigentümliche Mischung aus irdischer Schönheit und Frömmigkeit einen weitaus größeren Zauber auf die Phantasie des Betrachters ausüben, als das ein profanes Bild vermag? Mit anderen Worten – die Zweideutigkeit hat sich in der Zielsetzung völlig entgegengesetzter und eigentlich unvereinbarer Wunschvorstellungen auf eine andere Ebene verschoben: Religiöse Erbauung und weltliche Phantasien werden für den Betrachter zur jeweils beliebigen Auswahl verfügbar. Die Sinngebung eines solchen Bildes wird vonseiten des Beschauers dadurch von dessen ganz persönlichem geistigem Standort oder von seiner Gefühlssituation abhängig. Die Ambivalenz einer solchen Darstellung überträgt sich unmittelbar auf ihn – er wird unweigerlich mit ihr konfrontiert und kann sich ihr nicht entziehen.

Man kann dagegen einwenden, daß der Betrachter als Rezipient ja immer gleichsam zum Mitspieler wird. Denn er bezieht in jedem Fall Stellung: Diese kann eine mittragende oder ablehnende sein, sie kann bestätigen oder verneinen. Das Kunstwerk kann in den Augen des Betrachters „Aura gewinnen oder monströs" erscheinen[82]. Der Dialog zwischen Betrachter und Kunstwerk ist in diesem Fall ein kritisch-wertender. Oder wie Panofsky formuliert: „Die Kunstanschauung der Renaissance charakterisiert sich also der mittelalterlichen gegenüber dadurch, daß sie das Objekt gewissermaßen aus der inneren Vorstellungswelt des Subjektes herausnimmt und ihm eine eigene Stelle in einer festgegründeten Außenwelt zuweist, daß sie (wie in der Praxis der ‚Perspektive') zwischen Subjekt und Objekt eine Distanz legt, die zugleich das Objekt vergegenständlicht und das Subjekt verpersönlicht"[83]. Die Subjekt-Objekt-Beziehung zwischen Künstler und Kunstwerk hat ihre Parallele in derjenigen zwischen Betrachter und Kunstwerk. So gesehen entsteht eine Doppelbeziehung, in deren Zentrum das Kunstwerk steht, damit zum Brennpunkt von u. U. unterschiedlichen Wunschvorstellungen werden kann. Wird sich der Betrachter seiner eigenen gegenläufigen Interpretationsmöglichkeiten bewußt, so werden rationale Kräfte regulierend zu objektivieren versuchen, was die Gefühle bewegt. Übertragen auf die Fragestellung nach Profanierung des Heiligenbildes wird man die Möglichkeit nicht ausschließen können, daß der Beschauer in einem solchen Bild jeweils die profane oder religiöse Seite sehen kann.

Die Auftraggeber und ihre Interessen

Natürlich kann die Frage hinsichtlich der Profanierung eines Heiligenbildes nicht nur Gegenstand theoretischer Erörterungen sein. Es gibt auch eine praktische Seite, die es zu bedenken gilt. Kirchlich-religiöse und profane Kunst entwickelte sich im Verlauf des Quattrocento nahezu gleichmäßig als nebeneinander bestehende Hauptgebiete künstlerischer Aufgabenbereiche[84]. Auftraggeber waren auch die Angehörigen einer vermögenden gesellschaftlichen Oberschicht. Diese setzte sich aus dem reichen Bürgertum und der Hofgesellschaft fürstlicher Residenzen zusammen. Jene Kreise fühlten und verstanden sich gewissermaßen als die Bildungselite einer Gesellschaft, an der ansonsten die Mehrheit der Bevölkerung keinen Anteil hatte. Während für diese der Erwerb von Kunstwerken unerschwinglich blieb, konnte sich der reiche Adel und das arrivierte wohlhabende Bürgertum diesen Luxus leisten.

Als Auftraggeber waren die Angehörigen der elitären Gesellschaft auch in der Rolle des Stifters bekannt. Sie bestellten Altäre für bestimmte Kirchen, mitunter besaßen sie eigene

Hauskapellen, deren Ausstattung ihnen besonders am Herzen lag. Doch in dem Maße, wie die privaten Stifter zunehmend die Ausstattung der Kirchenräume mitbestimmten, konnte es auch zu Unstimmigkeiten mit den rein kirchlichen Belangen führen. So kann man es durchaus als eine Form „profanisierter Kultur" bezeichnen, wenn z. B. ein Stifter sich selbst in Gestalt eines Heiligen auf einem religiösen Bild zu offen mit ins Spiel brachte[85]. Denn dahinter konnte sich sehr wohl ein gewisses „diesseitig ruhmsüchtig gesinntes Stiftertum" verbergen[86], ein Stiftertum, das als sein vornehmstes Standesrecht für sich in Anspruch nahm, mit viel Aufwand möglichst ansehnliche künstlerische Unternehmungen in die Wege zu leiten.

Noch stärker machte sich dieser Zug zur Selbstdarstellung im Sammlerwesen breit[87]. Der Privatgeschmack eines kultivierten Publikums entwickelte höchst individuelle und persönliche Wünsche hinsichtlich der Gestaltung und des Erwerbes von Kunstwerken. Dies trifft sowohl auf den höfischen Kreis Lorenzo de Medicis zu als auch auf die verschiedenen anderen italienischen Fürstenhöfe, am deutlichsten später auf Venedig[88]. Daß sich dadurch tatsächlich gewisse Tendenzen zu einer Verweltlichung der religiösen Kunst entwickeln konnten, liegt auf der Hand. Denn private Auftraggeber hatten eben andere und vielfältigere Wünsche, waren auch freier und ungebundener als die Kirche, die bestimmte Forderungen an ein religiöses Bild stellen mußte. So scheint in manchen Altären oder Andachtsbildern der „belehrende oder erbauende Darstellungsinhalt oft ungebührlich zurückgedrängt" und „der individuelle, unmittelbar zeitgenössische Charakter mit ausgesprochen modisch mondänem Einschlag vorherrschend"[89]. Man kann sagen, daß sich eine „zunehmende Diskrepanz zwischen künstlerischer Zielsetzung und dem eigentlichen Sinn und Zweck religiöser Malerei" entwickelte[90].

Die Kritik Savonarolas

Daß diese Tendenz zur Verweltlichung religiöser Kunst in jener Zeit erkannt und beanstandet wurde, wird aus den Äußerungen Savonarolas deutlich. Nicht umsonst stellte er sich dieser Entwicklung mit Vehemenz und Schärfe entgegen. So beklagt er sich darüber, daß die ehrbaren Frauen ihre Töchter einerseits im Geist der Frömmigkeit und Jungfräulichkeit erziehen, andererseits fände man aber die jungen Stadtschönheiten als Muttergottes oder Magdalena auf den Bildern oder Altären in den Kirchen wieder[91]. Wörtlich fährt Savonarola fort: „Ich sage euch, die Gottesmutter kleidete sich wie eine arme Frau, einfach und züchtig; ihr aber stellt die seligste Jungfrau wie eine Dirne dar"[92]. Savonarolas Bemühungen galten vor allem einer Erneuerung und Wiedererweckung alter strenggläubiger Frömmigkeit und Andacht, so wie sie Franz von Assisi gepredigt hatte. In seinem unermüdlichen Kampf gegen die Profanierung des Christentums – der sich natürlich auch gegen Korrumpierung und Nepotismus des Klerus richtete – mobilisiert und unterstützt er die *piagnoni*, die als eine Gemeinschaft konservativer Kreise jene Mißstände anklagte[93]. Savonarolas besonderes Interesse richtete sich daneben auch auf die Einhaltung und Bekundung von Buße und Reue. So organisierte er Bußfeste und Bußprozessionen. Schließlich veranstaltete er 1497/98 jene berühmten Autodafés, bei denen allerlei heidnische Requisiten und weltlicher Zierrat in einem großen Feuer verbrannt wurden. Zuoberst dieser zur Vernichtung verurteilten Pyramide weltlichen Tands sollen sich, so heißt es, auch viele Gemälde weiblicher Schönheiten befunden haben, deren Vergänglichkeit und Verdammnis damit doppelt demonstriert wurden[94]. Daß Savonarolas Alleingang und sein Starrsinn ihm schließlich zum Verhängnis wurden, zumal er in dem Borgiapapst Alexander VI. einen erbitterten Gegner hatte, steht auf einem anderen Blatt.

Die Tatsache, daß Savonarola die Tendenz zur Verweltlichung religiöser Kunstwerke erkannt und bekämpft hat, kann eine Frage nicht ausschließen: Ist es nicht vielleicht doch leichtfertig, die „bekannte Leichtigkeit, mit der die Renaissance einem christlichen Thema heidnische Züge gab im allgemeinen als Zeichen einer tiefgreifenden Säkularisierung der Renaissancekultur" zu werten, und zwar mit dem Argument, daß „christliche Frömmigkeit offenbar einer Vorliebe für das Heidnische und Profane gewichen war"[95]? Denn auch Profanierung im Sinne von Säkularisierung kann in der Renaissance eine verborgene und wiederum ambivalente Prägung haben.

Gerade deswegen stellt sich die Frage, ob unsere Hypothese hinsichtlich der Profanierung des Heiligenbildes stimmen kann oder, m. a. W., ob das, was für das eine gültig ist, auch unbedingt für anderes Geltung haben muß. Vergegenwärtigt man sich die von uns zuerst genannten Magdalenenbilder Giampietrinos, so mag es möglich sein, diejenigen in der Brera und im Castello Sforzesco als profaniert anzusehen. Doch gibt es ein Bild, das unsere Hypothese in Frage zu stellen vermag: Es ist das Gemälde in Burgos, das bis heute seine Funktion als Andachtsbild an dem ihm zugedachten Ort in der Kathedrale erfüllt. Freilich ist es nicht in kirchlichem, sondern in höfischem Auftrag entstanden. Es erscheint aber seltsam, daß gerade dieses Bild unter den vielen Magdalenenbildern von Giampietrino eigenartigerweise in der gängigen Literatur nicht erwähnt wird[96]. Das ist auch deswegen unerklärlich, weil es eines der besten Magdalenenbilder ist, die Giampietrino geschaffen hat. Nicht umsonst bringt man es mit Leonardo selbst in Zusammenhang. So überraschend es ist, daß es in der Forschung unbeachtet blieb, könnte es dafür einen triftigen Grund geben. Denn natürlich steht man vor der Frage: Wie kommt es, daß ein Heiligenbild in dieser Interpretation *trotzdem* Einlaß in eine Kirche fand, ja – seinen Platz hier sogar über alle Zeiten hinweg behauptete? Sollte sich in einem solchen Bild die Trennung zwischen Menschlichem und Göttlichem, die Grenze zwischen Sinnlichem und Religiösem aufheben?

Ficinos Liebesphilosophie

Es sieht so aus, als könnten wir uns hinsichtlich der Interpretation der Magdalenenbilder von Giampietrino nicht nurmehr allein auf Leonardo verlassen. Auch Savonarola bekämpfte zwar ein „wörtlich gesinntes populäres weltliches Heidentum"[97], doch stand er einer anderen geistigen Bewegung alles andere als ablehnend gegenüber, obwohl sie der Profanierung des Christentums scheinbar entgegenkam. Wiederum ist es die Antike, mit der man, von anderer Seite, die Auseinandersetzung auf intellektueller Ebene suchte. Gemeint ist damit der mit dem Namen Marsilio Ficino untrennbar verbundene florentinische Neo-Platonismus. Ficino, von Hause aus Theologe, war Leiter der von Cosimo de Medici um 1450 ins Leben gerufenen platonischen Akademie, an der sich viele Gelehrte sammelten.

Der Grundgedanke Ficinos war, in einer Art Synchronisation platonische Philosophie und christliche Theologie miteinander zu verbinden. So galt ihm die griechische Philosophie gleichsam als Wegbereiter des Christentums, insofern beider Lehren sich zu den „uralten göttlichen Wahrheiten" bekennen[98]. „Aus entsprechenden Gründen anerkennt Ficinos Lehre keinen wesentlichen Unterschied zwischen der Autorität der christlichen und der nichtchristlichen Quellen. Da alle Offenbarung, wie er erwähnt, im physikalischen Kosmos grundsätzlich eine ist, so ist ‚heidnischer Mythos' weniger eine typologische oder allegorische Parallele als vielmehr eine unmittelbare Kundgabe religiöser Wahrheit. Was der ‚gerechte Jupiter' Pytha-

geschaffen für Lorenzo Pierfrancesco de Medici[128]. Zudem ist Botticellis eigene frühe Bindung an neoplatonische Kreise bekannt, wenngleich er sich später unter dem Einfluß Savonarolas auch völlig davon distanzierte. Man wird deswegen die Interpretation der «Venus Anadyome» unter neoplatonistischen Gesichtspunkten nicht ablehnen können.

Die Idee Ficinos, eine Verbindung zwischen sinnlichem und rationalen Kräftepotential herzustellen, gilt als der für seine Zeit beispiellose Versuch, christliche Theologie und heidnische Philosophie so miteinander zu verquicken, daß die „Einzigartigkeit und Vollkommenheit beider" ungeschmälert blieb[129]. So konnte in der Tat eine „Philosophie wie die Ficinos alle Grenzen zwischen dem Heiligen und Profanen aufheben"[130].

Ficino und Leonardo

Ficinos Gedanken hinsichtlich der sinnlichen Erfahrung rufen die Erinnerung an Leonardos Bemerkungen ins Gedächtnis. Liegen zwischen Leonardos und Ficinos Überlegungen Analogien vor? Es scheint so, als würden sich Leonardos Theorien und Ficinos Lehre zumindest in diesem Punkt berühren.

Besinnt man sich auf Leonardos Ausführungen zu den *moti*, als Äquivalent und Ausdrucksmittel von Affekten oder Emotionen, so galt ihm die sinnliche Erfahrung des Künstlers gewissermaßen als Instrument, jene in das Kunstwerk zu übersetzen. Insofern wäre es verfehlt, anzunehmen, daß eine Weltanschauung wie die Ficinos – die auch aus der „Theorie *über* die Kunst erwachsen war" – einer zugleich „praktisch und rationalistisch gesonnenen Theorie *für* die Kunst – mehr zu geben vermochte als gewisse Anregungen"[131]. Zwar gibt es einzelne Stellen in Leonardos Malerbuch, die auf platonischen Ideen fußen, sie sind indes in ihren Schlußfolgerungen unplatonisch[132]. So, wenn etwa Leonardo davon berichtet, daß ein Maler angesichts der Schönheit zur Liebe bewegt wird[133]. Doch läßt er diesen Gedanken nicht in ein metaphysisches Erlebnis einmünden, sondern macht, umgekehrt, den Maler, der die Schönheit verewigt, als Schöpfer zum Herrn dieser Welt. Leonardos Instrument ist immer wieder die Malerei, und er hätte kaum den Paragone zwischen der Poesie und der Malerei geschrieben, wenn er nicht am Ende der Malerei unter den *artes liberales* den Vorrang hätte einräumen wollen, ja sie zur Wissenschaft erhebt[134]. So gesehen muß auch der Begriff der Sinnlichkeit bei Leonardo anders verstanden werden: als ein auf die Malerei praktisch Bezogenes und Anwendbares. Die Geheimnisse der Welt waren für Leonardo in der Natur verborgen, sie dort aufzuspüren war für ihn von Interesse. Natürlich war auch dieses in gewisser Weise philosophisch motiviert. Doch, „zweckfreie Wissenschaft, Entdeckung um ihrer selbst willen, lag Leonardos Streben völlig fern. Sein Forschergeist war spektakulär wie der eines Magiers"[135]. „Er ging Wahlverwandtschaften nach, die von magischer Kraft sind, unscheinbaren Ursachen, die erstaunliche Wirkungen zeitigen"[136]. Als spektakulär, gemessen an Ficino, können sich auch Leonardos Gedanken bezüglich der Profanierung des Heiligen ausnehmen. Denn auch und gerade an diesem Punkte scheiden sich die Geister. Während Leonardo mit dem Gedanken spielt, das Heilige zu profanieren, ist unter dem Eindruck von Ficinos Lehre bei Botticelli das Umgekehrte der Fall gewesen. Es scheint also wirklich nur so, als seien die Ziele der beiden Männer die gleichen, doch ihre Schlußfolgerungen sind ganz und gar unterschiedlich.

Eines läßt sich nicht leugnen: Durch Ficinos Liebesphilosophie wurde ein geistiger Nährboden vorbereitet, auf dem sich die Wünsche eines Publikums anzusiedeln vermochten, die auch die Vorstellung des neuen Magdalenenbildes verursacht, zumindest in diese Richtung gelenkt haben mögen. Fügte sich Giampietrino mit Hilfe einer geschickten Anpassungsfähigkeit den Wünschen seiner Auftraggeber oder ergab es sich zufällig, daß er in diesen Bildern genau den Geschmack des Publikums traf? Gleichviel – die vage Erklärung des veränderten Publikumsgeschmackes, der die Entstehung dieser neuen Magdalenenbilder begünstigt haben mag, befriedigt nicht ganz.

Castigliones Auffassung der Heiligen Magdalena im «Cortigiano»

Diese Feststellung zwingt zu einer weiteren Bemerkung. Wie erwähnt, fühlten sich nicht nur die Maler, sondern auch die Dichter dazu veranlaßt, Ficinos Liebesphilosophie in ganz eigener Weise zu deuten. Eines der bekanntesten Werke dieser Art ist Castigliones «Cortegiano», entstanden um 1508. Seiner Art nach gehört der «Cortigiano» zur Gattung der höfischen Dichtung. Die ausgesprochen moralisierenden Tendenzen, die darin deutlich werden, zeigen an, daß dieses Werk in gewissem Sinn noch ganz dem humanistischen Erbe des Quattrocento verpflichtet ist[137]. In Form von Gesprächen läßt Castiglione verschiedene Gesprächspartner zu Worte kommen. Alle gehören zur kultivierten Gesellschaft der Fürstenhöfe, wobei auch kirchliche Würdenträger, wie Pietro Bembo, beteiligt sind. Der Ort, an dem die Gespräche stattfinden, ist Urbino, wo Castiglione zeitweilig am Hofe Guidobaldos I. von Montefeltre und seiner Gattin Elisabetta Gonzaga gelebt hatte.

In diesen Gesprächen geht es um Verhaltensweisen, Sitten und Gebräuche, die den *cortegiano* auszeichneten. Daß dabei die Frauen nicht zu kurz kamen, versteht sich, und Castiglione hat ihnen einen nicht unerheblichen Teil seines Buches gewidmet. Neben den Tugenden, die einer „Palastdame" anstehen, ist natürlich deren Schönheit und Liebesfähigkeit ein unerschöpfliches Thema der Diskussion[138]. Das größte Lob wird dabei derjenigen Schönheit zuteil, die der seelischen Schönheit entspringt bzw. diese widerspiegelt. Sie ist „lieblich und heilig"[139] und kommt einer „wahren göttlichen Schönheit" gleich, die „erleuchtet und schmückt, was mit ihr in Berührung kommt"[140]. Diese Schönheit, so fährt Castiglione fort, ist der Liebe gleichzusetzen, die „um so größer und glücklicher ist . . . je erhabener die Ursache ist, von der sie erregt wird"[141]. Wie bei Ficino ist diese Liebe „Mittel zwischen dem Himmlischen und Irdischen", die das Getrennte zu vereinigen weiß[142].

Die Diskussion der Gesprächsteilnehmer führt am Ende zu Betrachtungen darüber, wie es möglich werden kann, diese Liebe in Bereiche religiösen Erlebens zu transzendieren. In unvergleichlich engagierter Weise läßt Castiglione dazu Pietro Bembo Stellung beziehen[143]. Es fallen die Namen Platon, Sokrates und Franz von Assisi. Sowohl Sokrates wie der Heilige Franz seien, so heißt es, „vom Feuer der Liebe gezeichnet gewesen"[144]. Beide Männer haben, jeder auf seine Weise, das Mysterium der Liebe als eine Stufe höherer Erkenntnis, bzw. innerer Erfahrung, gewonnen. Ganz typisch ist wieder die innige Verquickung heidnischer und christlicher Gefühlsbereiche: Eros-Prinzip und christliche Liebe werden als völlig gleichrangig bewertet.

Die genannten Beispiele betrafen Erfahrungen, die ausschließlich Männern zuteil wurden. Nicht zu Unrecht stellt sich deswegen im weiteren Verlauf des Gespräches die Frage, ob auch Frauen, „deren Seele nicht so von aller Leidenschaft gereinigt ist wie die des Mannes", trotzdem solcher Erlebnisse fähig wären[145]. An dieser Stelle taucht der Name Maria Magdalena auf. Unter allen weiblichen Heiligen ist sie bemerkenswerterweise die einzige, die den Gesprächspartnern namentlich sofort einfällt. So heißt es: „Ihr müßt Euch erinnern, daß der heiligen Maria Magdalena viele *Sünden* vergeben worden sind, weil sie viel *geliebt* hat, und daß sie von der *himmlischen Liebe* mit vielleicht nicht geringerer *Gnade*, als sie dem heiligen Paulus zuteil geworden ist, in den dritten Himmel entrückt worden ist"[146].

Diese Interpretation überrascht. Denn sie charakterisiert Magdalena als *Sünderin*, als *Liebende* und als die durch die göttliche Liebe *begnadete Heilige*. Dagegen ist von der Buße nicht die Rede. Während sich der erste Teil der Geschichte fast wörtlich mit den Worten Jesu an die Sünderin im Hause Simons deckt, nimmt der Bericht im zweiten Teil eine andere Wendung. Denn durch die Liebe wurde sie begnadigt und entrückt, wie Paulus. Für ihn ist die Entrückung durch die Bibel belegt, nicht jedoch für Magdalena[147]. Was hat es also damit auf sich, daß Magdalena ein ähnliches Erlebnis zugedacht wird wie Paulus?

Gewinnt Magdalena als Heilige vor dem Hintergrund von Ficinos Liebesphilosophie eine andere Bedeutung? Denn die Liebe kann, gleich Eros, nun auch für Magdalena Mittlerin zwischen ihren niederen und ihren höheren Seinsbereichen sein. Die Liebe ist es, die ihren inneren Wandel verursacht, um ihretwillen wird sie begnadigt.

Dabei kann die Liebe in ihrem Streben nach Höherem auch als Spiritualisierung aufgefaßt werden. Denn nach Ficino ist der „circuituitus spiritualis"[148] die Quelle einer übernatürlichen Lebensenergie, die Körper und Seele ständig „von oben nach unten und umgekehrt von unten nach oben" durchdringt[149]. So gesehen erhält Magdalena als Heilige in der Tat eine neue Bedeutung, und sie ist grundsätzlich anders als die, die ihr bisher als Büßerin zukam. Nicht mehr die Legende ihrer Buße ist das Wesentliche ihrer Biographie, sondern sie ist die schöne Sünderin und die um ihrer Liebe willen begnadigte Heilige in *einem*.

Ein Wandel der Ikonographie Magdalenas zeichnet sich ab. Nur durch die Liebe, das Band, das Irdisches und Himmlisches unauflöslich miteinander verbindet, läßt sich die Unzulänglichkeit menschlichen Daseins in religiösem Sinn transzendieren. Magdalena verkörpert zwei gegensätzliche Arten der Liebe in sich, deren eine sinnlich-weltlich, die andere religiös-spiritualistisch aufzufassen sind. Liebe ist die integrierende Kraft, die die ihr innewohnenden Gegensätze dialektisch aufzuheben vermag. Infolgedessen wäre die Gestalt dieser Heiligen in besonderem Maße dazu prädestiniert, die Gegensätze zwischen irdischer Liebe = Sünde und himmlischer Liebe = Entrückung in der göttlichen Gnade in *ihrer* Person als die *zwei Wesensarten* einer *ganzen Wirklichkeit* in sich zu vereinen.

Diese Interpretation kann eine Frage nicht ausschließen: Rückt eine Heilige wie Magdalena damit nicht unweigerlich in die Nähe von Venus, der heidnischen Göttin irdischer und himmlischer Liebe? Die typologische Wesensverwandtschaft Magdalena – Venus läßt sich nicht einfach übersehen. Dieser Aspekt kann jedenfalls nicht unberücksichtigt bleiben, denn auch daraus ergeben sich Konsequenzen für den Wandel der Magdalenenikonographie. Heidnische und christliche Elemente durchdringen sich auf mehr als eine Weise in diesen Bildern[150]. Man gewinnt den Eindruck, daß die Neuformulierung des Magdalenenbildes aus mehreren Quellen gespeist wird. Die neue Auffassung schlägt sich nicht nur künstlerisch nieder, auch die Ikonographie der Heiligen ist betroffen.

Magdalenenikonographie im Wandel – Wechselbezüge zwischen ikonographischer Neuerung und künstlerischer Neuschöpfung des Magdalenenbildes

Es zeigt sich, daß es, abgesehen von Leonardos Theorien, auch noch andere Gründe dafür geben konnte, Magdalena so darzustellen, wie Giampietrino das tat. Es läßt sich nicht abstreiten, daß es vor dem Hintergrund von Ficinos Lehre nicht unberechtigt ist, Magdalena als junge schöne Frau wiederzugeben, die in keiner Weise ihre Reize verleugnet.

Nicht einmal der erotische Einschlag ist in diesen Bildern unbegründet, denn er ist, im Sinne Ficinos, dem Eros-Prinzip verpflichtet, als eine sublimierte bzw. spiritualisierte Erotik aufzufassen. Sie wäre demnach Teil der inneren Schönheit Magdalenas, die sich als Folge der äußeren ergibt, bzw. erzeugt umgekehrt innere Schönheit die äußere[151]. Äußere und innere Schönheit sind die zwei einander ergänzenden Aspekte einer ganzen Wirklichkeit, die auch die beiden Wesensarten Magdalenas charakterisiert: die der Sünderin und die der Heiligen. Sie ist jung und reizvoll. Selbst ihre Haare, die ihr ja eigentlich erst in der Zeit ihrer Buße wachsen, werden in ihrer Drapierung zum wesentlichen Bestandteil ihres Reizes. Diese äußere Schönheit stellt sich im Bilde als Spiegel ihrer inneren Schönheit dar, gesteigert durch jenen sehnsuchtsvoll ins Ungewisse gerichteten Blick und – bei den Bildern in der Brera und in Burgos – durch den Frömmigkeitsgestus. Man sieht die Heilige in dem Augenblick, der ihre *Vergangenheit* als Sünderin *und* ihre *Zukunft* als Heilige in sich einschließt bzw. beide in sich aufhebt. Mithin ist sie *Heilige und Sünderin* in einem.

Natürlich soll damit nicht gesagt sein, daß Giampietrinos Magdalenen die ins Bild gesetzte Interpretation der Heiligen von Castiglione seien. Dies wäre übertrieben und ließe sich auch gar nicht belegen[152]. Ganz abgesehen davon wissen wir auch nicht, ob Giampietrino überhaupt mit den Lehren Ficinos vertraut war. Und dennoch: Der Gedanke an die Parallelität der Ereignisse will sich nicht verdrängen lassen. Immerhin ist Castigliones «Cortigiano» um die Zeit entstanden, als der neue Bildtypus der Magdalena im Leonardoumkreis auftaucht. Man muß wohl davon ausgehen, daß Giampietrino seine Bilder für das großbürgerliche bzw. fürstliche Publikum, dem Ficinos Lehren durchaus geläufig waren, geschaffen hat. Es wären demnach nicht nur ästhetische Gesichtspunkte, die, dem Geschmack einer elitären Gesellschaft entsprechend, die Entstehung dieses neuen Bildtypus begünstigten, sondern sie können auch durch die neue Auffassung der Person Magdalena selbst verursacht worden sein.

Um zusammenzufassen: Giampietrino hat sich, so wie es aussieht, den Wünschen seiner Auftraggeber angepaßt. Dennoch bleibt die Frage ungeklärt, ob die künstlerische Herkunft des Motives der nackten Sünderin Magdalena auf ein unbekanntes Vorbild von Leonardo selbst zurückgeht oder ob Giampietrino dafür verantwortlich sein kann.
Gewiß ist:
1. daß sich in Giampietronos Bildern der ‚schönen Sünderin‘ der Einfluß des Meisters spiegelt, Kolorit und Sfumato bestimmt, in den Bewegungsmotiven wiederzuerkennen ist, seine Wirkung schließlich in der erotisch-sinnlichen Auffassung entfaltet.
2. daß Leonardo für den Bildtypus der bekleideten Magdalena verantwortlich zeichnet.
3. daß Leonardo für die Gruppe der weiblichen Halbakte Prototypen entwickelt hat, die den Schülern als Vorbilder zur Verfügung standen.
Schließlich können in diesem Zusammenhang zwei Werke von Leonardo selbst nicht unberücksichtigt bleiben. Gemeint sind die Bilder «Johannes d. T.» als Halbfigur und der ganzfigurige «Bacchus», vormals ebenfalls «Johannes d. T.»[153]. Beide Darstellungen können als Parallelerscheinungen des männlichen Heiligenbildes zu den Magdalenenbildern angesehen

werden. Auch am Beispiel dieser Darstellungen zeigt sich ein Wandel: Das noch in der Kunst des Quattrocento bekannte Bild des Asketen weicht der Vorstellung vom schönen effeminierten Jüngling, dessen Züge dieselben rätselhaft-indifferenten Stimmungen spiegeln, die auch den Magdalenenbildern zu eigen sind. Dieselbe oszillierende Wirkung überträgt sich auf den Betrachter, auch hier scheinen die Grenzen zwischen Weltlichem und Religiösem aufgehoben.

So klar sich erweist, daß Leonardo sicher mittelbar an der Entstehung der Neuformulierung des Bildes der nackten Sünderin beteiligt war, so läßt sich doch daraus noch keine Beweisführung ableiten, die zwingend zu dem Schluß führte, daß Giampietrino ein direktes Vorbild des Meisters vorgelegen hätte. Ebensowenig ist aber auch zu beweisen, daß Giampietrino sich über die neue Einschätzung der Person Magdalenas im klaren war. Vorstellbar ist, daß ihm einzig daran gelegen war, gewissen Wünschen seiner Auftraggeber nachzukommen, ohne daß ihm nähere Erklärungen darüber abgegeben worden wären, warum ein Magdalenenbild in dieser Formulierung erwünscht war. Als Vorbilder boten sich *nolens volens* die weiblichen Halbakte an. Läßt sich so die künstlerische Neuschöpfung des Bildes der ‚schönen Sünderin‘ erklären, bleibt doch ungewiß, ob Giampietrino die Folgen bedacht hat, die sich dadurch für die Ikonographie Magdalenas ergeben haben. Vielleicht hat er sogar, ohne es zu ahnen, die Neuerung der Magdalenenikonographie eingeleitet – eine eigentümliche Parallele zu jenem von einem umbrischen Lokalmaler erfundenen Bildtypus der ‚Büßerin‘.

Daß ikonographische Neuerung nicht unbedingt und unabänderlich mit der künstlerischen Qualität eines Malers von hohem Rang gepaart sein muß, hat O. Pächt nachgewiesen[154]. Der Wert der ikonographischen Neuerung liegt darin, daß sie *nicht* Episode bleibt, sondern als künstlerisches Vokabular in die Zukunft weist bzw. als künstlerisches Erbe in die Entwicklungsgeschichte eines Bildmotives eingeht. Ikonographische Neuerung trägt allerdings das Los, zur Zeit ihrer Entstehung mißverstanden zu werden. Das heißt im Falle der Magdalenenbilder, daß diese aus kirchlicher Sicht profaniert sind, im philosophischen Sinne Ficinos nicht.

Eines sei am Rande angemerkt. Mutius stellt für die Magdalenenbilder des Barock nachhaltig fest, daß „der Reiz der Magdalenendarstellungen darin liegt, daß der Beschauer, je nachdem ihm zumute ist, mehr die eine oder die andere Seite des Themas betonen kann, ohne sich an sie verlieren zu müssen . . ., denn zwischen Weltliebe und Weltflucht besteht ein eigentümlicher Wechselbezug“[155]. Diese Einschätzung der barocken Magdalenendarstellungen hat ihre begründeten Voraussetzungen hundert Jahre früher im Leonardoumkreis.

III DIE KUNSTBESTREBUNGEN UM 1500 IN VENEDIG

„Im allgemeinen war zwar der epikureische Zug im venezianischen Leben der florentinischen Dialektik abhold, das Lob der Lust in Ficinos Platonismus hätte jedoch geradezu für die Venezianer erfunden sein können", so kennzeichnet E. Wind die Situation in Venedig um 1500[1]. Natürlich war Ficinos Liebesphilosophie in Venedig ebenso bekannt wie anderswo in Italien. Doch in Florenz wird die geistige Auseinandersetzung mit Ficinos Philosophie auf intellektueller Ebene ausgetragen, epikureische Züge verbinden sich mit neopaganen Moralvorstellungen[2]. In Venedig hingegen zeigt sich, daß „die philosophische Konstruktion vollkommen von einer poetischen Stimmung absorbiert wird"[3].

Den Venezianern war auch die „rationale Auffassung der bildenden Künste", so wie sie in Florenz vertreten wurde, fremd[4]. Die „heroische Mythologie und ihre sinnbildliche Deutung", die die Künstler von Florenz anregten, wurde in Venedig weniger geschätzt[5]. „Hier wurden diese Fabeln und Gestalten der Antike höchstens dekorativ und illustrativ verwendet"[6].

Dafür überließ man sich dem Zauber und den Verlockungen eines mehr den irdischen Freuden zugewandten Daseins. So konnte die Inselstadt ungeachtet wiederholter politischer Wirren gegen Ende des 15. Jahrhunderts wie das „Schmuckkästchen der damaligen Welt" erscheinen[7]. Die venezianische *nobilita*, vielfach mit öffentlichen Ämtern in der Signorie betraut und dem Kommerziellen zugewandt, kann dennoch nicht als reiner Geldadel angesehen werden. Denn er machte sich „eine höfische Kultur zu eigen, die sonst nur ein Vorrecht der Herrscherhäuser war. Diese Gesellschaftsschicht, die an den Gestalten und Szenen der amourösen, idyllischen Mythologie Gefallen fand, hielt in Palästen und Landhäusern Hof und unterhielt sich damit, Liebesgedichte zu verfassen und zu hören"[8]. Daraus gedieh ein Klima der Toleranz und Weltläufigkeit, das die minderbegüterten Volksklassen nicht ausschloß, vielmehr suchten diese, „die Gewohnheiten, den Geschmack und die Interessen des herrschenden Adels nachzuahmen und mit ihm zu wetteifern"[9].

Fehlte den Venezianern auch intellektueller Ehrgeiz, so mangelte es ihnen nicht an einem lebhaften Kunstverständnis: Bildhauer, Maler und Meister des Kunsthandwerkes wurden gleichermaßen geschätzt. Welcher Wert ihren Werken zugemessen wurde, zeigt ein Blick auf das Sammelwesen der Venezianer in jener Zeit. Die Werke der berühmten einheimischen und natürlich auch der auswärtigen Künstler zu erwerben zeugte von Sachverstand, Geschmack und Bildung. Die besondere Situation der Lagunenstadt bot zudem Gelegenheit, auch Kunstwerke der Antike zu erwerben und umfängliche Sammlungen anzulegen, denn schon seit dem 15. Jahrhundert war Venedig zum Importzentrum antiker Kunstwerke aller Art geworden[10]. Daran waren ebensowohl einheimische Händler wie griechische Emigranten beteiligt, die nach dem Fall von Konstantinopel 1453 in Venedig Zuflucht gefunden und manches aus ihrer Heimat mitgebracht hatten[11]. Gerade die privaten Antikensammlungen wurden wiederum von den venezianischen Künstlern aufgesucht, ließen sich doch hieran überaus fruchtbare Studien am klassischen Vorbild treiben[12].

Welche Schätze an Kunstwerken in den Palästen in und um Venedig zusammengetragen wurden, darüber berichtet Michiel[13]. Nicht nur, daß er z. T. genaue Angaben über die Räumlichkeiten macht, in denen er die Werke gesehen hat, mehr noch zeigt sich sehr deutlich, daß religiöse Werke mit paganen Darstellungen mythologischer Inhalte in schöner Eintracht versammelt waren[14]. Der Hang der Venezianer zum Epikureischen bestimmt nicht nur ihre Lebensform, sondern spiegelt sich nur allzu deutlich auch in ihren Sammlungen, in der Vielfalt und Auswahl bestimmter beliebter Themen, wozu natürlich auch die Darstellungen der Venus und andere von Michiel als „Nuda" bezeichneten Bilder schöner Frauen gehören[15].

Natürlich hatten die privaten Sammler Venedigs auch ihr Interesse an religiösen Bildern, doch wurden sie hier, wie auch in Florenz, von anderen als rein kirchlichen Vorstellungen geleitet: Man suchte auch hier das kleine intimere Andachtsbild, das zudem oft sehr persönlichen Charakter hatte. Dazu gehörten auch kleinere Altäre, wie z. B. das bekannte signierte und 1478 datierte Triptychon des Giovanni Bellini in der Sakristei der Frarikirche in Venedig, einst von der Familie Pesaro-Tron für die Familienkapelle gestiftet[16]. Um die Madonna sind die Söhne der Stifterin in Gestalt ihrer Namenspatrone gruppiert[17].

Der Bildtypus der *sacra conversazione* ist für die venezianische Kunst typisch[18]. Er hat seine eigene ikonographische Tradition in der Kunst Italiens, doch machen sich auch Einflüsse der niederländischen Kunst des 15. Jahrhunderts bemerkbar. Mit Beginn des 16. Jahrhunderts mehren sich in Venedig die Darstellungen halbfiguriger Madonnen mit Assistenzheiligen portraithaften Charakters, ähnlich den niederländischen Andachtsportraits[19]. Allerdings ist dazu zu bemerken, daß sich in den Niederlanden in der Heiligenverehrung „ein ganzer Schatz von treuherzigem und naivem und religiösen Alltagsleben kristallisierte"[20], die „Heiligen waren wirkliche, leibhaftige und vertraute Gestalten"[21]. So erscheinen sie auf den Bildern.

Das läßt sich für Italien, auch für das lebensfreudige Venedig, nicht sagen. Allein die Funktion der privaten Andachtsbilder war hier eine andere, wuchs vielfach im Schatten und im Andenken an die antike Sepulkralkunst[22]. Dennoch findet auch in Venedig ein Wandel statt. Nicht alle religiösen Bilder waren für Andachtszwecke in den Familienkapellen der Kirche oder in den Hauskapellen bestimmt, wie aus den Aufzeichnungen Michiels hervorgeht.

Den Künstlern Venedigs bot sich durch dieses Publikum ein reiches und breites Aktionsfeld. Nachdem Florenz und Mailand politisch ins Hintertreffen geraten waren, hatte die Lagunenstadt schließlich „eine beherrschende Stellung im Kulturleben des Landes" erworben[23]. Dadurch übte sie auch auf fremde Künstler eine zunehmende Faszination aus und zog Begabungen unwiderstehlich an.

Während in Mailand die entscheidenden Impulse von Leonardo ausgingen, ist es in Venedig Giovanni Bellini, um den sich eine junge ‚Künstleravantgarde' schart. Beide Kunstzentren stehen zum Beginn des 16. Jahrhunderts im Zeichen schöpferischer Neuerungen. Freilich gibt es in Venedig auch Künstler wie Jacobello del Fiore oder die Vivarini, die der einheimischen byzantinisch-gotischen Tradition verbunden bleiben, oder auch Gentile Bellini oder Carpaccio, die in mehr altertümelnder Weise ihrer Erzählfreude Ausdruck verleihen. Doch das zukünftige Bild der neuen künstlerischen Epoche ist im Kreise Giovanni Bellinis zu finden, dessen Schüler Giorgione und Tizian sind. Zu ihnen gehören aber auch der aus Bergamo stammende Palma Vecchio und Sebastiano del Piombo, ein Freund Giorgiones.

Man möchte erwarten, daß in dem freien und toleranten Klima Venedigs auch das Bild der nackten Büßerin Magdalena zu finden sei. Doch es gibt sie nicht. Magdalenenikonographie bleibt hier zunächst eingebunden in den traditionellen Rahmen des Andachtsbildes. Als Begleitheilige eines zentralen religiösen Motives ist sie bekannt. So z. B. auf Giovanni Bellinis Bild «Beweinung Christi», der Bekrönung der Pala Pesaro von 1471/75, oder auch auf dem in der venezianischen Akademie befindlichen Bild der Madonna, das 1490 entstanden ist. Ein Vergleich mit dem ebenfalls um diese Zeit geschaffenen Altarflügel, der Darstellung Magdalenas von Crivelli, zeigt jedoch frappierende Unterschiede zu Bellini. Crivellis Heilige präsentiert sich als zierliche Modedame, die in Form, Ausdruck und Inhalt altertümelnd noch ganz der höfischen Kunst der Gotik verpflichtet ist. Demgegenüber bricht bei Bellini eine andere persönliche, menschliche und durchaus schon von Emotionen getragene Auffassung der Heiligen durch. Man ist geneigt in ihr die junge Frau von nebenan zu erkennen, mit der man sich ohne weiteres zu identifizieren vermag.

Um oder kurz nach 1510 ist das Bild einer Dame von Sebastiano del Piombo entstanden (Abb. 34). Die Dargestellte galt früher als Magdalena, heute wird sie «Young Woman as Wise Virgin» bezeichnet[24]. Dieses Werk gehört nicht mehr zu einem Altar, gibt sich damit als erstes in Venedig bekanntes Parallelbeispiel zu Piero di Cosimos Bild zu erkennen. Wie bei jenen wird man auch in Sebastianos Darstellung ein Portrait vermuten dürfen. Die Gesichtszüge wirken individuell. Es ist eine Frau in der Tracht ihrer Zeit. Selbst ein Nimbus, wie er hier und da auf solcherart von Heiligenbildern erscheint, fehlt.

Es muß überraschen, daß offenbar nicht einmal daran gedacht wurde, das Motiv der vermutlich in Venedig nicht unbekannten nackten Büßerin Magdalena aufzugreifen. Denn gerade der weibliche Akt gewann zu Beginn des 16. Jahrhunderts als „‚Venus naturalis‘ in den sinnesfreudigen Bildvorstellungen" eines Giorgione neue Gestalt[25]. Während in „Florenz die himmlische Venus aus dem Meer neoplatonischer Geisteswellen emporgestiegen war, trat in Venedig ihre Schwester in der greifbaren Umgebung dichter Grasteppiche, ländlicher Brunnen und üppigen Laubwerkes ins Leben"[26].

Nun hatte 1500 ein Ereignis in Venedig tiefe Spuren bei den Künstlern hinterlassen: Leonardo hatte die Lagunenstadt auf seinem Wege nach Mantua besucht. Die „maniera moderna", wie Vasari sie nennt, die neue Auffassung des Kolorierens, Leonardos Sfumato, das Atmosphärisches einzufangen vermag, fiel bei den venezianischen Künstlern auf fruchtbaren Boden. Doch auch manche neuen Bildmotive Leonardos werden auf einmal bekannt und finden sich in den Werken der venezianischen Künstler[27]. Motive wie das der «Leda» werden von Giorgione aufgenommen und z. B. in eine Darstellung wie die des «Concert Champêtre» eingebracht[28].

Dazu gehört auch ein so eigenwilliges Bild wie die «Laura» von Giorgione, die er 1506 geschaffen hat[29] (Abb. 36). Ebenso interessant sind, im Zusammenhang mit Leonardo, jedoch die etwa ab 1510 in Venedig in Mode kommenden weiblichen Halbfigurenbilder, wie sie von Palma Vecchio, Sebastiano und schließlich Tizian geschaffen worden sind. W. v. Bode vermutet sicherlich zurecht, daß sich dieser Bildtypus in direkter Linie von der Leonardoschule in Mailand ableiten läßt[30]. Ob der Bergamasker Palma dabei als Zwischenträger fungierte, läßt sich allerdings nicht beweisen[31].

Freilich zeigen sich die Frauen auf den venezianischen Bildern ganz anders als diejenigen der Leonardoschule. Die Bekleidung der Venezianerinnen ist im allgemeinen dezenter, verbirgt mehr, stellt das Nackte nicht so direkt und unmittelbar vor den Betrachter. Und doch macht sich dadurch eine ganz andere Raffinesse der Präsentation weiblicher Schönheit bemerkbar. Unter gebauschten Gewändern, die mit Tressen und Bändern verziert sind, wird eben so viel entblößt, daß die darunter verborgene Nacktheit den Betrachter erst recht dazu verleitet, geheime Wunschvorstellungen zu assoziieren. Diese Art von Frauenbildnissen müssen außerordentlich beliebt gewesen sein, zumindest während zweier Jahrzehnte. Nach 1530 findet man sie nur noch vereinzelt, besonders bei Tizian. Doch zeigen sich die Frauen nun meistens hüllenlos. Es gibt keine Befangenheit mehr gegenüber dem Nackten, im Gegenteil, die Freude am Körperlichen wird zum eigentlichen Thema der Kunst.

Die Tatsache, daß die weiblichen Idealportraits in Venedig eine beträchtliche Resonanz beim Publikum fanden, gibt erneut zu der Überlegung Anlaß, warum darunter nicht auch ein Magdalenenbild erscheint, das z. B. der Darstellung einer Flora vergleichbar wäre. Es kommt hinzu, daß der Typus der nackten Büßerin in Venedig nicht unbekannt gewesen sein kann, im besonderen nicht Tizian.

In diesem Zusammenhang müssen wir noch einmal auf Dürers Magdalena zurückkommen. 1506/07 besuchte er die Lagunenstadt ein zweites Mal. Sein zu der Zeit in der Kirche San Bartolomeo ausgestelltes «Rosenkranzfest» erregte viel Aufsehen, wie Vasari zu berichten weiß[32]. Bei dieser Gelegenheit muß Dürer den Holzschnitt der Magdalena mitgebracht haben. Tizian muß ihn gesehen und gekannt haben. Denn Dürers Magdalena findet sich in fast wörtlicher Wiedergabe in der Gestalt der Eva auf Tizians großem Holzschnitt «Triumph des Glaubens» den er um 1508/10 geschaffen hat.

Daß zwischen den venezianischen und den deutschen Künstlern wechselseitig fruchtbringende Beziehungen bestanden haben, ist bekannt[33]. Ebenso wird seit langem vermutet, daß gerade dieser Holzschnitt Tizians in einer direkten Verbindung zu Dürer steht, wenngleich es heißt, daß das „Verhältnis des Gebenden und Nehmenden ungewiß bleibt"[34]. Ein Vergleich zwischen Dürers Magdalena und Tizians Eva läßt jedoch kaum Zweifel aufkommen, wer hier von wem genommen hat: Bei beiden Frauen gibt es die gleichen fülligen Körperformen, ebenso ergeben sich Analogien zwischen den rundlichen Gesichtern, dem über einer hohen Stirn glatten Haaransatz. Am verblüffendsten ist jedoch die Verwandtschaft an der Gestik ablesbar: Es sind die in gleicher Weise abgewinkelten und zum Gebet erhobenen Arme der Frauen. Tizian hat die Idee Dürers nicht dazu benutzt, seinerseits das Thema Magdalena aufzugreifen. Er hat aber Dürers Vorbild in die Gestalt einer Eva übertragen.

Ob Tizian diese Uminterpretation bewußt vorgenommen hat, ist eine Frage, die sich nicht schlüssig beantworten läßt, doch bedenkenswert erscheint. Denn es gibt auch zwischen Magdalena und Eva typologische Berührungspunkte: Beide sind biblische Gestalten, die eine mit dem Alten, die andere mit dem Neuen Testament verknüpft. Beide repräsentieren, jede auf ihre Art, die patristische Auffassung der Frau schlechthin, nämlich die der Verführung und der Fleischeslust. Die Konstellation Magdalena–Eva bezieht sich allerdings nur auf die Rolle Magdalenas als Sünderin[35].

In der Bildenden Kunst findet diese Konstellation erst sehr viel später ihren Niederschlag und zwar in der Umkehrung: Eva erscheint wie in der Rolle der reuigen Magdalena – z. B. auf dem Bild «Christus in der Vorhölle» von Tintoretto im Presbyterium der Kirche San Cassian in Venedig[36]. Es zeigt sich, wie komplex Magdalenenikonographie im 16. Jahrhundert ist. So wie die Ikonographie der Heiligen selbst anfällig gegen Fremdeinflüsse ist, vermag sie auch ihrerseits ikonographische Umprägungen zu bewirken.

Es bleibt aber bemerkenswert, daß sich weder Tizian noch andere Künstler dazu veranlaßt sahen, Dürers Bildtypus der nackten Magdalena in Venedig einzuführen oder weiterzuentwickeln. Nahezu zwanzig Jahre vergingen, bis Tizian sein Bild der Magdalena schuf.

IV TIZIANS BILD DER MAGDALENA IM PALAZZO PITTI, FLORENZ

Tizians Bild der Magdalena im Palazzo Pitti ist die früheste und erste Fassung des Themas, die bis heute erhalten blieb. Das Bild ist signiert, jedoch nicht datiert. Allgemein wird es den Jahren zwischen 1530 und 1535 zugeschrieben[1].

Die Heilige ist als Dreiviertelakt dargestellt (Abb. 1). Sie ist eine schöne, in voller Blüte ihres Lebens stehende, junge Frau. Ihr Gesicht zeigt sich im Halbprofil mit aufwärtsgerichtetem Blick. Das üppige Haarkleid fällt über beide Schultern bis auf ihre Hüften herab, ihre Brüste werden nur dürftig bedeckt. Der angewinkelte rechte Arm führt die Hand zur linken Schulter, mit der flachen Hand und gespreizten Fingern, nur Ring- und Mittelfinger sind geschlossen, drückt sie die wellige Haarfülle an sich. Die linke Hand umfaßt in Höhe der Hüfte das wie ein Gewand den Leib umspielende Haar. Magdalena ist weder in noch vor ihrer Höhle, sondern in freier Landschaft dargestellt. Auf der rechten Bildseite ist ausschnitthaft ein Bergrücken vor tiefblauem Himmel zu erkennen. Flüchtig hingemalte Wolken korrespondieren mit gleichartigen, in rötlichem Licht feurig wirkenden Wolkengebilden auf der linken Bildseite. Am rechten unteren Bildrand befindet sich das Attribut der Heiligen: ein bauchiges gedrungenes und geschlossenes Gefäß, in dessen Kehlung sich die Signatur: TITIANUS befindet. Das leicht zurückgeneigte, in Untersicht dargestellte Antlitz mit halbgeöffnetem Mund wird von rechts durch eine Lichtquelle erhellt. Ihr nach oben gewandter Blick läßt das Weiß ihrer Augäpfel hervortreten. Aus den Augen quellen Tränen. Der Oberkörper scheint so zurückgelehnt, daß die Figur aus der Mittelachse herausgerückt wird. Durch die scheinbare Zurückneigung des Körpers wirkt der Kopf im Verhältnis zum fülligen Körper etwas klein. Der Betrachter hat zur Dargestellten nur eine geringe Distanz, denn sie steht ganz im Vordergrund des Bildes.

Die Provenienz des Bildes läßt sich, neuesten Forschungen zufolge, bis 1566 zurückverfolgen[2]. Sie stützt sich auf den Bericht Vasaris, der das Bild gelegentlich einer seiner vielen Reisen in der Guardaroba des Herzogs von Urbino, Guidobaldo della Rovere, gesehen hat, als er die Kunstwerke des Hauses besichtigte[3]. Vasari beschreibt das Bild als eine besondere Kostbarkeit und lobt die herrlich flutenden Haare der Heiligen[4]. Das Bild taucht danach in mehreren Inventaren, die im 16. und 17. Jahrhundert im Auftrag des jeweiligen Herzogs erstellt wurden, auf[5]. Schließlich gelangte es – zusammen mit anderen Kunstwerken der Familie – als Heiratsgut der letzten Urbinatin Vittoria della Rovere in den Besitz der Medici nach Florenz[6]. Als 1737 der letzte Medici, Gian Gastone, starb, ging die gesamte Sammlung an Kunstwerken in den Besitz seiner Schwester Anna Maria Ludovica, Kurfürstin von Pfalz-Neuburg, über[7]. Nach ihrem Tode 1743 fiel die Sammlung, aufgrund ihrer testamentarischen Verfügung, an die Stadt Florenz[8]. Bevor das Bild seinen heutigen Platz im Palazzo Pitti fand, wurde es vorübergehend im Zuge der napoleonischen Kriege nach Bordeaux entführt und kehrte erst 1816 nach Florenz zurück[9]. 1796 wurde es einer Restaurierung unterzogen[10].

Dieses Bild war der Ausgangspunkt unserer Untersuchung, und zwar nicht zuletzt deswegen, weil es in dieser eigenartigen Interpretation außerordentlich kontroverse Reaktionen der Kritiker auf sich gezogen hat. Nachweislich hat sich indes gezeigt, daß die Neuformulierung des Bildes der ‚schönen Sünderin' Magdalena als Halbakt schon in Mailand unter dem unbezweifelbaren Einfluß Leonardos entstanden und fast ausnahmslos von Giampietrino geschaffen worden ist. Niemand aus dem großen Schülerkreis Leonardos hat sich sonst dieses Themas angenommen. Giampietrinos Bilder aber gerieten mehr oder weniger in Vergessenheit. Sie sind wohl nicht ignoriert worden, doch erregten sie eben weitaus weniger Aufsehen als Tizians Magdalenenbild. Das liegt natürlich daran, daß sich Giampietrino, obwohl nicht untalentiert, doch schließlich im Schatten Leonardos darstellt. Giampietrino ist eben nicht Tizian. Dessen Bild der nackten Magdalena konnte weder übersehen werden noch seine Wirkung verfehlen.

Der eigentliche Erfolg dieser Neuformulierung des Magdalenenbildes ist Tizian zuzuschreiben. Er war es, der diesen neuen Bildtypus nun auch mit anderen Bildqualitäten ausstattete, die in seiner Malerei selbst begründet sind. Das Fluidum von Sinnlich-Schmachtendem, das Giampietrinos Bildern – von Venedig aus gesehen – anhaftet, weicht dem unbefangenen Selbstverständnis gegenüber der typisch venezianischen weiblichen Schönheit, die von natürlicher Frische geprägt ist.

Die Tatsache, daß Tizian in seinem Bilde Giampietrinos Magdalenendarstellungen reflektiert, wurde schon früher bemerkt[11]. Doch sind es nur wenige knappe Randbemerkungen, die darauf verweisen. Zudem wurde als Vergleich allein das Bild in der Brera angeführt[12]. Das liegt nahe, denn es finden sich tatsächlich eine Vielzahl von Analogien zwischen beiden Bildern, wobei natürlich besonders die Darstellung als Halbakt ins Auge fällt. Auch hat man die Blickrichtung bei beiden Magdalenendarstellungen nicht übersehen. Allerdings ist Giampietrinos Heilige von ihrer körperlichen Konstitution völlig anders konzipiert, wirkt zarter und zierlicher.

So überzeugend der Vergleich zwischen Giampietrinos Bild in der Brera und Tizians Darstellung jedoch anmutet, der Vergleich zu dem Bild in Burgos scheint weitaus signifikanter (Abb. 12). Es muß einmal mehr erstaunen, daß dieses Bild nicht längst Anlaß gegeben hat, entsprechend gewürdigt zu werden. Denn die Parallelen, die sich von diesem Bild her zu Tizians Darstellung ergeben, sind ebenso auffällig wie verblüffend. Unabhängig von der Fülle der Körperhaftigkeit bei beiden Dargestellten überrascht auch die Analogie der Komposition. Hier wie dort ist sie in Dreiviertelansicht wiedergegeben, die rechte Schulter jeweils dem Betrachter zugewendet. Gleichartig ist bei beiden Darstellungen die überreiche Haarfülle, die den Körper der Heiligen umspielt. Gleichartig ist, wie die Heilige auf beiden Bildern aus der Mitte gerückt ist und im Verhältnis zum Bildraum überaus voluminös und raumfüllend erscheint.

So sehr sich der Vergleich zu Giampietrinos Bild in Burgos aufdrängt, die Analogien zwischen dieser Darstellung und Tizians Auffassung der Heiligen nicht mißachtet werden können, fehlt der Beweis dafür, daß Tizian Giampietrinos Bild tatsächlich gekannt hat. Tizian war nicht in Spanien, und der Besuch in Mailand stand um diese Zeit noch aus. So bleibt man auf die Vermutung angewiesen, daß Tizian auf uns unbekannten Wegen Kenntnis von diesem neuen Bildtypus erhielt, von dem ja Repliken in Italien bekannt gewesen sein konnten[12a]. Vielleicht war es auch nur ein flüchtiger Eindruck, den Tizian von dieser Neuformulierung wahrgenommen und der sein Interesse geweckt hatte. Auffällig bleibt, daß er den Gestus, gegenüber Giampietrinos Darstellung, verändert hat. Dies führt nicht allein zu einer formalen Auflockerung der Komposition, sondern vermittelt auch den Eindruck erhöhter Bewegtheit, die von der Dargestellten selbst ausstrahlt.

Im Detail zeigen sich jedoch unübersehbare Unterschiede zwischen den beiden Bildern, z. B, bei einem Vergleich der Köpfe der Dargestellten. Giampietrinos Magdalena neigt ihren Kopf leicht nach vorn, dem Betrachter zu, bei Tizian bilden Kopf- und Körperhaltung der Heiligen eine Richtungseinheit. Der Eindruck verkürzter Untersicht verstärkt sich dadurch und verleiht dem Antlitz erhöhte Spannung, gesteigert durch die wie gebannt emporschauenden Augen, deren Blick die Intensität einer visionären Erscheinung zu spiegeln scheint, mehr noch: Aus den Augen Magdalenas quellen Tränen. Sie können ebenso Freude wie Schmerz veranschaulichen, in jedem Falle sind sie Zeichen starker innerer Bewegtheit. Giampietrinos Magdalena indes weint nicht, und trotz aller Beseeltheit, die ihr nicht abzusprechen ist, wirkt die innere Bewegung als Ausdruck der *moti* gegenüber Tizian eigentümlich introvertiert.

Altertümlich ist, gemessen an Tizian, die Auffassung der Haare bei Giampietrinos Magdalena. Wo er sie in fast minuziöser Genauigkeit mit einzelnem Pinselstrich und feinen Weißhöhungen modelliert, gelingt Tizian der lebhafte Wurf, die Geschmeidigkeit natürlich fallender Locken, das Seidigschimmernde im Glanz der Haare. Delikat und andersartig zeigt sich noch mehr und offenkundig die Art, wie Tizian – wohl bewußt – die Nacktheit Magdalenas mit allen Details preisgibt. So sind die Brustwarzen des ansehnlichen Busens mit soviel Natürlichkeit wiedergegeben, daß es nicht wunder nimmt, wenn der Betrachter einer Heiligen, die ihre Reize so offen zur Schau trägt, mit Zweifel und Argwohn begegnet. Die Darstellung des Nackten ist bei Tizian noch vordergründiger, auffälliger und unmittelbarer als bei Giampietrino.

Der Eindruck des sichtlich Beunruhigenden wird unterstützt, wenn man den Hintergrund bei Tizians Bild betrachtet. Er verzichtet darauf, die Heilige in der intimen Umgebung ihrer Höhle oder eines auch nur andeutungsweise wiedergegebenen Raumes darzustellen. Vielmehr befindet sie sich in freier Landschaft, die, bar aller Staffage, allein auf die Wolkengebilde des Himmels reduziert ist. Eine Stimmung wird hervorgerufen, die unmittelbar und in besonderer Weise mit dem elementar Emotionalen, das von der Heiligen selbst ausgeht, korrespondiert. So entspricht das unruhig Zerrissene der Wolken, der verwehenden Haarmähne dem Ausdruck gespannter Leidenschaft in den Gesichtszügen Magdalenas. Aus dem indifferenten Dunkel der Wolken bricht nur hier und da ein Licht. Um so schärfer hebt sich der von einer vorn einfallenden Lichtquelle angestrahlte Körper der Heiligen ab. Ungeachtet der nachgedunkelten Firnisse wirkt das Ganze dramatisch durch die warmen glühenden Farbtöne.

Freilich folgt Tizian hier den Traditionen venezianischer Malerei, wie sie schon seit Bellini und Giorgione bekannt sind. Wechselseitige Einflüsse verschiedenster Herkunft verbinden sich dabei mit den heimischen Traditionen und vermitteln jenes typisch venezianische Wesenselement in der Malerei, wonach Landschaft zum Träger poetischer und schließlich auch von Gefühlsstimmungen wird[13].

Die Unterschiedlichkeit der Auffassungen Giampietrinos und Tizians zeigt sich nicht zuletzt auch im Malerisch-Technischen. Während Giampietrino noch altertümelnd mit Lasuren über Untermalungen arbeitet, malt Tizian in großzügiger Weise mit breiten Pinselstrichen. Lasuren werden vor allem in den Schattenpartien verwendet, um die Stofflichkeit herauszuarbeiten, durch Lichthöhungen, ebenso flüchtig wie bestimmt gesetzt, wird jene weiche malerische Modellierung erzielt, die Tizians Malweise charakterisiert. Das hat auch damit zu tun, daß Tizian einen, man kann sagen unmittelbaren sinnlichen Kontakt zum Stofflichen des Materials hat. So „empfindet er die Farbe selbst als etwas Naturhaftes"[14]. „Farbe war ihm nicht ein Mittel, das im Geist Konzipierte und durch die Zeichnung Festgelegte zur Darstellung zu bringen, sie war ein Element des Gestaltens selbst und in lebendigster Verbindung mit dem erfindenden und schaffenden Geist"[15]. So „formte er sich aus den Möglichkeiten der Malerei die Vision des Bildes"[16]. Das hat zur Folge, daß vor allem seine Figuren ungewöhnlich lebendig und natürlich wirken. Es ist eine Art „der Realität, die zwischen Sein und Schein in der Schwebe bleibt"[17], die Sinnliches ideell und materiell in sich vereint. Daran gemessen erscheint Giampietrino und die von ihm angestrebte Sinnlichkeit im Geiste Leonardos unleugbar als ein vorsichtiges Suchen. Es ist im Vergleich zu Tizian eine Sinnlichkeit, die hinsichtlich der Verwirklichung einer neuen Bildqualität tatsächlich nur eine Anfangsstufe darstellt. Was in Mailand vorbereitet wurde, war 1530 für Tizian, nicht zuletzt aus der Verbindung mit der eigenen heimischen Malertradition, selbstverständlicher und integrierter Bestand eines festen Kanons.

Kein Zweifel: Tizians Konzeption der Magdalena geht auf das Vorbild Giampietrinos zurück. Es erweist sich aber: Tizians Bild der Magdalena hat, allen vordergründigen Analogien zum Trotz, ganz andere Charakteristika als die Darstellung Giampietrinos.

Vergegenwärtigt man sich Tizians künstlerischen Standort um 1530, seine persönlichen Verhältnisse, so zeigt sich um diese Zeit eine Wende. Es bahnt sich ein Stilwandel an, der die Überwindung der jugendlichen „Sturm- und Drangzeit" anzeigt, die auch als die „heroische Periode" bezeichnet wird[18]. Sie weicht einer ruhigeren und besonneneren Schaffensphase. Der heftige und dramatische Naturalismus der zwanziger Jahre verliert sich gegenüber einem neuen sensibleren Empfinden für das Kreatürliche. Auch das Interesse am Psychologischen vertieft sich.

Um das an zwei Beispielen exemplarisch zu verdeutlichen, seien zwei andere Werke genannt, die, wie die ‚Magdalena', um 1530 entstanden sind. Gemeint ist das große Altarbild des ‚Petrus Martyr', das Tizian für die Kirche S. Giovanni und Paolo in Venedig geschaffen hat. Freilich ist uns dieses Werk nur noch durch Holzschnitte und Kopien bekannt, weil es durch Brand zerstört wurde[19]. Das andere Bild ist die «Allegorie des D'Avalos»[20]. Am Vergleich dieser beiden Bilder zeigt sich der genannte Stilwandel, der Tizians Arbeiten um diese Zeit kennzeichnet. Die Darstellung «Petrus Martyr» hat in ihrem Naturalismus der vom Sturm gepeitschten Bäume und dem fast Dämonischen der Mordszene etwas ungestüm Ungezügeltes. Demgegenüber wirkt das Bild der «Allegorie des D'Avalos» still und gesammelt in dem seltsam intimen Beziehungsreichtum der Gestalten untereinander. Abgesehen von den lokalfarbenen Gewändern auf dem Pariser Bild entspricht die Qualität der Malerei, die farbige Stimmung, derjenigen der ‚Magdalena'. Beide Darstellungen stehen dem Bild der Magdalena nahe, jedes auf seine Art. Man kann deshalb dieses Bild stilistisch als Zwischenglied einordnen, als den Versuch, das Gegensätzliche in sich zu vereinen.

So gesehen trifft Pallucchinis Bemerkung zu, wenn er am Beispiel der Darstellung Magdalenas den Beginn einer „manieristischen Krise" Tizians angezeigt wissen will[21]. Insgesamt scheint tatsächlich der große Schwung des Dramatischen in Tizians Werken zurückzutreten[22]. Ein neues Interesse am Diesseitig-Weltlichen unter veränderten Aspekten lenkt den Blick des Meisters. Das ist auch nicht ganz unabhängig von den äußeren Umständen. Private und höfische Auftraggeber nehmen mehr und mehr seine Zeit ganz in Anspruch. So weichen die monumentalen Bildformate kleineren Bildmaßen. Die Formensprache wird gestrafft und vereinfacht, die Bewegtheit im Figürlichen zeigt sich gedämpfter und gebändigter, die Valeurs erscheinen verfeinert[23]. Die „manieristische Krise" Tizians gleicht, so gesehen, auch einer „schöpferischen Pause"[24]. Es ist eine Zeit der inneren Sammlung und fruchtbarer Besinnung, in der sich der „große Stil" der vierziger Jahre vorbereitet[25].

Unabhänig davon muß man bedenken, daß Tizian 1530 die Schwelle von der Jugend zum Alter überschreitet. Sein Rang und Ansehen waren unbestritten. Er war seit 1516 Staatsmaler der Republik als Nachfolger Bellinis[26]. Durch kirchliche und private Auftraggeber war sein Wirkungsfeld gewachsen. Dies kam seinem Schaffensbedürfnis ebenso entgegen wie seinem Bestreben, weitreichende Beziehungen anzuknüpfen, auszubauen und zu nutzen. Zu seinen privaten Auftraggebern gehörte seit 1516 Alfonso d'Este von Ferrara, der Bruder Isabella d'Estes. Wenig später gab es erste Kontakte zu Federigo Gonzaga von Mantua, dem Sohn Isabellas. Dieser vermittelte wiederum Beziehungen zu Francesco Maria della Rovere von Urbino, dessen Gemahlin Eleonora eine geborene Gonzaga und Schwester Federigos war[27]. Zu Tizians engeren Freunden gehörten, um einige wenige zu nennen, Pietro Bembo, Alfonso d'Avalos, Pietro Aretino und Sansovino. Letztere hatten nach dem Sacco di Roma Zuflucht in Venedig gefunden. Ein besonderes Ereignis stand Tizian 1530 bevor: die über Federigo Gonzago vermittelte Bekanntschaft mit Karl V. Er ernannte den Meister 1533 zum Hofmaler und erhob ihn in den Adelsstand[28]. Tizians Ruhm verbreitete sich zusehends, und er wurde zum begehrtesten Maler seiner Zeit, dessen Werke zu besitzen, die Kunden scharenweise gelaufen kamen.

So erfolgversprechend sich für Tizian die Zukunft auch um 1530 anließ, sei nicht übersehen, daß er um diese Zeit schon auf ein stattliches Werk zurückblicken konnte. 1518 war die «Assunta» entstanden, 1519–1526 die «Pesaro-Madonna». Um 1519 wurde die Trevisaner «Verkündigung» geschaffen und 1522 das große Altarwerk in Brescia. Viele Jahre arbeitete Tizian an den großen Mythologien für das «Studiolo» Alfonso d'Estes (in den Jahren 1518 bis 1529). Daneben hat er noch eine ganze Anzahl Portraits gemalt, wie z. B. das Bild der Laura di Dianti (Kreuzlingen), der Geliebten Alfonso d'Estes, das um 1512 entstand. Schließlich sind die weiblichen Halbfigurenbilder zu nennen, die im zweiten Jahrzehnt des 16. Jahrhunderts von Tizian geschaffen wurden. Dazu gehören die «Flora» (Abb. 38), die «Frau bei der Toilette» (Abb. 41), oder die «Vanitas» (Abb. 42). Nicht zu vergessen sind die beiden berühmten Aktdarstellungen der «Lukrezia» als Ganzfigur von 1520 und die «Venus Anadyomene», die Tizian um 1525 geschaffen hat (Abb. 37). Die genannten Werke stellen freilich nur eine Teilauswahl innerhalb des Gesamtœuvres dar, das Tizian bis 1530 erarbeitet hat.

Auffällig ist, daß der Anteil an religiösen Werken in dieser Zeit verhältnismäßig bescheiden ist. Neben Madonnendarstellungen mit Assistenzheiligen, wie die Bilder in London oder Paris, gibt es fast keine einzelfigurigen Heiligenbilder. Das einzige, das aus dieser Zeit bekannt ist, stellt einen Hieronymus dar[28a]. Dieses Bild ist für uns von Interesse, weil es um 1531 entstanden ist, etwa zur gleichen Zeit wie die ‚Magdalena'. Auf den ersten Blick scheinen sich mancherlei Analogien zwischen beiden Bildern anzubieten: das nächtliche Dunkel, die Stimmung des Anachoretenlebens, zugleich eine Dramatik der Handlung. Dem Bilde der Magdalena gegenüber ist Hieronymus allerdings ganzfigurig kniend in weitläufiger Wald- und Felslandschaft wiedergegeben. Man könnte meinen, daß sich in einer solchen Darstellung noch Reflexe auf die sogenannten Thebaisbilder bemerkbar machen[29]. So leben Bildtraditionen fort und werden zugleich überholt: durch die ganz andere Stimmung, die Tizians Heiligendarstellung vermittelt.

Andererseits gibt es ein weiteres Bild, das Tizian hätte anregen können: Leonardos vatikanischer «Hieronymus». Wie bei Leonardo ist auch Tizians «Hieronymus» als Kniefigur wiedergegeben, wenngleich nicht so in den Vordergrund gerückt[30]. Auffällig ist der zum Wurf weit ausholende Arm bei beiden Heiligen. In diesem Fall ist es Leonardo selbst, der in einem Werk Tizians seine Spuren hinterlassen hat. Soweit sich Tizians «Hieronymus» zum Vergleich mit der ‚Magdalena' heranziehen läßt, ist dieser begründet durch die Zeitgleichheit der Entstehung beider Bilder und die Gleichartigkeit der Thematik. Doch lassen sich auch Unterschiede zwischen beiden Darstellungen erkennen. Hieronymus ist unmißverständlich als ein alter, von der Buße gezeichneter Mann dargestellt. Die junge reizvolle Magdalena hingegen ist alles andere als eine auch nur im mindesten von Zeichen der Buße geprägte Frau. Sie wirkt so ambivalent wie Giampietrinos Darstellungen der Heiligen, ja – in manchem scheint der weltliche Einschlag in Tizians Darstellung noch evidenter. Es ist deswegen bei Tizian noch dringlicher als bei Giampietrino, gegensätzliche Motive innerhalb des Frühwerkes zu verfolgen, d. h. profane Darstellungen in die Betrachtung miteinzubeziehen.

Dabei liegt nahe, sogleich an die weiblichen Halbfigurenbilder Tizians zu denken, wie etwa die «Flora» (Abb. 38) oder die «Frau bei der Toilette» (Abb. 41) Denn am Beispiel dieser Frauenbilder bietet sich mehr als eine Vergleichsmöglichkeit mit der Magdalena an. Wie diese gehören sie zur Gattung des weiblichen Halbfigurenbildes, sind typologische Vorstufen für jene. Es sind überaus reizvolle Frauen, die Tizian gemalt hat. Eine gewisse Portraithaftigkeit läßt sich nicht leugnen, wenngleich idealisiert. Sie sind typologisch auch mit den anonymen Frauenbildnissen der Leonardoschule verwandt[31]. Doch wie unterschiedlich stellen sie sich jenen gegenüber dar. Abgesehen davon, daß die Venezianerinnen sehr viel fülliger erscheinen, entbehren sie jeder Anzüglichkeit in der Wiedergabe des Nackten, wie sie sich z. T. in den Beispielen der Mailänder Maler darbot. Nackt sein heißt dort, „seiner Kleider entblößt sein, und es schwingt darin ein Ton von Befangenheit mit, der die meisten von uns in diesem Zustand befällt"[32]. Bei Tizians Frauendarstellungen hingegen wird Nacktheit raffiniert verhüllt und nur maßvoll sichtbar unter gebauschten Gewändern, die über die Schulter herabzugleiten scheinen, oder in einem nackten Arm, der in spielerischer Gebärde, vom Stoff des Ärmels reichlich umgeben, in die herabfallenden Haare greift. Kopfhaltung, Hals- und Schulterpartie bilden jeweils eine geschwungene Linie, die das Weiß des Karnates gegen den dunklen Hintergrund um so wirkungsvoller zur Geltung bringt. In der Verhüllung des Nackten, im Halbentblößten liegt bei diesen Darstellungen der Reiz. Er läßt die „Formen zugleich geheimnisvoller und faßbarer" erscheinen[33]. Der weltliche Charakter dieser Darstellungen wird evident.

Es gibt ein anderes Vergleichsbeispiel zu dem Bild der Magdalena, das sich typologisch in unmittelbarer Nähe ansiedeln läßt. Gemeint ist das schon genannte Bild der «Venus Anadyomene» (Abb. 37). Hier wie dort zeigt sich der gleiche Realismus in den ausgeprägt weiblichen Körperformen, das sinnlich Greifbare in der Modellierung des Karnats oder in dem warmen Goldton der weich herabfließenden Haare. Dennoch ist nicht zu übersehen, daß sich bei der Venus das Nackte sehr viel direkter preisgibt, als Schönheit des Aktes, der um seiner selbst willen geschaffen wurde, der das Spiel von Bewegung und Gegenbewegung im Körperlichen unmittelbar veranschaulicht. Klassisch wirkt die eigentümliche Gelassenheit, mit der die Dargestellte in der Bewegung verharrt. Tatsächlich erklärt sich eine solche Darstellung aus ganz bestimmten Vorbildern. So ist bekannt, daß Tizian den Vorwurf zu diesem Bild der Antike entlehnt und in freier Übersetzung abgewandelt hat[34]. Indem er ein heidnisches Thema mit den sinnlich-erotischen Zügen wirklichen Daseins unverbrämt ausstattet, sucht er bewußt klassische Schönheit mit dem Naturalismus des Lebendigen zu vereinen.

Es ist für Tizian nicht ungewöhnlich, wenn er sich am antiken Vorbild orientiert. Denn wie viele Künstler seiner Zeit suchte auch er die künstlerische Auseinandersetzung mit der Antike. Schon in seinen Frühwerken finden sich Beispiele, an denen sich erweist, daß er antike Vorbilder verwendet hat. Sein Interesse daran läßt sich bis in sein hohes Alter vielfach belegen[35]. Freilich wandelt er dabei auf Bahnen, die vor ihm schon die Künstler des Quattrocento beschritten hatten. Als besonders lehrreich galten die Bewegungsmotive antiker Bild-werke, und es wurden in der Rezeption von den Künstlern jene Vorprägungen gesucht und verarbeitet, die von einem gewissen Pathos gekennzeichnet sind. Als „Pathosformeln sind es die Bildsymbole, die die Renaissance der Antike entnimmt"[36]. Sie werden zum Vokabular neuer Ausdrucksformen, die in das Repertoire der Künstler eingehen.

Wie in Florenz gibt es auch in Venedig eine kontinuierliche Entwicklungsgeschichte der Antikenrezeption durch die Künstler. Dies lehrt z. B. das bekannte Skizzenbuch des Jacopo Bellini[36a]. Die Fülle seiner Zeichnungen und Skizzen ist eine Quelle unerschöpflicher Erkennt-nis über die venezianische Kunst der Frührenaissance und ihre Verbindung zur Antike. Noch offener zeigt sich das lebendige Erbe der Antike in den Werken Mantegnas. Kontakte nach Venedig ergaben sich für ihn aus den verwandtschaftlichen Beziehungen zu den Bellinis.

Antikenrezeption versteht sich in Venedig aber auch aus der Verbindung mit der byzantini-schen Tradition. Gegen Ende des Quattrocento entwickelt sich schließlich ein Trend nostal-gisch-romantischer Antikenverehrung, der vor allem die Bildhauer ergreift. Künstler, wie Antonio und Tullio Lombardo, später Simone Bianco gestalten ihre Werke mehr und mehr ganz bewußt in antikisierendem Sinn, „all'antica", wobei die formalen Prinzipien klassisch-idealer Schönheit und emotionaler Ausdrucksmotive aufeinander abgestimmt sind[37] (Abb. 33).

Wie immer man die Entwicklung der Antikenrezeption in Venedig verfolgt, so zeigt sich im Falle von Tizian, daß er im Umgang mit dem antiken Vorbild oft sehr frei verfährt, ohne den Sinngehalt eines Themas deswegen zu verändern, wie nicht nur am Beispiel der «Venus Anadyomene», sondern auch in anderen Fällen zu belegen ist[38].

Doch gibt es bei Tizian auch andere Darstellungen, in denen sich heidnische und christliche Motive überschneiden, heidnische Stoffe in christliche uminterpretiert werden[39] – oder christ-liche Stoffe dadurch profaniert erscheinen. So gesehen bietet sich ein anderer Vergleich zu Tizians Magdalenendarstellung an: das Vorbild einer antiken Statue der ‚Venus pudica‘[40]. Der gegenüber Giampietrinos Darstellung der Magdalena veränderte Gestus wäre demnach von Tizian nicht allein aufgrund formaler Kompositionsprinzipien gewählt worden, sondern in bewußter Absicht. Abermals wirft Venus ihren Schatten auf ein Magdalenenbild, sogar viel vordergründiger und direkter als das bei Giampietrino der Fall war.

In der Tat ist das Motiv der Gegenläufigkeit der Arme Magdalenas sehr auffällig und der Gebärde einer Venus nicht unähnlich. Ebenso wie diese führt sie ihren rechten Arm zur Brust, während sie mit der linken Hand ihren Schoß zu bedecken scheint. Freilich zeigt sich auch hier die freie Abwandlung vom antiken Vorbild, denn für gewöhnlich ist der rechte Arm einer Venus nur bis in Brusthöhe erhoben, während die linke Hand die Scham verdeckt. Magdalena hingegen vollführt mit dem rechten Arm keineswegs eine Schamgebärde, sondern sie gibt im Gegenteil preis, was eigentlich verdeckt werden sollte. Auch die Funktion der Linken ist verändert, indem die Heilige knapp über dem Schoß in die Haarfülle greift, wie um diese zusammenzuraffen.

Eine weitere Betrachtung bedarf der Erörterung: die Darstellung der Haare Magdalenas. Sie sind in ihrer Fülle so auffällig um die nackten Brüste drapiert, daß diese zwingend in das Blickfeld des Betrachters gerückt werden. Wie absichtsvoll passen sich die Wellen der Haare dabei den weichen Rundungen der Körperformen an.

Könnte man sich die immense Haarfülle noch als einen Mantel vorstellen, der den Körper der Heiligen hätte einhüllen können? Wohl kaum, denn diese schöne goldblonde Haarpracht ist in diesem Fall mehr, ist als eines der charakteristischen Attribute des Weiblichen zu begreifen, dessen erotisch-rhetorische Bedeutung seit der Antike bekannt ist, vor allem bei Venus-Aphrodite, der Liebesgöttin[41]. So heißt es bei Ovid „Venus, die nackende dort, die ihre triefenden Locken ausringt"[42]. Was für Venus gilt, hat für andere göttliche oder königliche Wesen nicht weniger Bedeutung. Philostrat beschreibt die Haare der schönen Pantheia: „Das Haar so einfach schwarz und auf beiden Seiten herabwallend auf Schultern und Nacken, den weißen Hals leicht entblößt"[43]. An anderer Stelle heißt es über das Haar: „Der locker flatternde Teil gibt ihr ein dionysisches Aussehen, blond und goldener als Gold ist der ungeordnete Teil des Haares"[44]. Ovid widmet der Pflege und Drapierung der Haare in seiner «Liebeskunst» ausführliche Betrachtungen: Wie es geöffnet die Schultern umspielt, wie es in wallenden Locken herabfließt[45]. In den «Metamorphosen» sind es vor allem die Nymphen, die mit gelösten Haaren ihre Verführungskünste demonstrieren[46]. Oft werden die Haare freilich auch zum Zeichen der Trauer offen getragen, zumal in Verbindung mit dem Entblößen der Brust. Doch selbst in diesen Fällen vergißt Ovid den erotischen Reiz des Haares nicht und empfiehlt der klagenden Witwe, „gelösten Haares zu gehen und vor Schmerz nicht sich zu fassen, das reizt"[47]. Bemerkenswert ist bei allen diesen Beschreibungen des Haares, wie die Sprache selbst in erotisch-sinnliche Formulierungen übergeht. Ebenso eigentümlich empfindet man die Verknüpfung von Trauer und Erotik. Auch hier entdecken wir wieder eine Ambivalenz, die in der Verkettung von Gegensätzlichem auf einen sonderbaren Effekt zielt.

Daß die erotische Bedeutung des Haares auch in der Renaissance großen Anklang fand, ist verständlich. Bis in die Zeit des Barock widmen die Dichter den Haaren, speziell den *chiome bionde*, Lobeshymnen, wobei besonders die Farbe zu eindrucksvollen Vergleichen herausgefordert hat[48]. Doch auch die Kunsttheoretiker der Renaissance bekundeten ihr Interesse am Haar der Frauen. So widmet Alberti dem Haar eine ausführliche Beschreibung, vergleicht es mit Pflanzen, Zweigen, Flammen oder auch mit sich windenden Schlangen[49]. Auch ein Maler wie Botticelli mag kaum unabsichtlich den Haaren seiner ‚Venus Anadyomene' soviel Aufmerksamkeit geschenkt haben[50]. Es kann keinem Zweifel unterliegen, daß auch Tizian die erotische Bedeutung der Haare gekannt hat. Es liegt auf der Hand, daß unter diesem Aspekt eine Heilige wie Magdalena sein besonderes Interesse geweckt haben mußte. Denn neben der Vorstellung von Schönheit und Jugend der Heiligen mag ihm auch daran gelegen haben, den Reiz ihrer Haare herauszustellen.

Kaum jemand war der Darstellung erotisch-sinnlicher Reize des Weiblichen gegenüber aufgeschlossener als Tizian. Das belegen die erotischen Mythologien aus der Frühzeit für Alfonso d'Este ebenso wie die späten mythologisch-erotischen Werke, die er für Philipp II. geschaffen hat, ungeachtet der vielen anderen Darstellungen, wie z. B. die der Danae[51].

So kann nicht verwundern, wenn sich in dem Bild der Magdalena die Venus spiegelt. Solche typologischen Querverbindungen sind nicht neu. Schon Wind hat erkannt, daß „es in der bildenden Kunst der Renaissance viele Darstellungen der Venus gibt, auf denen die Göttin einer Madonna oder Magdalena gleicht"[52]. Die oszillierende Wirkung wird sowohl in der Renaissance verstanden worden sein, wie sie auch dem heutigen Betrachter nicht verborgen bleibt, ihm das Bild der Vieldeutigkeit vermitteln kann.

V WANDEL DER MAGDALENENIKONOGRAPHIE
BEI TIZIAN

Die Konstellation ‚Magdalena-Venus' erinnert an unsere Überlegungen zu Castigliones Vorstellung von der Heiligen, die auch eine Veränderung der Magdalenenikonographie eingeleitet haben mochte. Es ließ sich argumentieren, daß in der Neuformulierung von Giampietrinos Bild der ‚schönen Sünderin und Heiligen in einem' die Gegensätze zwischen irdischer und himmlischer Liebe dialektisch aufgehoben werden. Im Sinne neoplatonistischer Weltanschauung ließ sich die äußere Schönheit von Giampietrinos Magdalenen als Korrelat zu ihrer inneren Schönheit verstehen. Die erotischen Elemente der Darstellung konnten auch als dem Eros-Prinzip verpflichtet aufgefaßt werden. Abgesehen von diesen Sinnzusammenhängen ließ sich jedoch formanalytisch eine typologische Verwandtschaft zwischen Venus und Magdalena bei Giampietrinos Darstellungen nicht nachweisen.

Anders bei Tizian: Es ist unverkennbar, daß er Magdalena und Venus gleichgewichtig miteinander in Beziehung gesetzt hat. Man kann deshalb die Interpretationsmethode von Giampietrinos Bildern nicht zwingend auf Tizians Bild übertragen. Dafür gibt es, trotz der Analogien, doch zu viele Unterschiede zwischen den Darstellungen.

Giampietrinos Magdalenenbilder bleiben, zumal am Beispiel Burgos, eingebunden in den Rahmen eines Interpretationsspielraumes, der nicht ausschließt, daß das Bild *auch* als Andachtsbild akzeptiert werden kann. Giampietrinos Magdalena wirkt in sich geschlossen, introvertiert; man kann es als Zögern oder zauderndes Verweilen in kontemplativer Besinnung deuten. Anders bei Tizian: Seine Magdalena scheint sich eher in einer durch innere Zweifel verursachten Aufbruchsstimmung zu befinden. Ihre äußere Schönheit ist kraftvoll und durchaus irdischer Natur, sie wirkt leidenschaftlich vital. Dem entspricht jener eigenartig vibrierende Zug, der als sehnsuchtsvolles Drängen, alle Fesseln sprengend, interpretiert werden kann. Den erotischen Einschlag als sublimiert zu deuten, wie bei Giampietrino, läßt sich bei Tizian kaum aufrechterhalten. Sicher: Venedig ist nicht Mailand. Doch kann man daneben allein die malerische Qualität eines Tizians für die unterschiedliche Auffassung verantwortlich machen, daß seine Magdalena soviel diesseitiger wirkt als diejenige von Giampietrino? Ehe hierzu voreilige Schlüsse gezogen werden, sei das Problem aus einer anderen Perspektive beleuchtet.

Weibliche Idealportraits in Venedig

Wie in Mailand gibt es auch in Venedig jene schon erwähnten Idealportraits, die sich ab 1510 einer offenbar zunehmenden Beliebtheit erfreuten. Hier wie dort ging es bei diesen Bildern hauptsächlich um ein die Wirklichkeit übertreffendes, idealisierendes Veranschaulichen von in der Natur nie vollkommenen „realisierter Schönheit"[1]. Dazu sei noch einmal Leonardo zitiert:

„Nicht geringe Anmut scheint es mir bei einem Maler zu sein, wenn er seinen Figuren schöne Gesichter macht. Diese Anmut kann, wer sie nicht von Natur besitzt, durch Hinzutritt von Studium erlangen, in folgender Weise. Siehe zu, daß du von vielen Gesichtern die Teile, die gut sind, entnimmst, und zwar solche, die mehr nach dem allgemeinen Urteil zu einander stimmen als nach dem deinigen."[2] Leonardo bestand also darauf, daß der Maler einem allgemein gültigen Schönheitsideal gerecht werden soll, doch ist ihm die Freiheit unbenommen zu korrigieren, ja ideale Schönheit auch abwandelnd zu konstruieren.

Auch in Venedig sind die weiblichen Idealportraits von dem Katalog eines Schönheitsideals geprägt. Er wurde bestimmt von allerlei Details, wie Farbe und Form der Augen, Linien der Brauen, entsprechend zierliche Nase, die nicht zu lang sein durfte, Schwingung des Mundes, Zartheit der Ohrmuscheln etc. Natürlich gehörte auch Form und Farbe der Haare dazu[3]. So galt blondes Haar als besonders reizvoll, und die Frauen scheuten keine Mühe, mit Hilfe bestimmter Ingredienzien das Haar in stundenlangen Sitzungen durch die Sonne bleichen zu lassen[4]. „Überall", so schreibt Castiglione, „verzehren sich die Damen in der Sehnsucht schön zu sein, oder, wenn das unmöglich ist, wenigstens für schön zu gelten; versagt die Natur irgendwie, so sind sie gezwungen, zur Kunst Zuflucht zu nehmen. Dann verwenden sie viele Sorgfalt und Mühe darauf, ihr Gesicht herzurichten, raufen sich die Haare aus den Augenbrauen und von der Stirne und wenden eine Menge lästiger Mittel an, wovon Ihr Damen glaubt, sie bleiben den Männern geheim, obwohl sie jedem bekannt sind."[5] Freilich, so fährt Castiglione fort, sollte eine Frau das „nur mäßig und wenig tun, daß jeder, der sie sieht, im Zweifel ist, ob sie die Kunst angewandt hat oder nicht"[6]. Wohltemperiertheit und der Sinn für das Angemessene bleiben bei allem oberstes Gebot und kennzeichnen den guten Geschmack.

Natürlich wechselt der Kanon des Schönheitsideales, ist den sich wandelnden Moden unterworfen, doch bestimmte er das äußere Erscheinungsbild der Frauen, wie das bis heute der Fall ist.

Vergleicht man die Idealportraits der Leonardoschüler mit denjenigen der venezianischen Maler, so läßt sich erkennen, daß das Schönheitsideal in Mailand nicht mit demjenigen in Venedig übereinstimmt. Hier gibt es weder die übergroßen, weit auseinanderstehenden Augen noch die breit ausladenden Wangenknochen oder das spitz zulaufende Kinn. Charakteristisch ist für die Venezianerin die Weichheit der Gesichtszüge, der kleine Mund und vor allem die reifen fülligen Körperformen (Abb. 46, 47). Dies ist sowohl in den Bildern Palmas als auch in denen Sebastianos bemerkbar, am deutlichsten bei Tizian. Alles Schematische, das sich in den Mailänder Bildern verbirgt, ist in Venedig überwunden. Dabei wirken die Venezianerinnen nicht besonders kokett. Mitunter umgibt sie ein Ernst, der kaum zu ihrer äußeren Aufmachung, die durch raffinierte Sparsamkeit der Bekleidung mehr ent- als verhüllt, passen will. Trotz der äußerlichen Unterschiede zwischen den Frauenbildnissen der Mailänder Schule und denjenigen der Venezianer bleiben die bildtypologischen Analogien evident. Daneben gibt es allerdings auch ikonographische Analogien, von denen noch die Rede sein soll.

Das Kurtisanenwesen im 16. Jahrhundert

Es stellt sich die Frage: Wer waren diese Frauen, von denen sich bis heute so zahlreiche Bilder erhalten haben, deren Schönheit und Reize in dieser From zu präsentieren, einen Grund haben mußte. Damen der Gesellschaft konnten es kaum gewesen sein, dem widerspricht die Darstellung des offiziellen Portraits jener Zeit[7]. Ebensowenig läßt sich vorstellen, daß es junge, heiratsfähige Mädchen waren, die sich derart präsentierten[8]. Viel näher liegt der Gedanke an eine bestimmte Gruppe von Frauen, die in jener Zeit eine nicht unbedeutende Rolle, vor allem in Venedig, spielte. Gemeint sind die Kurtisanen.

Wie Sanudo zu berichten weiß, gab es in Venedig zeitweilig mehr als elftausend käufliche Frauen[9]. Sie waren, z. T. namentlich, erfaßt in den ‚Kurtisanenkatalogen‘, wo sich ihre Adressen in Erfahrung bringen ließen, aber auch ihr Preis und sogar ihre speziellen Qualitäten[10]. Erstaunlich ist, daß es innerhalb dieser Gruppe eine Hierarchie gab, Rangunterschiede, die sich nicht nur in unterschiedlicher Bezahlung geltend machten, sondern auch in den Lebensgewohnheiten. So lebte die *puttana* als einfache Dirne im Bordell, abhängig von einer Kupplerin oder einem Kuppler[11]. Die *cortigiana* hingegen hatte oft ihre eigene Wohnung, war auch manchmal mit einem festen Liebhaber liiert, der sie an bestimmten Tagen besuchte, während sie an den übrigen andere Kunden empfing[12].

Die höher gestellten Kurtisanen waren mitunter sehr wohlhabend und umgaben sich mit einer Aura von Luxus und Glanz, der nicht wenig zu ihrer Faszination beitrug[13]. Sie scheuten keine Mühe und Kosten, ihre Wohnungen so aufwendig und komfortabel wie möglich einzurichten und auszustatten. Nicht geringe Aufmerksamkeit widmeten sie der Pflege ihres Äußeren, was ihre Garderobe wie auch den gesamten Lebensstil anging. Natürlich bedienten sie sich aller nur möglichen Künste, um ihre körperlichen Reize zu erhöhen[14]. Dies verwundert um so weniger, wenn man sich vergegenwärtigt, welche Rolle Schönheit in jener Zeit spielte, wurde sie doch in gewissem Sinne als göttlich empfunden[15]. So fehlt es nicht an Zeugnissen, die schließlich die Kurtisanen mit Heiligen auf eine Stufe stellten, etwa bei manchen Grabinschriften, in denen heilig gesprochene Frauen und Kurtisanen gleichrangig nebeneinander aufgeführt werden[16].

Doch waren es nicht nur die äußeren Reize, die die Kurtisanen kultivierten. Ebenso lag ihnen daran, ihre ganze Lebensart zu verfeinern und sie den Gepflogenheiten ihrer Verehrer anzupassen. Denn in ihren Häusern verkehrten ebenso Gelehrte und Botschafter wie Künstler und Schriftsteller, aber auch Geistliche[17]. Es versteht sich, daß die Kurtisanen aus diesem Grunde auch den Ehrgeiz hatten, über eine mehr als durchschnittliche Bildung verfügen zu können. So pflegten sie vielseitige Interessen[18]. Dazu gehörte, daß sie meist ein oder mehrere Instrumente spielen konnten, sangen. Sie schrieben Sonette und waren wegen ihrer vielfach geistvollen und witzigen Konversation gern gesehene Gäste auf Gesellschaften. Manche von ihnen, wie Tullia d'Aragona, Gaspara Stampa oder Veronica Franca, galten sogar als angesehene Dichterinnen[19].

Welchen Rang eine Kurtisane einnehmen konnte, wird in einem an Isabella d'Este gerichteten Brief vom 13. Juni 1537 berichtet: „Soeben kam hier (in Ferrara) eine schöne Dame an, von so reservierter Haltung und so verführerischen Manieren, daß man unbedingt etwas Göttliches in ihr finden muß. Sie versteht jede Arie und jedes Sonett nach dem Blatt zu singen, ihre Konversation ist von unvergleichlichem Reiz, sie ist über alles orientiert und kann über alles mitsprechen. Es gibt keine Frau, die ihr gleichkäme."[20] Die „Dame", von der hier so lobend berichtet wird, ist Tullia d'Aragona, die, neben der Imperia in Rom, als eine der bedeutendsten Kurtisanen ihrer Zeit galt.

Das, was Tullia oder Imperia für das Kurtisanenwesen in Rom vorstellten, hatte seine Entsprechung in Venedig. Hier war es Angela Zaffetta, die seit Beginn der dreißiger Jahre im 16. Jahrhundert Künstler und Literaten an sich zu fesseln verstand. Zu ihren Verehrern gehörte auch der berühmte und berüchtigte Pietro Aretino, der ihr in einem Brief vom 15. Dezember 1537 bescheinigte, daß sie es, wie keine andere, verstehe, ihre Wollust unter der Maske der

Ehrbarkeit zu verbergen[21]. Aus mehreren Billetten weiß man, daß sie im Hause Aretinos auch mit Sansovino und Tizian zusammengetroffen ist[22].

Welche Rolle die Kurtisanen außerdem in jener Zeit spielten, erhellt die Tatsache, daß es sogar Kurtisanenschulen gab, in denen junge Mädchen auf diesen ‚Beruf‘ vorbereitet wurden, wobei deren Lehrerinnen nicht selten ehemalige Kurtisanen im Range von Kupplerinnen gewesen sein mochten[23]. Wie immer man diesen spektakulären Berufsstand ansehen mag, eines steht außer Frage: Die Stellung der Kurtisanen, als Teilhaberinnen an einer Gesellschaft, der sie eigentlich nur am Rande angehörten, war sicherlich mehr als ambivalent, waren sie doch auch den Zufälligkeiten von Schicksalsschlägen ausgesetzt, die sie viel härter zu treffen vermochten als andere. Viele von ihnen, die nicht das Glück hatten, sich, unter Aufbringung von Opfern, in letzter Minute zu verheiraten, versanken unerwartet schnell in Armut und Vergessenheit[24].

Man wird nicht fehlgehen in der Annahme, daß das Kurtisanenwesen seine seltsamsten Blüten in einer Zeit treibt, in der christliche von neopaganen Moralvorstellungen überlagert werden. Denn unbestritten mischen sich in neoplatonistisch-christliche Moralvorstellungen auch Züge eines neopaganen Lustempfindens von epikureischer Färbung[25]. So ist das Kurtisanenwesen in dieser Zeit, aus kirchlicher Sicht, mit profanen Elementen befrachtet, die alles andere als, im christlichen Sinn, moralisch gelten konnten.

In der Tat war für Form und Kult des Kurtisanenwesens in der Renaissance wiederum das antike Vorbild des Hetärenwesens verantwortlich. Nichts lag deshalb näher, als die Kurtisanen der Renaissance mit den Namen jener Frauen in Verbindung zu bringen, die seit Antike und frühem Christentum für ihre Liebes- und Verführungskünste bekannt waren[26].

Dazu gehört in erster Linie die Liebesgöttin Venus. Ihr war in Rom der Frühlingsmonat April geweiht. Ihr zu Ehren feierte man am 23. Tag das Weinfest, die *vinalia*, wie Ovid berichtet[27]. Ihrem Schutz und ihrer Gunst unterstanden auch die Kurtisanen, die an diesem Fest, im Gegensatz zu anderen, teilnehmen durften[28]. Neben Venus war Flora eine andere Schutzgöttin der Kurtisanen. Sie wurde am 3. Mai durch das Blumenfest, die *floralia* geehrt, ein Fest, das mitzufeiern im besonderen die Kurtisanen aufgerufen waren[29]. Dabei ist interessant, daß Flora auch als ‚Flora meretrix‘ bekannt ist. Sie wird in Zusammenhang gebracht mit einer ebenso berühmten wie notorisch verrufenen römischen Prostituierten, die ein Vermögen verdient haben soll[30]. Es ist deswegen nicht zufällig, wenn die Kurtisanen der Renaissance auch oft ihren Geburtsnamen gegen den Namen einer ihrer antiken Vorgängerinnen austauschten[31].

Kurtisanenbildnisse

Der Verdacht bestätigt sich: Die venezianischen Idealportraits müssen Kurtisanenbildnisse sein, denn wie anders ließen sich Titel wie «Flora», «Venus» o. a. erklären. Doch geben sich die Dargestellten nicht nur durch ihre Namen als die zu erkennen, die sie sind, sondern auch durch ihr äußeres Erscheinungsbild. Zieht man in diesem Zusammenhang die antiken Quellen, die auch den Künstlern der Renaissance bekannt waren, zu Rate, so trifft vieles von dem, was dort über die Hetären geschildert wird, auch auf die Kurtisanenportraits der Renaissance zu. So stellt schon Horaz der Matrone die „andere" gegenüber und beschreibt deren Qualitäten wie folgt: „Da ist die andere: nichts hindert: im Seidenen kannst du sie sehen fast wie nackt."[32] Ähnliches berichtet Ovid im dritten Buch seiner «Liebesgedichte». Ihm begegnet die Muse Elegeia im Dunkeln einer Waldgrotte. Sie erscheint dem Dichter als anmutige Verführerin

„schön die Gestalt, hauchdünn das Gewand und verliebt ihre Augen"[33]. An anderer Stelle schwärmt er von dem „was da im zarten Gewand lockend verwehrt sich versteckt"[34]. Von den besonderen Reizen einer entblößten Schulter ist die Rede: „Aber den unteren Teil der Schulter, den oberen des Armes, trag' entblößt, daß von links her man sogleich es gewahrt."[35] Alle diese Bemerkungen lassen auch wieder den erotischen Klang spüren, der sich dahinter verbirgt. Wie im Spiel werden die Phantasien des Lesers zu Bildern und Vorstellungen angeregt.

Doch sind diese Beschreibungen nicht einmal nur Phantasieprodukte der Dichter. Denn die Kurtisanen Roms hatten sich tatsächlich in ihrer Kleidung gegenüber derjenigen von Matronen zu unterscheiden[36]. So war es den Kurtisanen untersagt, wie jene lange, bis zu den Fesseln reichende Gewänder zu tragen[37]. Die Berufskleidung der Kurtisane bestand auch in Wirklichkeit meist aus mehr oder weniger dünnen und durchsichtigen Stoffen, die die Körperformen darunter besonders zur Geltung brachten. In jedem Fall waren es Stoffe, die mehr ent- als verhüllten[38].

Ähnliche Kleiderordnungen gab es auch für die Kurtisanen der Renaissance[39]. Auch in dieser Zeit legte man Wert darauf, daß sich die Kleidung der Kurtisanen von derjenigen ehrbarer Frauen unterschied. Vielerorts erließ man dazu ,Luxusgesetze', die den Kurtisanen hinsichtlich ihrer äußeren Aufmachung Beschränkungen auferlegten, die nicht zu beachten Bestrafung nach sich ziehen konnte[40]. Später ging man dazu über, vor allem unter dem Druck der Kirche, besondere Verfügungen für die Kurtisanen anzuordnen, die sie verpflichteten, in der Öffentlichkeit über ihrer Kleidung Tücher oder Schleier zu tragen, die entweder einfarbig gelb oder mit ebensolchen Streifen oder Bändern versehen waren[41].

Betrachtet man die weiblichen Idealportraits vor diesem Hintergrund, so läßt sich kaum bezweifeln, daß man schon in vielen der Bilder des Leonardoumkreises Kurtisanenbildnisse vermuten darf[42]. Und tatsächlich findet sich auch in Leonardos Malerbuch eine Bemerkung darüber, in der er deutlich zu verstehen gibt, daß der Maler „Buhlerinnen" nicht wie ehrbare Frauen darstellen solle[43]. Entsprechend fügt sich ein Bild wie das der ,mythologischen Figur' (Abb. 24) von Giampietrino sehr schön den so treffenden Beschreibungen von der ,anderen', wie sie die antiken Dichter nennen, ein. Ähnlich verhält es sich mit der Darstellung «Vertumnus und Pomona» von Melzi (Berlin, Staatliche Museen) oder mit «Sabina Poppaea» (Abb. 25). Lomazzos Bemerkung über jene von Leonardo für Franz I. geschaffene „verschleierte" Pomona bekommt einen eindeutigen Sinn. Ebenso gehören in diese Reihe Bilder jener Frauen, die ihre Reize halb oder gänzlich zur Schau stellen, wie Bartolomeo Venezianos «Flora» (Abb. 40)[44] oder Sodomas «Lukrezia» und, nicht zuletzt, das wohl eindeutigste dieser Bilder: Giampietrinos «Kleopatra» (Abb. 26). Melzis «Colombine» (Abb. 27) soll dem Vernehmen nach tatsächlich eine Maitresse Franz' I. darstellen, deren Schönheit so, ganz im Sinne Leonardos, vor der Zerstörung der Zeit bewahrt wurde[45]. So naheliegend und fast sicher alles darauf hindeutet, daß die genannten Bilder der Leonardoschule Kurtisanenbildnisse darstellen, so finden sich über das Kurtisanenwesen selbst in Mailand wenig Zeugnisse.

Anders in Venedig: Hier sind, wie erwähnt, die Quellen weitgehend aufgearbeitet[45a]. Doch auch anhand der Bilder zeigt sich, daß die literarischen Quellen der Antike Malern wie Tizian, Palma Vecchio oder Paris Bordone bekannt gewesen sind. So am Beispiel von Tizians «Flora» (Abb. 38) oder auch in den Bildern «Vanitas» (Abb. 42) oder «Frau bei der Toilette» (Abb. 41). Zahlreiche und eindeutige Kurtisanenportraits hat auch Palma Vecchio geschaffen: die Bildnisse der beiden ,jungen Frauen' in Berlin (Abb. 46, 47), die sogenannte «Violante» oder die «blonde Frau im schwarzen Kleid», «Tarquin und Lukrezia», «Frau mit Schachtel» (Abb. 45), ein ,weibliches Bildnis' in Mailand (Abb. 44) oder das Portrait der ,jungen Frau' in London

(Abb. 43). Sowohl bei Tizian als auch bei Palma zeigt sich allerdings, daß ihnen der Reiz einer nackten Schulter, eines unter dem Hemd sichtbar werdenden Brustansatzes, eines einseitig entblößten Busens nicht nur aus den literarischen Quellen bewußt, sondern durchaus präsent vor Augen war.

So heißt es denn auch in einem Brief des ferraresischen Gesandten Tebaldi vom 31. August 1522 an Alfonso d'Este, daß Tizian die Bequemlichkeit, Kurtisanen als Modelle zur Verfügung zu haben, ganz außerordentlich schätzte[46], dabei geht ganz klar aus dem Schreiben hervor, daß sie ihm als Aktmodelle dienten. 1529 reiste Tizian in Begleitung von fünf Personen nach Ferrara, um dort letzte Hand an das von Alfonso d'Este für sein *studiolo* bestellte Bild, das «Venusfest», zu legen[47]. Daß Tizians Begleitung nicht nur aus Hilfskräften bestand, sondern sehr wohl auch Modelle dazu gehören mochten, läßt sich kaum bestreiten.

Aufschlußreich ist auch eine Bemerkung von Lorenzo Lotto. In seinen von ihm sorgfältig geführten Rechnungsbüchern gibt es eine Eintragung, die über den Preis Auskunft gibt, den er für ein Aktmodell zu bezahlen hatte. Daraus geht hervor, daß es einen Unterschied gab zwischen dem „Betrachten" eines Modelles und dem „Zeichnen" danach[48]. Dieses war teurer als jenes. Daß auch Lotto seine Modelle im Kreise der Kurtisanen suchte und fand, liegt auf der Hand.

Natürlich wird man die Idealportraits nicht *nur* als Modellstudien anzusehen haben, denn es sind ja unzweifelhaft Bildnisse von bestimmten, uns heute bis auf wenige Ausnahmen unbekannten Kurtisanen. Dazu gehört etwa des Bild von Paris Bordone, das Angela Zaffetta darstellen soll (Abb. 48)[49] oder auch die Darstellung der Salome des Brescianers Moreto (Abb. 49), in der man das Portrait der Tullia d'Aragona vermutet[50], schließlich das seit langem als Bildnis seiner Geliebten geltende Bild der Antaea von Parmigianino (Neapel)[51]. Daneben gibt es andere Bilder, die aufgrund der Attribute oder des sonstigen Ambientes als «Venus», «Flora» oder «Salome» etc. bezeichnet werden, die sicherlich auch deswegen als Kurtisanenportraits gelten können, weil die Allusion auf den Beruf der Dargestellten darin nur zu deutlich wird[52].

Man kann diese Bilder als Gruppe zusammenfassen, weil sie ihrer Art nach als eine Form des *portrait historié* angesehen werden können[53]. Charakteristisch ist, daß die Dargestellte in Gestalt einer historischen Figur wiedergegeben ist, mit der sie gleichsam paradigmatisch identifiziert werden kann. Demgegenüber gibt es andere Bilder, die nur noch durch Hilfstitel, wie «Frau mit Schachtel», oder «Fächer» oder als «Frau bei der Toilette» gekennzeichnet und damit als namenlose Kurtisanenbildnisse überliefert sind. Allen gemeinsam ist der modellhafte Charakter. Die individuellen Züge der Dargestellten werden nicht gänzlich verleugnet, doch sind sie so stark idealisiert, daß sie verfremdet erscheinen mochten.

Zu den Kurtisanenbildnissen mögen auch manche der so beliebten Darstellungen von liegenden oder halbliegenden Akten rechnen, die als «Flora» oder «Venus» etc. im 16. Jahrhundert bekannt sind[54] (Abb. 53, 54). Dazu könnten auch manche Doppelportraits eines Mannes und einer Frau gehören, die als Hochzeitsallegorien angesehen werden[55], wie z. B. Paris Bordones Bild in Wien. Eine ehrbare Frau wird sich jedoch kaum entblößten Busens, mit geschürztem Rock so lasziv in den Armen ihres Mannes wiederfinden, wenn sie noch dazu im Begriffe ist, verführerisch den Apfel von einem Baum zu pflücken!

Dabei fragt man sich, für wen und warum diese Bilder gemalt worden sind. Sicher: Die Vermutung liegt nahe, daß bestimmte Auftraggeber ihre Favoritinnen im Bilde verewigt wissen wollten. Ein Beispiel dafür wäre Giovanni Bellinis bekanntes 1515 datiertes Bild «Frau bei der Toilette» (Abb. 39)[56]. Es wurde mitunter in der früheren Forschung mit einem Bildnis der Favoritin Pietro Bembos in Verbindung gebracht. Denn Vasari zufolge hatte Bellini diese im Auftrag Bembos portraitiert[57]. Von Tizian weiß man Genaueres, weil es vielfach Auftragswerke waren, die er geschaffen hat, wie z. B. das Bild der ‚Laura di Dianti‘, das als Portrait der Maitresse Alfonso d'Estes gilt[58]. Ebenso darf man sicher sein, daß auf den drei Bildern «Venus von Urbino» (Abb. 52), «Mädchen im Pelz» (Abb. 50) und «Bella» (Abb. 51) jedesmal dieselbe Person wiedergegeben ist, interessanterweise in verschiedenen Stadien von nackt bis halb- und schließlich ganz bekleidet[59]. Sie war vermutlich eine Favoritin Guidobaldos II. della Rovere von Urbino[60].

So aufschlußreich sich die genannten Bilder Tizians hinsichtlich ihres Zweckes erwiesen, bleibt es rätselhaft, wer die anonymen Frauenbildnisse in Auftrag gegeben oder gekauft hat. War überhaupt jedes Bild ein Auftragswerk? Denn es fragt sich, ob sich ein jeder den Luxus leisten konnte, seine Favoritin portraitieren zu lassen. Es läßt sich aber auch denken, daß manche Kurtisane sich freiwillig als Modell zur Verfügung stellte, um im Bilde unsterblichen Ruhm zu erlangen. Schließlich ist eine andere Möglichkeit nicht auszuschließen: Mag nicht ein Maler wie Tizian mitunter die Gelegenheit wahrgenommen haben, wenn er ein Modell zur Verfügung hatte, aus Zeit- und Geldersparnis gleich auf Vorrat zu schaffen, wofür sich später eine Verwendung finden würde? Wie aus Quellen bekannt, hat er tatsächlich solche Bilder auch als eine Art Werbegeschenk für seine fürstlichen Auftraggeber bereitgehalten[61]. Wie auch immer – man vermutet wohl nicht zu Unrecht, daß sich in diesen Bildern auch gewisse Modetendenzen widerspiegeln, die den Wünschen bestimmter Auftraggeber entgegenkamen, deren Interesse ausschließlich dem erotischen Reiz solcher Bilder galt[62].

Ebenso wird man schließen dürfen, daß auch den Malern die Gelegenheit willkommen war, die Reize dieser Frauen zu verewigen. Mitunter entwickelte sich sogar eine Affäre zwischen Künstler und Modell, sehr zum Verdruß des Auftraggebers, wie M. Bandello berichtet[63]. Auch am Beispiel des Kurtisanenwesens zeigt sich jene eigenartige Ambivalenz gegensätzlicher Verhaltensweisen: die Verderbtheit der Kurtisane und ihr Anspruch auf Erfüllung geistiger und kultureller Ideale.

Kurtisanenportraits in der deutschen und französischen Kunst des 16. Jahrhunderts

Bemerkenswert ist, daß der Bildtypus der halbfigurigen Kurtisanenbilder von Italien aus auch nördlich der Alpen eine schnelle Verbreitung fand. Das zeigt sich am Beispiel zweier von Holbein geschaffener Bilder, einer «Venus» und einer «Laïs Corinthiaca»[64] (Abb. 57, 58). Möglicherweise ist die Dargestellte auf beiden Bildern identisch mit einer gewissen Magdalena Offenburger, die in Verruf geraten war[65]. Auf dem Bilde der ‚Laïs Corinthiaca‘ gibt sie demonstrativ ihre Käuflichkeit durch die vor ihr liegende Goldmünze und die einladende Handbewegung zu erkennen. Wie bei den italienischen Beispielen ist sie deswegen in Gestalt der griechischen Hetäre Laïs wiedergegeben. In diesem Fall wäre es das echte *portrait historié* einer Kurtisane, das zudem, aufgrund inschriftlich bezeugter Datierung von 1526, als eines der frühesten gesicherten Beispiele dieser Art von Kurtisanenbildern nördlich der Alpen angesehen werden müßte[66].

Ähnlich verhält es sich mit dem «Hüftbild einer jungen Frau» von Daniel Hopfer. Der Einfluß der venezianischen Kurtisanenbilder läßt sich hier kaum übersehen. Durch eine Inschrift auf ihrem Halsband gibt sich diese Frau als ‚Hübscherin‘, die deutsche Schwester der italienischen Kurtisane, zu erkennen[67].

Als letztes sei ein Bild des Joos van Cleve genannt, das er wohl im Auftrag Franz' I., an dessen Hof er in den dreißiger Jahren des 16. Jahrhunderts beschäftigt war, geschaffen hat. Die formale Abhängigkeit dieser Darstellung von Leonardos «Mona Lisa», bzw. von der nackten ‚Mona Vanna', ist evident. Die Entwicklungslinie dieses Bildtypus führt eindeutig zu den bekannten Bildern der Schule von Fontainebleau, wie die Beispiele des Doppelportraits der «Herzogin von Villar und der Gabrielle d'Estrée» (Abb. 55) oder Clouets Darstellung der «Diane de Poitiers» (Abb. 56) belegen[68].

Ohne den Problemen der Verflechtungen und Einflüsse hinsichtlich der weiteren Entwicklung von Kurtisanenbildnissen hier im einzelnen nachzugehen, bleibt die Tatsache, daß mit der Entstehung des weiblichen Halbfigurenaktes im engsten Leonardoumkreis eine Entwicklung eingeleitet wurde, die weittragende Folgen haben sollte. Ganz entscheidend ist dabei die Entstehung und Entwicklung der Kurtisanenikonographie. Sie steht im Zusammenhang mit der Portraitkunst: Im weitesten Sinne sind es Idealportraits allegorischen Charakters, doch auch dem *portrait historié* benachbart[69]. Das Spektrum der Darstellungsform ist vielschichtig, dementsprechend ist der Rahmen der Kurtisanenikonographie weit gespannt. Bedeutung und Interpretation wird deswegen von Fall zu Fall jeweils neu zu überprüfen sein.

Savoldos «Magdalena», ein Kurtisanenportrait, und andere Kurtisanenbildnisse als Magdalenen

Der Umweg über die Kurtisanenbilder führt zu einer Darstellung, die besondere Beachtung verdient. Es ist ein von Savoldo signiertes Bild, das eine junge Venezianerin darstellt (Abb. 61)[70]. Als Dreiviertelfigur wiedergegeben, bestimmt die Dargestellte fast den ganzen Bildraum. Sie ist leicht nach vorn gebeugt und wendet ihr noch junges Gesicht mit dem Anflug eines Lächelns dem Betrachter zu. Sie steht vor dem Hintergrund einer großformigen Architekturstaffage, die sich als ruinenhaftes, von Pflanzen überwachsenes Gemäuer zeigt. Über der Dargestellten ist der Ausschnitt des Himmels erkennbar. Das Auffälligste an diesem Bild ist ein großes, seidig schimmerndes, gelbes Tuch, in das das Mädchen bis über den Kopf eingehüllt ist. Da, wie bekannt, Kurtisanen aufgrund der Kleiderordnung dazu verpflichtet waren, in der Öffentlichkeit gelbe Tücher zu tragen, kann es sich bei dem auf dem Bild wiedergegebenen Mädchen wohl nur um eine Kurtisane handeln[71]. Dabei muß überraschen, daß die Dargestellte, völlig schmucklos und bescheiden, ihre verführerischen körperlichen Reize unter der Stoffülle verbirgt, einzig den Blickkontakt mit dem Betrachter sucht.

Von diesem Bild gibt es eine Variante (Abb. 62), ebenfalls von Savoldo[72]. Die auf dem Londoner Bild dargestellte Frau scheint sich gegenüber der auf dem Berliner Bild kaum zu unterscheiden, vor allem was Körperhaltung und Größenverhältnis der Dargestellten zum Bildfeld angeht. Bemerkenswert ist, daß auch die junge Frau auf dem Londoner Bild bis über die Stirn in ein großes Seidentuch gehüllt ist, das zart grau-gelblich schimmert. Unterschiedlich ist die Hintergrundgestaltung gegenüber dem Berliner Bild. Wo bei jenem durch Torbögen charakterisierte Architekturelemente nur andeutungsweise zu erkennen sind, zeigt sich auf dem Bild in London eine Ruinenarchitektur im Mittelgrund des Bildes. Durch einen breiten Torbogen zur Rechten läßt sich dahinter, im Dunkeln schimmernd, eine Fassadenarchitektur mit schmalen hohen Fenstern erkennen. Linkerhand befindet sich eine Himmelszone mit von rötlichem Licht angestrahlten Wolken, darunter verliert sich eine in gleißendes Licht getauchte Stadt im Meer, Venedig ähnlich. Dem Vordergrund nahe gerückt, ja in fast greifbarer Nähe der Dargestellten, befindet sich vor einer Nische ein offenes Gefäß. Nur deswegen gilt dieses Bild nun nicht als das einer unbekannten Venezianerin, sondern als die Darstellung einer Magdalena. Die Provenienz des Bildes läßt sich ziemlich sicher zurückverfolgen, und es scheint identisch mit demjenigen, das schon Ridolfi in Brescia im Hause eines gewissen Averoldo gesehen und in seinen 1648 veröffentlichten «Maraviglie dell'Arte» beschrieben hat[73]. Die Tatsache, daß das Sujet des Londoner Bildes demjenigen in Berlin nahesteht, läßt sich nicht bestreiten. Wenn die Dargestellte dort jedoch als Kurtisane angesehen werden muß, so läßt sich nur schließen, daß auch auf dem Londoner Bild eine Kurtisane wiedergegeben ist, und zwar in Gestalt einer Magdalena. Dafür spricht auch das so stark über die Stirn der Dargestellten gezogene Tuch auf beiden Bildern. Genau so hat auch Cesare Vecellio die offizielle Tracht der venezianischen Kurtisane beschrieben[74].

Unterstellt man, daß Savoldo in bewußter Absicht eine Kurtisane in Gestalt Magdalenas wiedergegeben hat, so wird man mit der Tatsache konfrontiert, daß Heiligen- *und* Kurtisanenikonographie in einem Bild vereinigt sind.

Wir stellen Savoldos Bild einer Darstellung gegenüber, die ähnliche Probleme aufgab. Gemeint ist Giampietrinos Bild der Magdalena-Egeria (Abb. 31). Wie erinnerlich, ließ sich auch bei diesem Bild nicht zweifelsfrei entscheiden, welche der beiden konträren Gestalten gemeint war: die heidnische Nymphe Egeria oder die christliche Heilige Magdalena. Nun gibt es neuerdings für dieses Bild eine nicht uninteressante Hypothese: Danach gilt die Dargestellte als Aktportrait, und zwar als das der Maitresse von Charles Amboise, dem mit Leonardo gut bekannten französischen Gouverneur von Mailand[75]. Damit gäbe sich Giampietrinos Darstellung als die zu erkennen, die man darin vermuten darf. Sie fügt sich dann in den Rahmen der Kurtisanenikonographie ein.

Es scheint angemessen, die Dargestellte nun doch eher als ‚Egeria' zu bezeichnen. Dennoch bleiben Zweifel: Denn die sie umgebenden Attribute, wie Totenschädel, Gefäß und Schlüssel geben weiterhin Rätsel auf, sind jedenfalls nicht eindeutig auf Egeria beziehbar. Auch die Felsgrotte, vor der die Dargestellte wiedergegeben ist, kann doppeldeutig interpretiert werden: Sie ist für die Nymphe ebenso typisch wie – als Höhle – für Magdalena. Sollte es möglich sein, daß Giampietrino absichtlich das Portrait einer Kurtisane mit beiden Gestalten verknüpft hat, wohlweislich den wahren Bedeutungszusammenhang zwischen Magdalena und einer Kurtisane aufhebend? Dieses Bild wäre dann eines der ersten Kurtisanenbildnisse dieser Art. Die Mischung von Christlichem und Heidnischem verhüllt sinngemäß einen zu genauen und deutlichen Eindruck dessen, was als Profanierung des Heiligenbildes gelten müßte. Zumindest berühren sich die Kurtisanen- und die Heiligenikonographie hier auf merkwürdige Weise.

Unter dieser Perspektive lassen sich weitere Magdalenenbilder aufführen, die, auf unterschiedliche Weise, in die Gruppe der Kurtisanenbilder eingereiht werden müssen. Dazu gehören jene Darstellungen der bekleideten Magdalena, die uns von Giampietrino und Luini als Übernahmen eines Entwurfes von Leonardo überliefert sind. So wie die Magdalenen auf diesen Bildern kokett das Salbgefäß öffnen, den Betrachter mit abschätzendem Blick mustern, kann man sie nicht den Andachtsportraits zuordnen. Dazu gehört auch eine Darstellung Catenas, dessen Magdalena allerdings ebenso steif wie langweilig wirkt[76]. Weiterhin sei das von Scorel unter dem Eindruck seiner italienischen Reise entstandene Bild der Magdalena, das seine Geliebte in Gestalt der Heiligen darstellen soll, genannt[77] (Abb. 60). Landschaft und Tracht der Dargestellten lassen an Venedig denken. Ebenso erinnert das weiche Kolorit des Karnates an Giorgione, Haltung und Gesichtsausdruck lassen sogar die Kenntnis der «Mona Lisa» vermuten. Zu den Kurtisanenportraits gehört wohl auch Cranachs kleines Bild der modisch gekleideten Magdalena (Abb. 59), das 1524 datiert ist. Die Dargestellte gilt, *nomen est omen*, als Portrait der Magdalena Riedinger, der Geliebten des Kurfürsten Albrecht von Mainz[78].

Läßt man alle diese Bilder an sich vorüberziehen, so zeigt sich, daß bei den Kurtisanenbildnissen, auch in Gestalt Magdalenas, die Darstellungsformen und -möglichkeiten vielfältig sind. Deshalb wird man vor Pauschalierungen warnen müssen: Nicht jedes Bild einer Magdalena muß folgerichtig das einer Kurtisane sein.

In Anbetracht der nun deutlich erkennbaren Veränderung der Magdalenenikonographie kommt man nicht umhin zu fragen, ob sich nicht eine Entwicklung anbahnt, die eine zunehmende Profanierung des Magdalenenbildes zur Folge hätte. Die Entwicklungslinie ist scheinbar in der Tradition des Andachtsbildes verankert und steht der Bildniskunst nahe, besonders dem *portrait historié*. Es ist aber zu fragen, ob Kurtisanenportraits in Gestalt dieser Heiligen noch etwas mit einem Andachtsportrait im tradierten Sinn gemein haben.

Magdalena, die Heilige, in der Sicht der Zeitgenossen: Aretino, Ochino, Paleotti

Dabei ist von Interesse zu erfahren, wie Magdalena als Heilige von Zeitgenossen gesehen wurde. Drei verschiedene Männer sollen zu Worte kommen. Als erstes sei der ebenso bekannte wie verrufene Aretino genannt. 1538 unternahm er mit der Veröffentlichung seiner «Opere Sacre» den gut kalkulierten Versuch, als Verfasser religiöser Erbauungsschriften den Anschein von Religiosität und Frömmigkeit zu erwecken, um seinen angeschlagenen Ruf aufzubessern[79]. In der Geschichte über das Leben Jesu widmet er der Gestalt Magdalenas seine besondere Aufmerksamkeit. In weitläufigem Szenarium, mit den detailliertesten Ausschmückungen, breitet er ihre Geschichte in ebenso treffenden wie bildhaften Formulierungen aus. So fängt er an, schon bei der Morgentoilette Magdalenas sich auszumalen, wie sie sich für ihre Begegnung mit Jesus im Tempel vorbereitet. Ganz bezeichnend ist, wie er die Umkleideszene ausgestaltet[80]. Genüßlich beschreibt er die laszive Schönheit, ist fasziniert von der Wirkung ihrer Nacktheit, und wie sie anschließend, in kostbarste Stoffe gehüllt und mit edlem Schmuck geziert, einer Göttin gleicht – als wenn Venus Cytherea am Himmel erscheint und selbst Aurora sich den Glanz der zarten Röte von den Wangen Magdalenas leihen würde[81]. Ihre Haare haben das Feuer des Goldes, die Augen das Licht der Sonne, ihre Lippen leuchten wie das Rot von Rubinen, in denen die Zähne wie Perlen glänzen. Dem halbgeöffneten Mund scheint der Atem sehnsüchtiger Erwartung zu entströmen[82]. Die wollüstige Ausstrahlung Magdalenas, die sinnlich-laszive Stimmung, die sich über der Szene ausbreitet, erhöht die Spannung ungeduldigen Verlangens, mit der Magdalena im Vorgefühl begehrlicher Wünsche die Begegnung mit Jesus herbeisehnt. „Liebe mich, so wie du die Welt liebst", seufzt sie dem Geliebten mit emporblickenden tränenerfüllten Augen zu[83]. Die fast unerträgliche Übertreibung Aretinos kennt keine Grenzen, und er hält sich keineswegs an die biblischen Texte[84]. Doch darum ging es ihm gar nicht, vielmehr versuchte er, diese durch eine breit angelegte Paraphrasierung populär zu machen, seine Mittel dazu waren ebenso Unter- wie Übertreibung[85]. Damit ließ sich für ihn zugleich sehr wirkungsvoll und mühelos eine nicht unabsichtlich einkalkulierte Pointe einbauen, indem er unter dem Denkmantel der religiösen Erbauung eine höchst sinnlich verfängliche Thematik anbot. Die Rolle, in der Aretino Magdalena sieht und beschreibt, ist zweifellos die einer Kurtisane, so wie sie ihm nur zu gut bekannt war.

Ganz ähnlich äußert sich der bekannte Kapuzinermönch Bernardino Ochino über Magdalena. Freilich ist seine Perspektive eine andere als die Aretinos. Bernardino Ochino zog in den dreißiger Jahren des 16. Jahrhunderts als Reformprediger durch das Land. Seine Bemühungen um Konsolidierung des Glaubens wurden von der Kirche allerdings nicht gebilligt, er wurde der Häresie angeklagt und entzog sich der Verfolgung nur dadurch, daß er fluchtartig Italien verließ[86]. Während seines Exils erschienen 1554 seine «Apologe», eine Schmähschrift, die, in vielen Sprachen verbreitet, die Unmoral und Sittenlosigkeit des Klerus in teilweise sehr sarkastischen Worten anprangerte. Entsprechend hart fällt sein Urteil im Zusammenhang mit Magdalena aus. So berichtet er in einem seiner Apologe die fingierte Geschichte über einen Auftrag, den Papst Clemens VII. Michelangelo erteilt[87]. Dieser soll je ein Bild von den Heiligen Paulus und Magdalena malen. Während sich der Papst nach Fertigstellung der Gemälde mit der Darstellung von Paulus zufrieden zeigt, reagiert er auf diejenige von Magdalena mit empörtem Zorn, weil sie so frech und unehrbar aussähe wie eine Dirne, die anstatt Andacht nur unreine Gedanken hervorrufen werde. Am Ende beschließt Clemens das Bild einem jungen Mann zu schenken, der es sich anstelle einer Buhlerin halten könne. Nun kann man natürlich unterstellen, Ochino habe hier in seinem beißenden Spott übertrieben, doch bleibt, daß auch er einen Zusammenhang zwischen einer Dirne und Magdalena herstellt, und zwar am Beispiel eines Bildes. Dabei spitzt er seine Kritik so zu, daß die Darstellung nicht mehr als die einer Dirne in Gestalt Magdalenas gelten kann, sondern, daß Magdalena selbst die Dirne ist. Ochino macht sich damit in verschärfter Form zum Ankläger, indem er die Konfliktsituation des Problems nicht nur aufdeckt, sondern expressis verbis vor Augen führt.

Als letztes sei die offizielle Stellungnahme der Kirche angeführt. Auch ihr war die Tatsache nicht unverborgen geblieben, daß Magdalenenbilder existierten, in denen auf geheime Weise das Konterfei einer Kurtisane wiedergegeben war. So hört man in den tridentinischen Traktaten mehrfach bittere Klagen über unschickliche und unzüchtige Darstellungen dieser Heiligen. Nicht nur, daß man die äußere Aufmachung Magdalenas in manchen Bildern monierte, daß man die Darstellung des Nackten, zumal des lasziv aufgefaßten Nackten, verurteilte[88]. Paleotti tadelt im besonderen, daß Magdalena bisweilen wie eine Kurtisane dargestellt sei und daß sich unter manchem Magdalenenbild das Portrait einer Konkubine verberge[89]. Wenngleich diese Bemerkungen Paleottis geschichtlich ein *post festum* gegenüber der Zeit darstellen, die uns im Zusammenhang mit Tizians Magdalena beschäftigt, belegen diese Äußerungen, daß man sich von kirchlicher Seite der Tatsache bewußt war, daß sich hier auf unzulässige Weise weltliche Elemente in die Heiligendarstellung eingemischt hatten.

Daß man sich noch 1582 über solche Vorgänge beschwerte, beweist, daß die Kirche hier einer Entwicklung entgegengetreten ist, die man seit langem mit Unbehaben verfolgt hatte. Es zeigt sich aber auch, wie unbefangen, selbstverständlich und vorurteilslos die Künstler und ihre Auftraggeber im 16. Jahrhundert mit Heiligenbildern umgingen.

Sicher darf man die Unterschiede zwischen Aretino, Ochino und Paleotti nicht übersehen. Entsprechend ist auch die Sicht, mit der sie Magdalena beurteilen: von sinnlich-schwüler Genüßlichkeit über boshaften Spott bis zu herber Kritik. Doch eines ist allen gemeinsam: Magdalena rückt in die unmittelbare Nähe einer Kurtisane. Es bestätigt sich, daß die weltliche Seite der Heiligen in jener Zeit besonders ins Blickfeld rückt.

Magdalena als Kurtisane muß vor allem auf die Maler und Bildhauer jener Zeit eine faszinierende Wirkung ausgeübt haben. Es erscheint zu verführerisch, dieses Bild der Kurtisane zu verwirklichen, namentlich, wenn das auch noch mit Hilfe eines lebenden Modells in Gestalt einer Kurtisane geschehen konnte. Dazu gibt uns eine Quelle Auskunft, in der von Kurtisanenmodellen, auch für Heiligendarstellungen, die Rede ist. In seinen «Ragionamenti» breitet Aretino ausführlich das Kurtisanenleben in ebenso drastischer wie derber, doch bildreicher Sprache aus. Unter anderem wird berichtet, daß der Maler Sebastiano del Piombo dringend um die Vermittlung einer bestimmten besonders attraktiven Kurtisane bittet, die ihm schon mehrfach gegen gutes Geld zur Verfügung gestanden hätte für Bilder von Madonnen und Heiligen wie Katharina, Appollonia und auch Magdalena[90]. Das ist bemerkenswert und, selbst eingedenk der provozierend ungezügelten Phantasie Aretinos und der prätentiös atheistischen Tendenzen in seinen Werken, wird man den Wahrheitsgehalt dieser Geschichte nicht in Frage stellen können, denn auch in einem Phantasiegebilde mag Wahres verborgen sein. Zudem erreichte der Dichter in jener Zeit ein Publikum, das zweideutigen Geschichten viel Verständnis entgegen brachte, ja, diese spielerisch pflegte[91]. Es ist deswegen durchaus einleuchtend, daß die Maler mit besonderem Vergnügen eine Kurtisane in Gestalt einer Heiligen präsentierten. Welche Darstellungsform sie dabei wählten, bleibt natürlich offen. Aber hat nicht Sebastiano, als er 1520 in Rom sein Bild «Martyrium der heiligen Agathe» malte, tatsächlich eine Kurtisane vor Augen gehabt?

Tizians Magdalena: Modell und Sinnbild der Kurtisane

Ist nun Tizians Magdalena eine Kurtisane? Daran wird man kaum mehr den geringsten Zweifel haben dürfen, zumindest was die Modellfrage anbetrifft[92]. Das, was Tizian für die Darstellung mythologischer Akte billig war, mußte ihm für die Darstellung eines Heiligenbildes, wie das der Magdalena, ebenso recht sein. Daß ein solches Bild kaum anders als nach einem lebenden Modell entstanden sein kann, zeigt sich zudem in der ganzen Frische und Lebendigkeit der Auffassung, besonders auch in den Gesichtszügen und dem stark Emotionalen, das von dieser Darstellung ausgeht. Ebenso läßt sich nicht übersehen, daß die Körperformen Magdalenas dem Naturvorbild abgeschaut sind, ja – dieses vielleicht sogar absichtlich gesteigert haben. Ging es ihm dabei um die Verwirklichung des Schönheitsideales, wollte er gewissermaßen den Idealtypus der venezianischen Kurtisane vorstellen?

Unwillkürlich denkt man an Aretinos Beschreibung der Magdalena, deren laszive Nacktheit er so detailliert-genüßlich schildert. Eine Parallelerscheinung bei Tizian? Man muß zugeben: Seine Aufmerksamkeit ist eindeutig den weltlich-irdischen Reizen Magdalenas zugewandt. Tizians Freundschaft mit Aretino ist bekannt. Er galt als Tizians Mentor, Fürsprecher, Deuter, ja, sogar als sein Propagandist, und manche Briefe Tizians tragen unverkennbar die Spuren von Form und Stil der Ausdrucksweise Aretinos[93].

Seine Freundschaft zu Aretino ist es aber auch, die in den Augen mancher späterer Tizianbiographen unverständlich und irritierend erschien. So stehen Crowe und Cavalcaselle ratlos vor dem Phänomen, daß ein Mann wie Tizian Aretino nicht nur kannte, sondern auch noch eine lebenslange Freundschaft zu ihm aufrechterhielt, und sie bezeichnen es als „a strange feature in the life of an artist so great and so renowned"[94]. Selbst Tietze urteilt noch 1936, daß „dieses Idealbild" im Zusammenhang mit dem in Tizian „wirksamen Naturphänomen" durch die „Spiegelung verzerrt wird", die „Tizians Erscheinung in den Briefen Aretinos erfuhr"[95].

Die Projektion von Aretinos Moralvorstellungen auf Tizian scheint unzulässig und seinem Ruhm abträglich, was sich als höchst merkwürdige Parallele zu den eingangs erwähnten Urteilen über Tizians Magdalena erweist. Man könnte fast schließen, daß die Magdalena innerhalb des Gesamtœuvres von Tizian geradezu das Paradeargument abgibt, das seine Unmoral unter dem Einfluß Aretinos belegt. Denn nur im Kreise von Aretinos vielen Freundinnen ließen sich die schönsten Kurtisanen finden, die Tizian zu seinen Modellen auserwählte.

Diese Beurteilung Tizians ist freilich eine Frage der Sicht. Charles Hope veröffentlichte unlängst eine Quelle von 1576[96], worin ein gewisser Antonio Persio darüber berichtet, wie er Tizian beim Malen beobachtet hat. Er schildert, wie Tizian im Moment des Malens alles um sich her vergaß, womit auch die reale Gegenwart eines verführerischen Modelles gemeint ist. Er war einzig damit beschäftigt, dessen Schönheit in ihrer jeweiligen Einmaligkeit mit dem ganzen Empfinden seiner künstlerischen Phantasie im Bilde zu vergegenwärtigen. So gesehen, konnte er Magdalena gar nicht anders malen, denn als die schöne Kurtisane, die er in ihr erkannt hat, Sinnbild alles dessen, was sie als eine solche charakterisiert.

Doch gibt es sogar noch mehr Gründe dafür, Magdalena so deutlich mit dem Kurtisanenwesen in Verbindung zu bringen. Schon seit dem Mittelalter ist sie nämlich *die Heilige*, unter deren Schutz die Dirnen und Prostituierten gestellt waren[97]. Daß Magdalena auch und gerade deswegen im Zeitalter der großen Kurtisanen so gesehen wurde, ist deshalb kein Zufall. Im Gegenteil: Die Kurtisane der Renaissance kann sich zweifellos ebenso in der Rolle Magdalenas verstehen wie in der Rolle von Flora oder Venus. M.a.W.: Der Vorstellung Magdalena als Kurtisane liegt die gleiche paradigmatische Identifizierungsmöglichkeit vonseiten der Kurtisane zugrunde, wie sich das am Beispiel von Flora oder Venus belegen ließ.

Abermals ist es Aretino, der diese Überlegung bestätigt. Er leitet seine «Ragionamenti» damit ein, daß er die Kurtisanen untereinander besprechen läßt, wie sie diesen heutigen Tag zu feiern gedächten, ohne zu arbeiten, denn es sei der Tag Magdalenas, ihrer großen Fürsprecherin – „La nostra avvocata"[97a]. Erinnert man sich an Aretinos Beschreibung der Magdalena, so bestätigt sich, daß Aretino einen Wechselbezug zwischen einer Kurtisane und Magdalena gesehen hat.

Bilder Magdalenas als Verführerin und als Sünderin

Entscheidend ist aber, daß eine Gestalt wie die der Magdalena vor dem Hintergrund des Kurtisanenwesens in der Renaissance eine neue und besondere Aktualisierung erfährt. Sie wird den großen Vorbildern antiker Hetären gleichrangig zur Seite gestellt. Unter diesen Voraussetzungen scheint es berechtigt, sie, wie jene, als Verführerin, bzw. als die schöne Kurtisane, die noch ganz in ihrem Weltleben befangen ist, vorzustellen.

Nun ist das Bild der *Verführerin* Magdalena in der Bildenden Kunst an sich nicht unbekannt. Doch wird sie hier, wohlgemerkt der Legende folgend, in ihrem Weltleben dargestellt. In einer solchen Darstellung wird sie 1. zumeist z. B. beim Tanz oder Ballspiel dargestellt, 2. befindet sie sich meistens in Gesellschaft verschiedener anderer Personen, darunter oft ihrer Liebhaber, 3. ist sie dabei in modischer Tracht wiedergegeben[98].

Mit Beginn des 16. Jahrhunderts mehren sich auch die Einzeldarstellungen der Heiligen, die sie aber weiterhin, in der deutschen und niederländischen Kunst, vorzugsweise als modisch gekleidete Dame zeigen. Beispiele dafür waren die genannten Bilder von Cranach und Scorel[99] (Abb. 59, 60). In einer kontinuierlichen Entwicklung führt der Weg zu den bekannten sittenbildlichen Genredarstellungen, wie sie im 16. Jahrhundert vor allem in der niederländischen Kunst zu finden sind[100]. Dirnen sind diese Frauen ihrem äußeren Habitus nach nicht[101].

Sie sind es allerdings oft im Bild der *Sünderin* Magdalena[102]. Hier erscheint sie zumeist in unauffälliger Tracht und aufgelösten Haares, aber fast ausschließlich in *Anwesenheit Jesu*, d. h. in Szenen, wie die der ‚Fußsalbung', ‚Kreuzigung' oder ‚Grablegung'[103]. Damit wird dem Betrachter nachdrücklich zu verstehen gegeben, daß er hier die zur Reue bereite Sünderin vor

Augen hat, deren Weg zur Heiligen vorgezeichnet ist. Dieses Bild kann sich im Sinne der Kirche als würdiges Heiligenbild einprägen[104].

Würdiges Heiligenbild war auch die in der italienischen Kunst überlieferte Darstellung der *Büßerin* Magdalena. Die Vorstellung ihrer Sündigkeit war dabei nicht verdrängt, sondern latent vorhanden. Doch diese Vorstellung konnte nicht beunruhigend wirken, weil der Gedanke der Buße davor geblendet war. Der *Wandel* und die *Bekehrung* der Heiligen als Ablauf von Zeit lassen sich zudem *nur* in dieser Interpretation simultan darstellen.

Anders im Drama: Hier kann man Wandel und Bekehrung der Heiligen in vielfältigem Wechsel der Szenenfolge viel leichter veranschaulichen. Im Rollenspiel des Dramas konnte es kaum ein interessanteres Thema als dieses geben. Je verführerischer und zugleich verworfener und liederlicher Magdalena als Dirne hier vorgeführt wurde, desto größer war am Ende der Effekt ihrer Bekehrung[105].

Das Bild der ,schönen nackten Sünderin': ein scheinbar profaniertes Heiligenbild

Es zeigt sich: Gegenüber den nordalpinen Darstellungen Magdalenas, die ihr Weltleben charakterisieren, *und* gegenüber der Darstellung der Büßerin in der Kunst Italiens hat sich seit Leonardo eine neue Entwicklung des Magdalenenbildes angebahnt./Die Vorstellung der *Verführerin und* die der *büßenden Sünderin* sind zu einem neuen Bild verschmolzen, dem Bild der ,*schönen nackten Sünderin*'.

Dieser Eindruck verschärft sich bei Tizians Darstellung: Alle Kriterien sprechen für die Vermutung, daß Tizian in seinem Bild der Magdalena alle bisherigen Konventionen und Traditionen aufgesprengt und aufgehoben hat. Diese Magdalena ist die verführerische Dirne, umtransponiert in die Gestalt einer Kurtisane und damit einer heidnischen Göttin wie Venus gleichrangig zur Seite gestellt.

Der Venusgestus Magdalenas wäre demnach von Tizian nicht zufällig gewählt. Ja, gerade dieser Gestus taucht wenig später ausgerechnet auf dem bekannten Bild «Mädchen im Pelz» (Abb. 50), einer, wie erinnerlich, weltlichen Kurtisanendarstellung, wieder auf[106]. Er läßt sich, seitenverkehrt, sogar bei einem Venusbild von Tizian wiederfinden (Abb. 35). Alle Indizien scheinen miteinander übereinzustimmen. Die Vermutung liegt nahe, Tizians Bild der Magdalena als profaniertes Heiligenbild anzusehen.

Parallele: Darstellungen des Heiligen Sebastian

In diesem Zusammenhang drängt sich abermals der Vergleich zu den Darstellungen eines männlichen Heiligen auf: Sebastian. Bilder des schönen gemarterten Jünglings, in dessen Gesichtsausdruck Züge der Entrücktheit die des Leidens aufzuheben scheinen, sind schon seit Perugino bekannt[107] (Abb. 64, 65). Wenn man Vasari Glauben schenken kann, so empfanden tatsächlich schon die Zeitgenossen die Doppeldeutigkeit mancher Sebastiandarstellungen des 16. Jahrhunderts. Über ein von Fra Bartolomeo gemaltes Bild des Heiligen weiß er jedenfalls zu berichten, daß dieses die zur Beichte erschienenen Frauen zu derart lasziven Gedanken und Phantasien angeregt hätte, daß das Bild schließlich aus der Kirche entfernt werden mußte[108]

Zwar sagt Vasari nicht, daß eine solche Heiligendarstellung verweltlicht sei, doch bestätigt seine Bemerkung, daß beim Betrachter weltliche Gefühle angesichts solcher Bilder geweckt werden können. Damit findet sich eine schöne Parallele zu Leonardos Anekdote. Doch ist außerdem interessant, daß es im 16. Jahrhundert nicht nur männliche Betrachter gab, die an Bildern schöner Frauen Gefallen fanden, sondern daß auch der umgekehrte Fall eintreten konnte. Das beweist abermals, wie sich Weltliches und Religiöses in den Gedanken, Vorstellungen und Phantasien der Menschen in der Renaissance gegenseitig durchdringen und überkreuzen konnten.

Magdalena, die ‚reuige Kurtisane‘: Fragen der Gestik und der Mimik bei Tizians Darstellung der Heiligen

War nun Tizian wirklich *nur* daran gelegen, die Vorstellung der ‚schönen Sünderin‘ Magdalena in die Darstellung einer schönen und den weltlichen Freuden hingegebenen Kurtisane zu übertragen?

Allen Kurtisanenportraits unähnlich ist der zurückgeneigte Kopf und der emporgerichtete Blick Magdalenas. Man kann ihn beschreiben als verklärt, verzückt, ja, fast ekstatisch, als ob sie einer Vision teilhaftig würde. Dies kennzeichnet sie als eine andere Person, charakterisiert die spirituelle und fromme Seite ihres Wesens. Denn diese Form der Kopfneigung und des Blickes ist eingebunden in den traditionellen Rahmen christlicher Ikonographie und gehört schon seit dem Trecento zum festen Ausdrucksvokabular bei Heiligendarstellungen und Marienbildern, vor allem dann, wenn damit Verklärung zum Ausdruck gebracht werden soll[109]. Klassisches Beispiel dafür ist etwa Mantegnas Maria auf dem Fresko «Mariae Himmelfahrt» (Abb. 63) von 1456 in der Ovetarikapelle in Padua oder ebenso Piero di Cosimos Bild desselben Themas in Florenz (Uffizien). In schönster und eindrucksvoller Weise hat sich Tizian in seiner «Assunta» von 1518 mit dem Thema auseinandergesetzt (Abb. 66). Dabei sei am Rande bemerkt, daß in dieser Darstellung Anregungen Fra Bartolomeos wirksam werden[110], wodurch sich wiederum Tizians Offenheit gegenüber Fremdeinflüssen belegen läßt.

Es muß fast wie ein Sakrileg erscheinen, Tizians «Assunta» mit der Magdalena zu vergleichen. Doch die Analogien der Ausdrucksmotive bei beiden Darstellungen sind zu deutlich, als daß man sie außer acht lassen könnte. Freilich ist Marias Kopf mehr frontal wiedergegeben, doch die geöffneten Lippen, der emporgerichtete, gefühlvoll verklärte Blick Marias ist der Physiognomie Magdalenas nicht unähnlich. Natürlich sei nicht verkannt, daß Magdalena das große Pathos der Gebärde fehlt, das Feuer des alles überstrahlenden Lichtes. Daran gemessen, wirkt Magdalena bescheiden und zurückgenommen. Freilich ergibt sich das auch aus der anderen Themenstellung.

Es läßt sich allerdings prüfen, ob, wie Hope vermutet, für die Ausdrucksmotive der Physiognomie Magdalenas nicht auch Einflüsse Raffaels verantwortlich sein können. Von Dezember 1532 bis März 1533 war Tizian in Bologna, um Karl V. zu portraitieren[111]. Nicht auszuschließen ist, daß er bei dieser Gelegenheit das Bild der ‚Heiligen Caecilia‘ von Raffael gesehen hat (Bologna, Pinakoteca Nazionale). Genau in die Zeit, Anfang der dreißiger Jahre, wird das Bild Magdalenas datiert. Es läßt sich vorstellen, daß Tizian das Verklärungsmotiv in der Darstellung Magdalenas reflektiert hat, zumal auch anderweitig in Tizians Werk der Einfluß Raffaels nachweisbar ist[112]. Noch auffälliger sind jedoch die Analogien, die sich zur «Heiligen Katharina» (Abb. 67) von Raffael anbieten. Dieses Bild, 1508 entstanden, soll sich, einer alten Überlieferung zufolge, im Besitz Aretinos befunden haben[113]. Daß Tizian es gekannt hat, läßt sich dann kaum bezweifeln. Auch bei der Katharina finden sich der fromme Augenaufschlag, die wie seufzend geöffneten Lippen, ja – sogar der Gestus gibt Anlaß, Vergleiche zu ziehen.

Dieser Gestus ist bei Raffaels Bild als ‚Beteuerungsgestus‘ zu interpretieren. Das Motiv läßt sich aus der antiken Sepulkralkunst ableiten, wie G. Weise dargelegt hat[114]. Der Gestus entspricht der „pathetischeren Intensität einer sich nach außen entladenden Empfindungskundgebung"[115]. Als Ausdrucksmotiv zeigt sich darin eine „gesteigerte Innigkeit und Eindringlichkeit von Gefühlen"[116]. Die rhetorisch-pathetische Wirkung dieses Gestus wird vor allem in der Kunst des Barock geschätzt, doch ebenso in der Kunst der Renaissance. Der Gestus ist vielseitig verwendet worden, so bei Darstellungen der ‚Verkündigung‘. Besonders geeignet erscheint er jedoch für Heiligendarstellungen, zumal dann, wenn damit auch eine Reuekundgebung zum Ausdruck gebracht werden soll. Schließlich geht der Gestus sogar in die Portraitkunst ein[117].

Es drängt sich die Frage auf, ob und in welchem Zusammenhang der ‚Beteuerungsgestus‘ mit Tizians Darstellung der Magdalena steht. Ist der christlich zu interpretierende Gestus am Ende mit dem heidnischen eine, wenngleich unscheinbare Verbindung eingegangen? Dieser Vergleich ist nicht unberechtigt, denn Baxandalls Ausführungen zufolge ist es durchaus möglich, daß es sich bisweilen zwischen „religiöser und weltlicher Gestik nicht unbedingt um einen scharfen Unterschied handelt; insbesondere wurde eine primär religiöse Geste oft auch bei einem weltlichen Thema verwendet und hatte dann ein entsprechendes Gewicht"[118]. Diese Argumentation läßt sich sehr gut auf Tizians Magdalena anwenden. Das weltliche Kurtisanenbild erhält, mit Hilfe eines minimalen Unterscheidungsmerkmals, ein sonderbares Gewicht, das seine einseitige Interpretation als profanes Werk in Frage stellt.

Daß Tizian diesen Gestus, aus einem Erfahrungswissen heraus, absichtlich gewählt hat – und nicht nur, um seine Darstellung gegenüber derjenigen von Giampietrino abzusetzen –, zeigt ein Blick auf Tizians Bild «Katharina von Alexandrien», das er in den zwanziger Jahren angelegt, jedoch erst 1568 fertiggemalt hat[119]. Der Gestus der über der Brust gekreuzten Hände, auch ‚Inbrunstgestus‘ genannt, war Tizian geläufig[120], doch die mit diesem Gestus verbundenen Begriffe wie „Demut und fromme Ergebenheit" mögen ihm im Zusammenhang mit Magdalena nicht treffend genug erschienen sein[121].

Eine weitere Fragestellung ist angebracht. Tizians Magdalena hat Tränen in den Augen, das Weiß ihrer Augäpfel ist leicht rosa, wie vom Weinen gerötet. Auch dies will nicht recht zu dem Bild einer Kurtisane passen. Demgegenüber ist es, von der Biographie Magdalenas her, berechtigt, sie mit Tränen darzustellen, wenngleich diese ursprünglich in einem szenographischen Zusammenhang mit der Fußsalbung Jesu stehen[122]. Tränen sind jedoch, ganz allgemein gesehen, schon seit dem Mittelalter einerseits Zeichen der Devotion, so wie „die Devotion eine gewisse Zärtlichkeit des Herzens ist, in der jemand sich leicht in fromme Tränen auflöst"[123]. Auf der anderen Seite muß man im Hinblick auf Tizians Magdalena sicher von Tränen der Reue sprechen, die sie vergießt. Mittelalterliche Frömmigkeit aber sah „in den Reuetränen einen festen Bestandteil des Bußsakramentes"[124]. Deswegen „erscheint die Sünderin Maria Magdalena, die in reumütiger Weise die Füße ihres Herrn mit ihren Tränen wäscht und so ein Beispiel echter Demut gibt, dem Mittelalter als die Büßerin katexochen"[125].

So wie das Mittelalter die Tränen Magdalenas eingeschätzt hat, muß wohl eine ungebrochene Tradition dieses Bild bewahrt haben. Oder taucht es erst im 16. Jahrhundert aufgrund bestimmter Umstände erneut wieder auf? Magdalena in Tränen darzustellen kann nur bedeuten, daß sie als die zur Reue bereite Sünderin verstanden wird.

Die Tränen, fast ganz unauffällig bei Tizians Magdalena, sind das *einzig untrügliche* Merkmal dafür, daß der Maler sinnbildlich die Verbindung zwischen *Weltleben und Bekehrung* der Heiligen simultan hat wiedergeben wollen.

Kein Zweifel: Der Eindruck verstärkt sich, daß Tizian in seinem Bild der Magdalena mehr zum Ausdruck bringen wollte als nur das Konterfei einer schönen Kurtisane. Der Gestus und die Ausdrucksmotive weiterer Gefühlsbekundungen, wie die Tränen, verweisen deutlich auf die Vorstellung von der reuigen Sünderin Magdalena, der historischen Gestalt der Bibel. Tizians Formulierung ist neu, und zwar deswegen, weil er das Thema aktualisiert hat, indem er die ‚reuige Sünderin‘ deutlich mit einer Kurtisane in Verbindung setzt, so daß aus der ‚reuigen Sünderin‘ die ‚reuige Kurtisane‘ geworden ist. Der Kontrast von Verführung und Reue wird dem Betrachter noch sinnfälliger vor Augen geführt. Als verführerische Kurtisane ist Magdalena noch ganz in ihrem Weltleben gefangen, doch gleichzeitig dokumentieren ihre Tränen jenen existentiellen Augenblick, der ihre Bereitschaft zur Bekehrung anzeigt.

Tizians Magdalena ist ebensowenig mehr eine Büßerin wie diejenige von Giampietrino. Tizians Magdalena ist die weltliche ‚reuige Kurtisane‘, und man wird nicht zweifeln dürfen, daß es Tizian darum ging, den Verzicht und die Entsagung paradigmatisch am Beispiel dieser Heiligen aufzuzeigen. Ein solcher Gedanke kann freilich, unter romantischen Aspekten als sehnsuchtsvolle Wollust der schmerzlichen Aufgabe ihres Weltlebens verstanden, zu Fehlurteilen über dieses Bild der Magdalena führen.

Magdalena als Schutzpatronin der Kurtisanen
Die Kehrseite des Kurtisanenwesens im 16. Jahrhundert

Welchen Zweck und welche Funktion konnte oder sollte ein solches Bild wie Tizians Magdalena erfüllen? Welche Gründe führten dazu, daß das Bild der ‚reuigen Sünderin‘ durch das der ‚reuigen Kurtisane‘ ersetzt wurde? Diese Fragen führen zu weiterer Betrachtung. Infolge der Umwandlung des Bildes der anonymen reuigen Sünderin Magdalena in das der reuigen Kurtisane können nämlich auch die moralisierenden Tendenzen der Bildaussage verschärft werden.

Besinnt man sich noch einmal auf das Kurtisanenwesen, so bedarf das Bild, das wir davon gezeichnet haben, einer Ergänzung. Das Leben, das Kurtisanen führten, war nicht ausschließlich den weltlichen Freuden gewidmet. Allem äußeren Prunk und Erfolg zum Trotz ließen sich Zweifel und Sorgen nicht unterdrücken. Nicht selten sah sich eine Kurtisane, wenn ihre käuflichen Reize zu verblassen drohten, unversehens einer Katastrophe gegenüber, die sie schlagartig all ihrer Reichtümer berauben konnte. Deswegen stellten die Kurtisanen, auch zu Zeiten, in denen es ihnen gut ging, ihre Frömmigkeit durch fleißigen Kirchenbesuch ebenso zur Schau wie ihre sonstigen Reize. Gerade in dieser merkwürdigen Mischung von Tugend und Untugend lag ein wesentlicher Teil des Kurtisanenlebens. Ob dabei „Heuchelei und äußere Frömmigkeit die Vergoldungen ihrer Schlechtigkeit" waren, wie Aretino das beschreibt, sei dahingestellt[126].

Ganz bezeichnend ist, daß Kurtisanen sich in mancher Kirche eine eigene Kapelle als Grablege erwarben. So berichtet Vasari, daß die von Pietro Massimi gekaufte Kapelle in der Kirche SS. Trinità dei Monti vorher einer berühmten Kurtisane gehört hatte[127]. Überrascht allein diese Tatsache, so ist noch erstaunlicher, daß diese Kurtisane ihre Kapelle mit Bildern aus dem Leben Magdalenas ausstatten ließ: eine Magdalenenkapelle für eine Kurtisane[128]. Außer

Vasaris Bericht gibt es andere Zeugnisse dafür, daß Kurtisanen sich als reuige Magdalenen verstanden. So hört man von Tullia d'Aragona, daß sie an einer der Predigten Bernardino Ochinos teilnahm, und zwar im Büßergewand[129]. Mag man eine solche Aktion vielleicht auch als berechnende Scheinheiligkeit ansehen, so läßt sich nicht abstreiten, daß die Kurtisanen zunehmend unter den Druck der Kirche gerieten und manche von ihnen deswegen dazu veranlaßt wurden, tatsächlich Buße zu tun. So gibt es einen Augenzeugenbericht, demzufolge eine berühmte römische Kurtisane, Angela Greca, den Weg in ein Kloster antrat, begleitet und unter dem Schutz der bekannten frommen Vittoria Colonna, die als leidenschaftliche Bekehrerin verirrter Seelen galt[130].

Daß den Kurtisanen unter diesen Umständen eine Heilige wie Magdalena mehr als nur Schutzpatronin war, sondern ihnen ebenso Vorbild und Weggefährtin bedeutete, ist verständlich. Tatsächlich hatte Magdalena ja nicht nur seit dem Mittelalter die Funktion der Schutzheiligen von Prostituierten. Unter ihrem Namen wurden schon im 13. Jahrhundert die ‚Magdalenenhäuser' gegründet, in denen reumütige Dirnen Aufnahme fanden[131]. Um dieselbe Zeit entstanden auch die ersten Orden der ‚Reuerinnen der heiligen Maria Magdalena', in denen die ehemaligen Dirnen ihre Sünden abzubüßen hatten[132]. Klostergründungen und Orden fanden eine schnelle Verbreitung in ganz Europa. Dabei läßt sich der Zusammenhang mit den in jener Zeit entstehenden kirchlichen Reformbemühungen Franz von Assisis nicht übersehen. Gerade den Reformpredigern der großen Bettelorden ist es mit zu verdanken, daß ihre Ermahnungen auch jene Frauen erreichten. Vielfach stellten sie in das Zentrum ihrer Predigten Maria Magdalena[133]. Das Vorbild dieser Heiligen, ihre Wandlung, deren Reue sich göttliche Liebe erbarmt, wurde zum *exemplum moralis* in einer dem sittlichen Verfall preisgegebenen Welt. Nicht von ungefähr entstand in dieser Zeit auch das Bild der ‚Büßerin Magdalena' als eigenständige Schöpfung der Kunst.

Kirchliche und laikale Reformbewegungen gegen Nepotismus und Sittenverfall

Eine ähnliche Reformbewegung bereitet sich fast dreihundert Jahre später erneut vor. Wie im 13. Jahrhundert wurde allerorten darum gerungen, der Korrumpierung von Kirche und Glauben zu begegnen. So entwickelte sich in den Niederlanden im 15. Jahrhundert die *Devotio moderna*, die eine „feste Konvention frommen Lebens" schuf[134], jedoch auch ihre Gefahren hatte, denn in ihr verbarg sich die Tendenz zu einem übertrieben schwärmerischen Mystizismus[135].

In Italien stellte sich das ähnlich dar. Hier gab es schon im 15. Jahrhundert die großen Reformen der Dominikaner- und Franziskanerorden[136]. Savonarola machte sich zum streitbaren Kämpfer für die Erneuerung des Glaubens. Ja – sogar Ficinos Name wird mit den frühen Versuchen einer katholischen Reformbewegung in Verbindung gebracht[137]. Zu Beginn des 16. Jahrhunderts gab es Gründungen von neuen Orden, wie die der Theatiner oder Kapuziner. Letztere standen, als *Reforma Cattolica*, in der besonderen Gunst Vittoria Colonnas[138]. Sie gehörte auch dem *Oratorio del Divino Amore* an, das sich um 1520 in Rom konstituierte[139]. In Venedig schließlich sammelte sich eine Gruppe um Paolo Guistiniani, Vincenzo Quirini und Gaspare Contarini[140]. Alle diese Bemühungen um religiöse Erneuerung lassen sich als vielfältige Einzelströmungen charakterisieren, die schließlich in das Konzil von Trient einmünden und den Durchbruch zur Gegenreformation ermöglichen[141].

Von diesen kirchlichen und laikalen Reformbestrebungen gegen Sittenverfall und Nepotismus wird sehr bald auch das Kurtisanenwesen getroffen. Und, wie dreihundert Jahre früher, wird, in den sich zuspitzenden Entwicklungsprozeß gegen die Kurtisanen, abermals die heilige Magdalena hineingezogen. So wurden schon um 1520, unter Leo X., die steuerlichen Bestimmungen für Kurtisanen verschärft. Durch die päpstliche Bulle *Salvator Noster* vom 19. Mai desselben Jahres wurde den Kurtisanen Roms die sogenannte *spolia meretricum* auferlegt, die sie verpflichtete, ein Fünftel ihres Vermögens testamentarisch dem ,Maria Magdalena Hospiz' zu vermachen[142]. Wenige Jahre später, unter Clemens VII., wurde der zu hinterlassende Vermögensanteil der Kurtisanen erhöht, jetzt mußte die Hälfte ihres gesamten Besitzes nach ihrem Tode frommen Stiftungen zufallen[143]. Um 1550 beginnt dann eine noch rigorosere Verfolgung der Kurtisanen, die sie auch strengstens zur Einhaltung der Kleiderordnung zwingt[144]. Daß sich daraufhin manche Kurtisane überlegt hat, ob sie nicht besser für ihre Zukunft sorge, wenn sie als Konvertitin in ein Kloster einträte, wäre nicht verwunderlich. Der späten Einsicht einer der letzten großen venezianischen Kurtisanen, Veronica Franca, ist es auch zu verdanken, daß – auf ihre Initiative hin – 1580 in Venedig eine sogenannte *Casa del Soccorso* eingerichtet wurde, ein Heim, das reumütige Kurtisanen aufnahm[145]. In dieser Zeit kommt es zum langsamen Niedergang des Kurtisanenwesens. Zwar schildert Montaigne noch 1580 das schillernde Leben der Kurtisanen Venedigs, staunt über ihren Reichtum und ihre Aufmachung[146]. Doch inzwischen hatte Sperone Speroni 1575 auf Drängen der Kirche seinen 1537 entstandenen Dialog, eine Huldigung an Tullia d'Aragona, abschwächen müssen. Indem er widerrief, was ihn Jahre zuvor fasziniert hatte, wurden Kurtisanen für ihn nunmehr *peccatrice*, Sünderinnen, deren Schande sie unter ihrer Schminke schamrot werden und ihr Antlitz verhüllen läßt[147]. Dieses Urteil klingt freilich sehr hart. Doch gehört es einer Zeit an, in der die Gegenreformation bereits in vollem Gange war. Die Moralvorstellungen hatten sich inzwischen gewandelt. Deswegen können und müssen Kurtisanen, Speronis Argumentation zufolge, als Sünderinnen abqualifiziert werden. Gerade in dieser Rolle als Sünderinnen rücken die Kurtisanen mehr denn je in die Nähe der großen Sünderin Magdalena.

Man ist gedrängt, Speronis Bemerkung auf ein Bild der Kurtisane Magdalena zu übertragen, das, als wir es vorstellten, nicht recht in den Rahmen verführerischer Kurtisanendarstellungen passen wollte. Die Rede ist von Savoldos Bild in London bzw. in Berlin (ABB. 61, 62). Seine Darstellung ist die wortgetreue Bildinterpretation von Speronis Schilderung. Savoldo hat 1548 noch in Venedig gelebt und ist dort in hohem Alter gestorben[148]. Mit Beginn des Tridentinums wurden auch in Venedig die Maßnahmen gegen die Kurtisanen verschärft. Man wird deshalb Savoldos Darstellungen frühestens Ende der dreißiger Jahre, wahrscheinlich jedoch in die vierziger Jahre datieren müssen, d. h. in eine Zeit, in der die Einhaltung der Kleiderordnung für Kurtisanen immer dringlicher gefordert wurde. Savoldos Darstellung konnte als ein eindeutig im Sinne der Kirche überzeugendes Beispiel mit moralisierender Wirkung gelten. Demgegenüber wirkt es heute in seiner Aussage blaß und wird als genrehafte Darstellung mit sekundär religiösen Tendenzen gedeutet[149].

So plausibel sich Savoldos Darstellung als auf die von Speroni formulierten Moralvorstellungen bezogen erweist, so wenig will sich Tizians Magdalena dieser Art von Moral unterordnen. Dabei ist es nicht so, daß Tizian die moralisierenden Aspekte in seiner Darstellung vernachlässigt oder unberücksichtigt gelassen hätte. Warum sind sie jedoch so versteckt und verhüllt, daß sie sich nur bei genauer Analyse eines jeden Details auffinden lassen? Allein die Tatsache, daß Tizian den entscheidenden Moment im Leben Magdalenas erfaßt, der sie zum Verzicht bereit findet, besagt noch nichts darüber, warum ihm die Wahl *dieser* Formulierung als die offenbar einzig richtige erschien, indem er sie auch gegenüber Giampietrinos Auffassung des Themas anders gestaltet. Die Argumentation, daß Tizian damit den Wünschen seiner höfischen Auftraggeber entgegenkam, ein Bild zu liefern, das nur dem Zweck diente, den schönen Akt unter dem Deckmantel des Heiligen zu präsentieren, scheint zu billig[150]. Dafür gab es andere Themata. Demnach wird es zwingend, sich anderweitig umzusehen, um herauszufinden, was zu dieser merkwürdigen Interpretation Magdalenas vielleicht noch beigetragen haben mochte. Haben sich die Moralbegriffe innerhalb einer so kurzen Zeit gewandelt, wenn man an Savoldos Bild denkt?

Die Moralvorstellungen im ersten Viertel des 16. Jahrhunderts: Castiglione, Pomponazzi

Die Moralvorstellungen im ersten Viertel des 16. Jahrhunderts sind tatsächlich andere. Sie sind Gegenstand ebenso komplexer wie komplizierter Gedankengänge. So schreibt Castiglione: „Die Unkeuschheit kann man ein gemindertes Laster nennen, weil sie teilweise Vernunft in sich enthält, ebenso wie die Keuschheit eine unvollkommene Tugend, weil sie Spuren der Begierde in sich schließt."[151] In diesem Sinn stellt Castiglione fest: „Weil nun durch die Gnade der Natur der Welt die Tugenden geschenkt worden sind, haben ob der Verkettung der Gegensätze notwendigerweise die Laster als Begleitung entstehen müssen, so daß immer, wenn die einen wachsen oder abnehmen, auch die anderen wachsen oder abnehmen müssen."[152] „Denn nähmen sie die Laster hinweg verschwände auch die Tugend."[153] Während Castiglione, neoplatonistischer Auffassung folgend, die Harmonie der Gegensätze dialektisch zu erklären sucht, entwickelt P. Pomponazzi in seiner 1516 erschienenen Schrift «Über die Unsterblichkeit der Seele» andere Gedanken. So stellt er fest, „daß die Tugend im Wesentlichen ihre eigene Belohnung und das Laster im Wesentlichen seine eigene Strafe ist, und, daß eine gute Tat ohne Hoffnung auf eine äußere Belohnung einer guten Tat überlegen ist, die in dieser Hoffnung vollbracht wird"[154]. Das Ideal moralischer Tugend rückt für Pomponazzi in die greifbare Nähe diesseitigen Lebens und wird nicht, wie bei den Platonikern, in ein zukünftiges Leben, das es erst zu verdienen gilt, projiziert. Grundlage von Pomponazzis Denken ist die Erkenntnis der „doppelten Wahrheit", die den Dualismus von Religion und Philosophie, von Glauben und Vernunft, hervorhebt[155]. Dergestalt ist die Moral am Beispiel von Tugend und Laster für Pomponazzi umkehrbar. Moral wird damit zum philosophischen Problem, das mit der inneren Entscheidungsfreiheit des Menschen verkettet ist: Tugend läßt sich nicht mehr so ohne weiteres gegen Laster ausspielen. Vielmehr kann dieses unversehens in der Umkehrung zu jenem werden, je nachdem, welche Wahrheit man als kompetent anerkennt, die des Glaubens oder die der Philosophie. So fremd uns heute solche Überlegungen sein mögen, läßt sich der Gedanke daran nicht verdrängen, daß sie doch Erklärungen sind, die das Bewußtsein und die Bedürfnisse jener Gesellschaft spiegeln.

Verankerung der Heiligen in der Kurtisanenikonographie am Beispiel von Tizians Magdalena

Zu dieser Gesellschaft gehören aber auch die Kurtisanen und das Bild, das man sich von ihnen macht. In diesem Zusammenhang ist es von Interesse zu erfahren, daß sich in der literarischen Motiventwicklung der Vorstellung von einer Kurtisane eine Parallele zu jenen Überlegungen bietet. Zwei unterschiedliche Entwicklungsstränge lassen sich dabei verfolgen. Denn parallel zu ihrer Rolle als Außenseiterin der Gesellschaft entsteht schon früh – in der Tradition antiker Dichtung wurzelnd – eine gegenteilige Konfiguration der Kurtisane. Indem sie als eine Frau gezeichnet wird, die ihrem bisherigen Lebenswandel entsagt, wird ein ideales Gegenbild von ihr entworfen, das den Wunschvorstellungen weiblicher Tugend angepaßt ist[156]. Eben diese Wesensart der Kurtisane, als die einer sich aufopfernden, auf alles verzichtenden Reuerin, gewinnt in der höfischen Dichtung der Renaissance eine neue und besondere Bedeutung[157]. Die eigentlich lasterhafte Kurtisane entwickelt durch ihren Verzicht moralische Qualitäten, die ihr nur als Tugend ausgelegt werden können. Sie stehen auch im Zusammenhang mit der Liebesfähigkeit von Kurtisanen, die sie, wie vielfach geschehen, zu Opfern bereit findet, wenn es darum geht, ihren bevorzugten Liebhaber nicht zu verlieren[158]. Die typologische Verwandtschaft der Kurtisanen mit einer Heiligen wie Magdalena anzuerkennen ist nachgerade zwingend, denn wie keine andere ist sie dazu prädestiniert, diese Rolle der reuigen, entsagenden Kurtisane zu übernehmen.

Betrachtet man Tizians Magdalena vor diesem Hintergrund, so wird die eigentümliche Spannung von evident Widersprüchlichem, ja Gegensätzlichem, verständlich. Ohne freilich Tizian philosophische Ambitionen unterstellen zu wollen – sie lagen ihm sicherlich, im Gegensatz zu Leonardo, fern –, läßt sich doch überlegen, ob er diesen Kontrast des inneren Widerspruches, die Dialektik von Tugend und Laster am Beispiel Magdalenas, nicht mit aller Prägnanz herauszuarbeiten versucht hat. Der moralisierende Effekt ergibt sich daraus, daß er, nicht wie Savoldo Tugend bzw. Untugend wertend interpretiert, sondern das Gegensätzliche zwischen beiden als Gleichwertiges, dialektisch Umkehrbares transparent macht. Damit wird der moralisierende Effekt sogar gesteigert, weil er den Betrachter unmittelbar mit der Versuchung und deren Abwehr konfrontiert. Es ließe sich mit Warburgs Inversionstheorie argumentieren: Indem die Tugend in Gestalt des Lasters vorgestellt und damit dialektisch in ihr Gegenteil verkehrt wird, erhöht sich ihr Wert[159]. Magdalena mußte von Tizian einerseits verführerisch-schön dargestellt werden. Andererseits hat er ihr alle Ausdrucksmotive, bis hin zu den Tränen, verliehen, die sie als Reuerin kennzeichnen. Zugegeben – die äußeren Vorzüge Magdalenas sind so eminent vordergründig, daß jene anderen Merkmale, die Tizian hat ausdrücken wollen, fast verblassen. Dies ist es auch, was zu den Mißverständnissen in der Beurteilung dieses Bildes geführt hat – zumal dann, wenn man es an den Moralbegriffen späterer Zeiten zu messen versucht hat.

Zu seiner Zeit konnte Tizians Bild keine so jähe Ablehnung gefunden haben, auch wird man es kaum, seiner Ambivalenz wegen, nicht ernst genommen haben. Wie bekannt haben sich ja tatsächlich zahlreiche Kopien und Varianten bis heute erhalten[160]. Außerdem weiß man, daß Tizian weitere Magdalenenbilder in Auftrag gegeben worden sind[161]. Sie sind alle nicht erhalten, doch wenn sie so oder ähnlich ausgesehen haben wie das Bild im Palazzo Pitti, erklärt sich das Erfolgsgeheimnis von Tizians Magdaleneninterpretation auch auf andere Weise. Molza hat einer Magdalena von Tizian ein Sonett gewidmet, das einem literarischen Portrait mehr ähnelt als einer Huldigung an ein religiöses Thema[162]. In überaus bildreicher und gefühlvoller Weise preist er die Dargestellte und würdigt die künstlerische Leistung Tizians. Molza schließt sein Sonett mit den Worten „keusche Wollust oder wollüstige Keuschheit", womit sich bestätigt, daß auch ein Dichter der Renaissance die Dialektik der Bildaussage einer solchen Darstellung durchaus erkannt hat[163]. Der ganze Zwiespalt, den ein solches Bild beim Betrachter hervorrufen konnte, wird offenkundig. Die moralischen Ambitionen werden nicht verleugnet, sie sind latent vorhanden, doch so verhüllt, daß sie doppeldeutig ausgelegt werden konnten. Daß Tizians Absichten später mitunter verkannt wurden, liegt daran, daß er es verstanden hat, den Widerspruch des eigentlich Unvereinbaren künstlerisch zu nutzen und zu veranschaulichen.

Rückblick – Zwischenergebnis

Vergleicht man rückblickend noch einmal die Entwicklung, so zeigt sich, daß abhängig von der Entstehung des weiblichen Halbfigurenbildes eine neue Formulierung des Magdalenenbildes entstanden ist. Diese Neuformulierung ist nicht denkbar ohne den Einfluß von Leonardo selbst. Im Zentrum des Interesses stehen die *moti*, äußere Bewegungsmotive als Ausdruck und Korrelat von Emotionen. Die Vorstellung von Gefühlsbekundungen steigern sich bei Tizian zu protobarocken Ausdrucksformen.

Die scheinbare Profanierung des Magdalenenbildes ist angezeigt. Das äußere Erscheinungsbild Magdalenas hat sich verändert, ist dem Schönheitsideal der Zeit angepaßt. Das neue Bild der ‚schönen Sünderin‘ verdrängt zunehmend die traditionelle Auffassung der legendären Büßerin Magdalena. Wie schon einmal dreihundert Jahre früher ist es wiederum Italien, wo ein neues Bild der Magdalena als Eigenschöpfung der Kunst entsteht.

Während sich das Bild der Büßerin unter dem Einfluß franziskanischer Reformbestrebungen, die die Askese der Sünderin im Blick hatte, herausgebildet hatte, wird in der Renaissance das Bild der ‚schönen Sünderin‘ dem Kurtisanenwesen angepaßt. Die moralisierenden Tendenzen sind nicht scharf konturiert, sodaß sich die Grenzen zwischen Weltlichem und Religiösem verwischen.

So plausibel die äußere Verwandtschaft zwischen den Bildern von Giampietrino und Tizian erscheint, gibt es Unterschiede. Giampietrino war unter der Einflußsphäre Leonardos für die künstlerische Neuschöpfung des neuen Bildes der ‚schönen Sünderin‘ verantwortlich. Die Einbeziehung von Ficinos Liebesphilosophie bzw. Castigliones Erörterungen war insofern wichtig, weil hier die Quelle zu finden ist, die die Wünsche bestimmter Auftraggeber gelenkt haben mochte. Neoplatonistische Philosophie als geistige Strömung ist jedoch nur die Folie, vor der das neue Magdalenenbild, auch aus der neuen Sicht der Biographie Magdalenas, verständlich wird. Giampietrinos Bilder lassen sich insofern auch als Ausdruck neopaganer Moralvorstellungen interpretieren. Doch finden sich bei ihm andere Darstellungen, die scheinbar vollkommen profaniert sind. Eben die Uneinheitlichkeit seiner Darstellungen läßt aber auch vermuten, daß er hier neue Wege zu finden suchte.

Deshalb wird man angesichts dieses neuen Bildtypus der ‚schönen Sünderin‘ nicht ohne weiteres davon sprechen dürfen, daß das Magdalenenbild profaniert sei, auch wenn – oder weil – sich darin das Portrait einer Kurtisane verbergen konnte. Denn selbst diese Tatsache ist für eine Heilige wie Magdalena – wohlgemerkt aber *nur* für sie – ikonographisch gerechtfertigt: Sie ist die Sünderin, die biblische Gestalt, der *„viele Sünden vergeben* sind, denn sie hat *viel geliebt*; welchem aber *wenig vergeben* wird, der *liebt wenig*"[164].

Tizian hat Sinn- und Bedeutungszusammenhang zwischen künstlerischer Neuschöpfung *und* ikonographischer Neuerung durchschaut. Nicht umsonst hat seine Magdalena im Gegensatz zu Giampietrinos Darstellung der Heiligen Tränen in den Augen. Tizian hat ebenso erfaßt, wie sich die ikonographische Neuerung ausschöpfen ließ, und zwar, indem er sein Bild der Magdalena fest in der Kurtisanenikonographie verankert hat. Die moralisierenden Tendenzen sind unmißverständlich auf die Kurtisanen projiziert, und zwar in der dialektischen Umkehrung von Tugend und Laster. Doch verbinden sich mit diesen Begriffen auch christliche

Moralvorstellungen, die die neopaganen zusehends verdrängen. Die scheinbare Profanierung des Magdalenenbildes wird aufgehoben, weil das Beispiel der ‚reuigen Kurtisane' paradigmatisch *nun* eine im *christlichen* Sinne moralisierende Wirkung entfalten kann. Sie steht in einem direkten Bezug zu den religiösen Erneuerungsbestrebungen der Zeit. Dieser moralisierende Effekt konnte der Kirche nicht ungelegen sein. Doch ohne Kenntnis der Zusammenhänge scheinen die moralisierenden Tendenzen in diesem Bild von Tizian verborgen, ja – eigentlich einer doppelten Moral verpflichtet. Kann man deswegen schließen, daß die Kirche ein solches Bild als *exemplum moralis* seinerzeit anerkannte?

Tizians späte Magdalenenbilder vor dem Hintergrund des Tridentinum

Nicht zuletzt, um dieser Frage nachzugehen, ist es zwingend, die historische Entwicklung des Magdalenenbildes bei Tizian weiterzuverfolgen. Denn er hat sich nicht nur einmal mit dem Thema beschäftigt. Bemerkenswerterweise greift er es erst beinahe ein Vierteljahrhundert später wieder auf, ohne daß in der Zwischenzeit je von einem Magdalenenbild wieder die Rede war[165]. Diese späten Bilder entstehen in einer Zeit, in der die Gegenreformation in vollem Gange war. Damit wird eine nochmalige Erörterung der Tridentiner Dekrete erforderlich sein.

Aus einer Gruppe von mehreren Magdalenenbildern, die Tizian, wie sich aus Quellen ergibt, zwischen 1554 und 1573 geschaffen hat, sind uns nur zwei Bilder erhalten geblieben[166]. Das eine befindet sich in Leningrad (Abb. 68), das andere in Neapel (Abb. 69). Diese beiden Bilder sind zwischen 1560 und 1567 entstanden[167]. Ohne uns hier auf Detailfragen nach genauer Datierung oder Provenienz der Bilder einzulassen, soll uns ausschließlich die Formulierung dieser Darstellungen interessieren[168].

Auf den ersten Blick kann man feststellen, daß Tizian den frühen Typus der Magdalena wörtlich übernommen hat. Die Dreiviertelfigur, Gestus, zurückgeneigter Kopf, physiognomische Eigenheiten – alles stimmt mit jener ersten Fassung überein. Doch gibt es entscheidende Veränderungen. Abgesehen davon, daß die Dargestellte um einiges älter aussieht als auf dem Bild der Frühfassung, wirkt sie auch, im Verhältnis zum Bildraum, kleiner. Im Mittelgrund links zeichnet sich in einer pflanzenüberwachsenen Felslandschaft die Höhle ab. Dahinter öffnet sich dem Blick die Weite einer sich in der Ferne verlierenden Landschaft. Jeweils zur Linken Magdalenas befindet sich das Salbgefäß, vor ihr liegt auf einem Totenschädel ein Buch. Neben diesen neuen Attributen, die der Heiligen beigegeben sind, ist die wohl wichtigste Veränderung, daß Magdalena nun nicht mehr nackt, sondern bekleidet wiedergegeben ist. Doch wie ist sie bekleidet? Weder trägt sie ein Büßergewand, noch ist sie, einigermaßen züchtig, in der Tracht ihrer Zeit dargestellt. Ein weißes Tuch gleitet über ihren rechten Arm, wie lose übergeworfen, bedeckt nur flüchtig ihre linke Brust, während die rechte durch den auf die Brust gelegten Arm verhüllt ist. Ebenso locker schlingt sich, nur den linken Arm bedeckend, hinter ihrem Rücken ein gestreiftes Tuch nach vorn, das sie mit ihrer Linken ergreift. Auf dem Neapler Bild verweht, kaum sichtbar, hinter ihr ein dünner Schleier.

Was hat es mit dieser abgewandelten Formulierung des frühen Magdalenenbildes auf sich? Neben der Tatsache, daß die Heilige nun bekleidet ist, wirkt sehr auffällig, daß ihr zwei weitere Attribute beigegeben sind. Das Buch, ein Hinweis auf die kontemplative Wesenart Magdalenas, taucht schon im 15. Jahrhundert als weiteres Attribut der Heiligen auf[169]. Der Totenschädel hingegen erscheint erst im frühen 16. Jahrhundert[170] und gilt als Zeichen der Vergänglichkeit, zeigt damit, vielleicht etwas nachdrücklicher als das Buch, den inneren Wandel Magdalenas an. Beide Attribute stehen im Zusammenhang mit der Buße der Heiligen.

Dazu ergibt sich eine weitere Verbindung, denn Tizian hat Magdalena, sicher nicht unabsichtlich, direkt vor ihrer Höhle wiedergegeben. Das alles fehlt auf dem frühen Bild der ‚reuigen Kurtisane‘, und es kann einen Rückgriff auf die traditionellen Darstellungen der ‚Büßerin‘ bedeuten. Ist Tizians Magdalena in den späten Bildern wieder zur ‚Büßerin‘ geworden? Dem widerspricht, daß sie, wenngleich ‚älter‘ als die Magdalena der dreißiger Jahre, doch ihrer Vorgängerin zu ähnlich ist, als daß man von einer gealterten oder gar häßlichen Frau sprechen könnte. Sie ist, wie jene, reizvoll und verführerisch, nicht zuletzt durch die lässige Bekleidung. Ja – diese ruft nachgerade die Erinnerung an eine Darstellung wie die der Flora unmittelbar wach. Ist also Magdalena, doch wieder – oder immer noch? – eine Kurtisane, wenngleich vor ihrer Höhle mit Attributen umgeben, die ihre Reue viel stärker und schärfer herauszukristallisieren vermögen, als das bei der frühen Fassung der Fall war? Man müßte dann die von Tizian vorgenommenen Veränderungen als ein Zugeständnis an die strengeren kirchlichen Moralvorstellungen, die sich im Zuge der Gegenreformation ausbreiten, werten.

Tatsächlich hatten die Tridentiner Beschlüsse schwerwiegende Folgen, die besonders die Künstler trafen. So wurden Darstellungen des Nackten, des Profanen, des Heidnischen, des Indezenten moniert. Nicht etwa, daß man grundsätzlich etwas gegen die Darstellung des Nackten einzuwenden hatte, doch man fürchtete, daß Laszives dabei mit zum Ausdruck kommen konnte. So heißt es im Sitzungsbericht vom 4. Dezember 1563, „daß es (das Volk) aus allen heiligen Bildern große Frucht empfangen kann, . . . weil die Wunder und heilbringenden Beispiele, von Gott durch die Heiligen gewirkt, den Gläubigen vor Augen gestellt werden, damit sie . . . in Leben und Sitte die Heiligen nachahmen. Wenn aber etwa Mißbräuche eingedrungen sind, so fordert die heilige Synode mit Entschiedenheit, diese abzustellen, so daß keine Bilder einer falschen Lehre aufgestellt werden, die Unerfahrenen Gelegenheit zu gefährlichem Irrtum geben“. Schließlich soll „jede Lüsternheit gemieden werden, so daß Bilder frecher Sinnlichkeit weder gemalt noch zur Verzierung genutzt werden“. Dabei „sollen die Bischöfe größte Sorgfalt anwenden, . . . damit nichts Profanes oder Unanständiges erscheine“[171]. Durch dieses berühmte Dekret wurden den Bischöfen weitgehende Vollmachten eingeräumt, die dadurch auch ihren Einfluß auf die Künstler geltend machen konnten, ein Einfluß, der sich letztlich auch in den Kunstwerken niederschlägt.

Dementsprechend beklagt Gilio 1564 in seinem Dialog über „die Irrtümer und Mißbräuche der Maler in den Historienbildern“, daß die Maler sich an den Bildern nackter Heiliger ergötzten und ihnen damit die dem Heiligen gebührende Ehrerbietung schuldig blieben[172]. Dem läßt sich die Stimme eines Künstlers hinzufügen. In seinen «Lettera agli Accademici del Disegno» von 1582 distanziert sich B. Ammati von seinen unbefangenen Darstellungen des Nackten und verurteilt sie als Jugendsünde[173]. Lomazzo beschäftigt sich schließlich mit der Frage, ob es überhaupt angemessen sei, in christlichen Kirchen die Darstellung des Nackten zu dulden. Dabei verkennt er nicht, daß es Heilige gibt, die notwendigerweise nackt vorgestellt werden müssen. Dazu gehört für ihn auch Magdalena, und er empfiehlt den Malern, deren Nacktheit so geschickt als möglich zu kaschieren, indem etwa die im Gebet erhobenen Arme Teile ihres Leibes verdecken sollen oder lange, über Schultern und Brust herabwallende Haare. So bleibt man bei der Wahrheit und verstößt dennoch nicht gegen die *honestà*[174]. Es sind die ‚Moralisten‘, die hier zu Worte kommen, und man kann sich vorstellen, daß ihre Stimmen weder überhört wurden noch ihre Wirkung verfehlten.

War es denn überhaupt unter solchen Umständen noch möglich, daß Tizian eine Kurtisane in Gestalt Magdalenas darstellen konnte, zumal wenn man dazu an das schon bekannte Urteil Paleottis denkt? Geht man vom Bilde selbst aus, so wie Tizian Magdalena wiedergegeben hat, zeigt sich, zumindest auf dem Neapler Bild, daß Magdalena den dünnen gelben Schleier trägt, das untrügliche, weil obligatorische Kennzeichen von Kurtisanen. Außerdem gibt das so auffällig in verschiedenen Farben gestreifte Tuch, das Magdalena auf beiden Darstellungen trägt, zu denken.

Beruft man sich auf eine frühe Quelle, so trugen Kurtisanen in Rom gestreifte Kopftücher[175]. Diese lassen sich ebenso bei Raffaels «Fornarina» (Abb. 70) wie auf dem Bild «Frau bei der Toilette» (Abb. 71) von Giulio Romano erkennen. Nicht als Kopf-, sondern als Schultertuch läßt es sich wiederfinden bei Moretto da Brescias «Salome», dem vermutlichen Portrait der Tullia d'Aragona (Abb. 49). Ebenso zeigt es sich bei dem ganzfigurigen Bild der ‚Magdalena‘ (Abb. 72) von Moretto. Schließlich trägt es eine ‚Kurtisane‘ auf einer Darstellung, die wechselweise Giorgione oder Tizian zugeschrieben wird[176] (Abb. 73). Es fällt auf, daß in allen diesen Darstellungen das Tuch jeweils über eine Schulter drapiert erscheint, also nicht unbedingt Teil eines Modeaccessoires sein muß. Rechnet man hinzu, daß Caesare Vecellio die Kurtisanen aus Rhodos in einem über dem Gewand getragenen gestreiften Umhang wiedergibt, so könnte dieses Tuch vielleicht ein weiteres Kennzeichen gewesen sein, das die Dargestellte als Kurtisane ausweist. Die Vermutung scheint sich zu bestätigen, daß auch Tizians späte Magdalenenbilder, wie schon die frühe Fassung des Themas, sinnbildlich die ‚reuige Kurtisane‘ darstellen sollen.

Doch lassen sich die späten Magdalenenbilder vor dem Hintergrund des Tridentinums hinlänglich und unmißverständlich im Sinne der Kirche erklären? Immerhin entstanden sie in jener Zeit, als die Gegenreformation in vollem Gang war.

Die Auffassung der Heiligen Magdalena in der spanischen Mystik
Folgen für das Magdalenenbild im Barock

So nachdrücklich die Kirche in Italien ihre Forderungen vertrat, zeigt es sich, daß es auch anderweitig geistige Strömungen gab, die den Bestrebungen der Kirche entgegen kamen. Eine starke Unterstützung und innerer Beistand wurde der Kirche von Spanien aus geboten: vor allem von dem von Ignatius von Loyola gegründeten Jesuitenorden, der sehr bald in Italien Fuß faßte. Ein Mann wie Ignatius gibt „seiner compania nicht nur die Form, sondern auch den Geist christlichen Kämpfertums. Durch seine Exerzitien strömt es in weite Kreise"[177].

So sehr dieser Kampfgeist des Ignatius die Kirche in die Nähe einer *ecclesia militans* rückt, läßt sich nicht übersehen, daß, ebenfalls von Spanien ausgehend, eine andere, nicht minder einflußreiche Strömung in Italien bekannt wird: die spanische Mystik, die im 16. Jahrhundert durch ihre Dichtung weite Kreise zieht. Sie gibt sich, allgemein gesagt, als „religiös verschleierte Sinnlichkeit und sinnlich gefärbte Religiosität" zu erkennen[178], die in einer höchst seltsamen Mischung weltliche und religiöse Gefühle miteinander verbindet. Indem die „durch Erotik stimulierte Phantasie dem religiösen Empfinden dienstbar gemacht wird"[179], vereinigen sich „scheinbar komplementäre Empfindungen zu neuen psychischen Werten"[180]. Dabei kommt es auf „stark sinnlichem Untergrund"[181] zu einem „Ineinanderfließen von gehobener Seelentätigkeit und metaphysischem Bedürfnis"[182], zu einer „geistig verklärten Erotik"[183]. Diese eigenartige „Verschmelzung religiöser und weltlich-sinnlicher Gefühlskomplexe"[184] sind aufs engste mit dem Namen einer berühmten Frauengestalt des 16. Jahrhunderts verbunden:

Theresa von Avila. Sie verstand es wie keine andere, diesen latent vorhandenen Wünschen und Regungen Ausdruck zu verleihen, indem sie die Vision ihrer mystisch-asketischen Erhebung bis in alle Details geschildert hat. Ihrer Vision hat Bernini in seiner berühmten Skulpturengruppe in der römischen Kirche Santa Maria della Vittoria ein überaus sinnfälliges Denkmal gesetzt.

Die starke Wirkung, die von der spanisch-mystischen Dichtung in dieser Zeit ausging, hinterließ allerorten einen nachhaltigen Eindruck. Im besonderen wurden die Heiligenviten vielfach mit verklärt-schwärmerischen Zügen ausgestattet. So entsteht auf dem Boden dieser neuen Bewegung ein moderner „romantisch gefärbter Heiligenkult"[185]. Wiederum wird eine Heilige wie Magdalena in den Strudel dieser neuen mystisch-religiösen Gefühlswallungen hineingezogen. Es erscheinen verschiedentlich, vor allem in der zweiten Hälfte des 16. Jahrhunderts, erbauliche Schriften, die sich mit ihrer *vita* beschäftigen. Bemerkenswert ist, daß dabei die Konversion Magdalenas in den Mittelpunkt des Interesses rückt[186]. Sie erscheint nun ganz klar in der Rolle der großen Sünderin, die viel geliebt hat. Ihre Liebesfähigkeit stellt sie dadurch unter Beweis, daß sie sich als eine in „liebender Verzückung zum auferstandenen Christus" hingebende Frau „von elementarer Leidenschaftlichkeit"[187] zu erkennen gibt. In ihrer Person offenbaren sich „alle Elemente nebeneinander, die in konzentrierter Form auch die Seelen der Mystiker erfüllen"[188]. Sie hatte gesündigt, „indem sie liebte und in Liebe büßend um der Liebe willen wurde sie begnadigt"[189]. Es ist nicht zufällig, wenn Juan d'Avila diese Gedanken fortführt und deutlich sagt, daß Magdalena „begnadigt wurde, weil sie geglaubt, und geglaubt habe, weil sie geliebt hat"[190]. Diese Worte decken sich fast wörtlich mit der Überlieferung im Lukas-Evangelium: Magdalena ist die historische Gestalt, die Sünderin, der um ihrer Liebe willen vergeben, der um ihres Glauben willen geholfen wurde.

Dieses neue Bild der liebenden Sünderin fügt sich auch bestechend einfach zu der Vorstellung von der sündigen liebenden Kurtisane, die ihrem bisherigen Lebenswandel entsagt und dadurch die Wunschvorstellung von idealer weiblicher Tugend verwirklicht. Es ist ganz bezeichnend, daß dieses Bild der reuigen Kurtisane gerade im 16. Jahrhundert, offensichtlich im Zusammenhang mit der Gegenreformation, seine Wiederauferstehung feiert. Für die Künstler bedeutet dies, daß es nun keinen Grund mehr gibt, eine Kurtisane nicht in Gestalt Magdalenas darzustellen. Ja – es gibt eigentlich gar keine andere Wahl. Denn, wer, außer einer Kurtisane, konnte es sich gefallen lassen, öffentlich als Sünderin zu gelten.

Wie verhielt sich die Kirche diesen neuen Strömungen gegenüber? „Es ist ein geschichtlicher Erfahrungsschatz, daß die katholische Kirche bei aller Gebundenheit, die ihr durch ihre Konstitution auferlegt ist, doch in kritischen Augenblicken ihres Lebens durch neue Kräfte, die sie selbst mobilisiert, oder durch Belebung abgestorbener selbst wieder zu neuer Lebenskraft gelangt."[191] „Da wendet sie den bewährten Kunstgriff an, den revolutionär sich gebärdenden Intellekt durch die kombinierten Wirkungen der Phantasie und der Seele zu betäuben."[192] H. Jedin formuliert anders, indem er feststellt, daß „die Trienter Reformdekrete keineswegs nur Ursache der katholischen Reformation sind, sondern mindestens ebensosehr schon Ausdruck und Wirkung derselben"[193]. Sie „sind die gesetzliche Fassung von Ideen"[194]. Doch „sie sind nicht das Ideal selbst, sondern eine Anpassung desselben an die realen Verhältnisse, ein Kompromiß"[195]. Es läßt sich vorstellen, daß unter diesen Umständen, als Kompromiß, nun auch ein Bild der Kurtisane Magdalena akzeptiert werden konnte. Zumal dann, wenn sie als keine bestimmte, sondern als unbekannte anonyme Frau wiedergegeben wird, gewissermaßen die Kurtisane als Sinnbild Magdalenas.

Dieses neue Bild der Magdalena wird für die Künstler des Barock zu einem Thema, das sich mehr als alles andere dazu anbietet, es in reichen und vielfältigen Möglichkeiten bis in alle

Einzelheiten auszuschöpfen. „Die Verschmelzung von üppiger Weltlichkeit und Buße zu einer sinnlichen Grundstimmung"[196] war zusätzlich Grund genug, die Wahl dieses Stoffes zu begünstigen. Doch schleicht sich dabei in die Darstellung des Nackten bei Heiligen – auch bei der eines Sebastian – mehr und mehr das Erotisch-Sinnliche ein. Einer Heiligen wie Magdalena droht nun tatsächlich deren gänzliche Verweltlichung, so wie sie aus den vielen Magdalenenbildern der italienischen Kunst des 17. Jahrhunderts bekannt ist.

Bevor es jedoch zu diesem zunehmenden Verfall des Magdalenenbildes im Barock kam, erlebte es im 16. Jahrhundert im Zuge der Gegenreformation noch einmal eine Blüte. Noch einmal wurde Magdalenenikonographie in dieser Zeit zu einem bestimmenden Element und Instrument in den Händen kirchlicher Reformbemühungen. Denn dadurch, daß die Konversion der Heiligen in das Zentrum des Interesses rückte, konnte am Beispiel der reuigen, zur Konversion bereiten Sünderin den Gläubigen *expressis verbis* der Weg gezeigt werden, der sie in den Schoß der Kirche zurückfinden läßt.

Das *portrait moralisé* der bekehrten Kurtisane Magdalena von Tizian

So erweist sich der Weg, der von Giampietrino zu Tizian führte, als ein Kreis, der sich schließt. Denn im Hintergrund beider Künstler stehen geistesgeschichtliche Strömungen, die die jeweiligen Magdaleneninterpretationen begünstigten. Auf eigentümliche Weise begegnen sich Ficinos Philosophie und die Dichtung der spanischen Mystiker. Hinter beiden wird das Erbe Platons sichtbar[197]. Es hat den Anschein, als folgten die spanischen Mystiker den Gedanken Ficinos, zumindest in einem Punkt. Wie bei Ficino kreisen die Überlegungen der spanischen Mystiker um den Begriff der „Seelenschönheit"[198]. Bei Ficino ist Schönheit der Seele bedingt durch Schönheit des Körpers und umgekehrt. Indem diese Überlegungen weiterentwickelt werden, erhält die ‚Seelenschönheit‘ bei den spanischen Mystikern ethischen Wert. Er „erreicht seinen höchsten Grad", wenn „religiöses Empfinden zu einer Lebenskunst gesteigert wird"[199]. Die „alma bella"[200] leitet zur christlichen Vollkommenheit, indem Liebe als „erlebte Leidenschaft"[201] in „seelischer Erhebung gipfelt"[202]. Die Tendenz zur Spiritualisierung zeigt sich analog zu Ficinos Liebesphilosophie. Nur ist diese bei den spanischen Mystikern abgelöst von allen Auseinandersetzungen mit dem Heidnischen und umgemünzt, indem das Sinnlich-Erfahrbare von neuen religiösen Gefühlen durchtränkt wird.

Besinnt man sich auf Castiglione, der Magdalena als die große Sünderin erscheinen läßt, die um ihrer Liebe willen begnadigt wurde, so zeigen sich auch hier Analogien zu den spanischen Mystikern. Es sieht so aus, als ob unsere Vermutung zutrifft, wonach eine Heilige wie Magdalena dieselben Konflikte zwischen irdischen und himmlischen Trieben in sich austrägt wie ihre heidnische Schwester Venus. Magdalena wird im 16. Jahrhundert zur christlichen „Venus im Sackgewand"[203].

Daß Magdalena von den Künstlern so schillernd und ambivalent interpretiert wurde, liegt in der Natur dieser Heiligen. Denn immer wieder konnten sich in ihr, wie in einem Kristall, gegenteilige und gänzlich widersprüchliche Gedanken, Stimmungen und Wünsche brechen. Wir zitieren dazu noch einmal Pomponazzi, dessen Gedanken dem Ausdruck zu geben vermögen: „Der Mensch ist nicht von einfacher, sondern von vielfältiger Natur, und er ist in die Mitte zwischen sterbliche und unsterbliche Dinge gestellt . . . Daher stellten ihn die Alten zu Recht zwischen Ewiges und Zeitliches, denn er ist weder rein ewig noch rein zeitlich, weil er an beiden Naturen Anteil hat. Da er so in der Mitte lebt, hat er die Macht, die eine oder die andere Natur anzunehmen."[204]

Tizians frühes Bild der Magdalena entsteht mitten in dem sich wandelnden Prozeß, der das Bewußtsein der Gesellschaft in eine andere Richtung lenkt. Die Wirkung des Bildes läßt sich wie ein Aufblitzen beschreiben, in dem die neuen religiösen Empfindungen des späten 16. Jahrhunderts vorweggenommen werden. Die verfängliche Interpretation gewinnt ihren Sinn.

Demgegenüber bestätigen die späten Magdalenenbilder nun ganz klar das, was die frühe Fassung des Themas erst vermuten ließ: Sie sind jeweils das *portrait historié* der sündigen und reuigen Kurtisane, der „convertita", wie Tizian sie gelegentlich selber nennt[205].

Diese Bilder sind dem ursprünglichen Typus des Andachtsbildes scheinbar zweckentfremdet, wirken profaniert. Und doch verbirgt sich dahinter ein geheimer Sinn, der, seit Leonardo, fast ein ganzes Jahrhundert den kontinuierlichen Wandel der Magdalenenikonographie unter wechselnden Blickpunkten schlaglichtartig beleuchtet. Denn indem Magdalenenikonographie mit derjenigen der Kurtisanen dergestalt verbunden wird, zeigt sich, daß ihr endgültiger Wandel vollzogen ist: Aus dem *portrait historié* ist ein *portrait moralisé* geworden. Der moralische Effekt verdoppelt sich. Im Sinne der Kirche kann diese neue Gestalt der Kurtisane Magdalena zum „Symbol der Bekehrung" werden[206]. Das Erfolgsgeheimnis dieses von Tizian geschaffenen Bildtypus erklärt sich.

Die Identifikation einer Kurtisane mit Magdalena bedeutet aber zugleich die Aktualisierung einer in den Augen der Kirche seit langem mit Argwohn verfolgten Entwicklung des Kurtisanenwesens. Magdalena kann auch in dieser Beziehung symbolisch die Belange und Interessen der Kirche höchst wirkungsvoll vertreten.

Beginn des Unterganges der Magdalenenikonographie im Barock

In dieser neuen Formulierung des Magdalenenbildes geht aber die Magdalenen- mit der Kurtisanenikonographie eine so enge Verbindung ein, daß jene in dieser aufgeht. Denn die Konversion Magdalenas ist von nun an unauflöslich an ihre Rolle als sündige und reuige Kurtisane geknüpft (Abb. 79). Doch das, was im späten 16. Jahrhundert noch verstanden wurde, gerät im Laufe des 17. Jahrhunderts allmählich in Vergessenheit, d. h. die neuen ethisch-moralischen Werte verlieren ihre Gültigkeit[207]. Die endgültige Profanierung des Magdalenenbildes nimmt ihren Lauf. Magdalenenikonographie ist damit unaufhaltsam, doch unweigerlich zum Untergang verurteilt, so wie auch das Kurtisanenwesen im 16. Jahrhundert in Italien seinem Ende entgegengeht.

EXKURS I:

DAS MAGDALENENBILD VON TIZIAN
FÜR VITTORIA COLONNA

Es gibt eine Frage, die wir absichtlich in unserer Untersuchung nicht berührt haben: War Tizians Bild der Magdalena ein Auftragswerk? Die Tatsache, daß sich die Provenienz bis 1566 zurückverfolgen läßt, gibt noch keinen Aufschluß darüber, wie es in den Besitz der Herzöge von Urbino gelangt ist.

Das Bild der Magdalena war immerhin nicht das einzige Werk, das die Urbinaten von Tizian besaßen[1]. Zwischen dem Herzog Francesco Maria bzw. dessen Sohn Guidobaldo II. und Tizian gab es eine umfangreiche Korrespondenz. Sie beginnt 1530 und endet mit dem Tod Guidobaldos 1574. In diesen Briefen geht es um zahlreiche Gemälde, die bei Tizian bestellt worden sind[2]. Sie sind z. T. namentlich genannt, z. T. hat G. Gronau, der die Korrespondenzen veröffentlicht hat, sie aufgrund der Beschreibungen identifizieren können[3]. Leider taucht jedoch nie das Bild der Magdalena auf. Das mag daran gelegen haben, daß Francesco Maria die ersten Aufträge an Tizian vielleicht mündlich erteilt hat, wie vermutet wird[4]. So fehlt uns die entscheidende Quelle, die darüber Auskunft geben könnte, wie das Bild in den Besitz der Urbinaten gekommen ist.

Allerdings gibt es einen anderen Briefwechsel aus genau der Zeit, in der man die Entstehung des Bildes im Palazzo Pitti vermutet: 1531. In dieser Korrespondenz geht es um ein Bild der Magdalena, das der Herzog von Mantua, Federigo Gonzaga, bei Tizian bestellt[5]. Der Briefwechsel beginnt mit einem Brief vom 5. März 1531, in dem Federigo Gonzaga Tizian darum bittet, ihm das Bild einer Magdalena zu malen[6]. Diese soll, so wird ausdrücklich verlangt, so tränenreich (*lacrimosa*) wie möglich sein. Außerdem sei größtmögliche Eile geboten, weil er, Federigo, das Bild seinem Freund Alfonso d'Avalos Marquese del Vasto zu schenken gedenke[7]. Am 11. März schreibt Benedetto Agnello, der mantuanische Gesandte in Venedig, an seinen Herzog, daß Tizian die Tafel vorbereitet habe und sogleich ans Werk gehen wolle[8]. Freilich verzögert sich die Fertigstellung des Bildes und Tizian wird wiederholt angemahnt[9]. Dabei ist interessant, mit welch geschickten Ausreden Tizian taktiert, um Zeit zu gewinnen. So spricht er davon, daß er das Bild noch nicht habe firnissen können, weil das Licht nicht klar genug sei[10]. Dann, zwei Tage später, ist es endlich gefirnißt, nun müsse es jedoch trocknen[11]. Am selben Tag schreibt er an den Herzog, wie schwer es auch sei, ein solches Konzept, das er wohl im Kopf habe, auszuführen, verweigern doch die Hände die Mitarbeit am allzuschnellen Fortschritt des Werkes[12]. Er beschließt den Brief mit der taktisch klugen Bemerkung, daß Magdalena selbst ihm versprochen habe, ein gutes Wort für ihn einzulegen, um den ungeduldigen Auftraggeber zu besänftigen[13]. Schließlich ist das Bild am 19. April – also nur fast sechs Wochen nach Auftragserteilung – in Mantua angekommen und findet dort nicht nur den ungeteilten Beifall, sondern allerhöchstes Lob als eine „cosa excellentissima"[14].

Diese Korrespondenz ist aufschlußreich. Denn zunächst ergibt sich aus ihr, daß Tizian den Auftrag erhalten hatte, eine „Maddalena lacrimosa" zu malen, und zwar in eben der Zeit, in der das heute im Palazzo Pitti befindliche Bild entstanden ist. Wie weiterhin zu entnehmen ist, war das in den Briefen erwähnte Bild nicht für die Mantuaner selbst bestimmt, sondern für Alfonso del Vasto. Er war der bekannte Heerführer Karls V., später Gouverneur von Mailand. Tizian hatte ihn zweimal portraitiert, 1533 und 1539/41[15]. Daß er mit Gonzaga befreundet war, ist nicht weiter überraschend, denn beide gehörten der gehobenen Gesellschaftsschicht an.

Hat del Vasto das Bild erhalten? Zweifellos hat es den Besitzer gewechselt. Aus einem Inventarverzeichnis von 1624, das der letzte Gonzaga, Vincenzo II., über die gesamte mantu-anische Sammlung erstellen ließ, wird ersichtlich, daß nur noch eine Kopie von einem Magdalenenbild Tizians vorhanden war („un quadro copia della Maddalena die Titiano")[16]. Wäre dieses Bild ein Original gewesen, so wäre das sicherlich vermerkt worden[17]. Die mantuanische Sammlung ging, wie bekannt, unter teilweise abenteuerlichen Umständen zum großen Teil an den englischen König Charles I.[18]. In dem Katalog der königlichen Sammlungen, den van der Doort zusammenstellte, gibt es einige Magdalenenbilder, die von Tizian sein sollen, doch keine der dort beschriebenen Darstellungen läßt sich mit dem Bild im Palazzo Pitti vergleichen[19]. Folglich muß das ehemals in mantuanischem Besitz befindliche Bild als ver-schollen gelten. Ob dieses Bild eine Kopie nach dem heute im Palazzo Pitti befindlichen Gemälde war, ist nicht zu sagen.

Geht man davon aus, daß del Vasto das von Federigo Gonzaga bei Tizian bestellte Bild erhalten hat, so stellt sich eine andere Frage: Warum mochte ein Mann wie del Vasto Wert darauf legen, das Bild einer Magdalena zu besitzen? Es ist doch kaum glaubhaft, daß er, wie Luzio behauptet, nur an dem Bild der schönen Kurtisane interessiert gewesen sein sollte, denn in dem Fall bleibt unverständlich, warum diese eine *lacrimosa* sein sollte[20].

Doch es gibt noch eine andere Möglichkeit. Denn seltsamerweise existiert eine weitere Korrespondenz, die wiederum in jenen eng begrenzten Zeitraum von wenigen Monaten im Jahre 1531 gehört. Abermals ist Federigo Gonzaga daran beteiligt, seine Briefpartnerin ist jedoch die Marquesa von Pescara, besser unter dem Namen Vittoria Colonna bekannt. Wenige Tage, nachdem er das Bild bei Tizian bestellt hat, schreibt Federigo an Vittoria Colonna in einem Brief vom 11. März, daß er erfahren habe, daß sie sich ein Bild der Magdalena wünsche[21]. Er habe, so fährt er fort, ein solches sogleich für sie bei einem der berühmtesten Maler Venedigs, bei Tizian, bestellt. Vittoria Colonna muß dieses Bild erhalten haben, denn es wird dankend von ihr in einem Brief vom Mai desselben Jahres erwähnt[22]. Zwei Monate später, im Juli, bestätigt Federigo Gonzaga den Erhalt ihres Schreibens und teilt ihr außerdem mit, daß er in ihrem Auftrag den Maler ihre Freude und ihr Lob an dem gelungenen Werk habe wissen lassen[23]. Das überraschendste in dieser Korrespondenz ist die frappierende Tatsache, daß Federigo in seinem ersten Brief an Vittoria Colonna davon spricht, daß das Bild eine Magdalena „lacrimosa" darstellen würde, dieselben Worte wie in dem Auftragsschreiben an Tizian verwendet.

Man muß sich fragen, wem hatte Federigo Gonzaga das bei Tizian bestellte Bild nun wirklich zugedacht, del Vasto oder Vittoria Colonna? Wer hat es erhalten? Freilich bietet sich eine sehr einfache Erklärung an, wenn man die verwandtschaftlichen Beziehungen zwischen del Vasto und Vittoria Colonna berücksichtigt. Er war ein Vetter ihres verstorbenen Mannes, um einiges jünger als sie und zeitweilig eine Art Adoptivsohn, der viel bei ihr auf Ischia gelebt hatte[24]. Man könnte sich vorstellen, daß er, gewissermaßen als Vermittler, das von Federigo Gonzaga bestellte Bild an sie weitergegeben hätte. Eine zweite Möglichkeit wäre die, daß

Federigo, nachdem er von dem Wunsch der Vittoria Colonna erfahren hatte, sich kurzfristig umentschlossen und ihr das Bild, entgegen seinem ursprünglichen Vorhaben, überlassen hat.

Mit der Frage danach, wer das in der Korrespondenz von 1531 genannte Bild erhalten hat, ist die Problematik um dieses Bild nicht geringer geworden. Denn es bleibt die andere ungelöste Frage: Wie hat jenes Bild ausgesehen? Da man keinen anderen Bildtypus der Magdalena als Einzelbild von Tizian kennt, ist man zu Recht in der Forschung davon ausgegangen, daß jenes unbekannte Bild nicht viel anders ausgesehen haben kann als dasjenige, das sich heute im Palazzo Pitti befindet[25].

Doch wenn es so ausgesehen hat, wurden hinsichtlich der Tatsache, daß es Vittoria Colonna erhalten hat, schwerwiegende Bedenken laut. Konnte man einer so frommen und untadeligen Frau wie Vittoria Colonna ein solches Bild überhaupt zumuten? Diese Fragestellung ist der eigentliche Angelpunkt einer Diskussion, die bis heute nicht abgerissen ist[26]. An dieser Stelle brechen sich die unterschiedlichsten Meinungen. Sie sind allerdings weniger von sachlichen als von moralischen Gesichtspunkten bestimmt. Bis heute hält man es für undenkbar, daß eine Frau wie Vittoria Colonna ein derart verfängliches Bild hätte akzeptieren können[27].

Dieser Einwand stützt sich auf folgendes Argument: In dem Brief des Benedetto Agnello vom 11. März heißt es unter anderem auch, daß ein gewisser Vincenzo Veneziano das von Tizian für den Herzog begonnene Bild der Magdalena gesehen habe. Doch es unterscheide sich gegenüber einem anderen, das ganz offensichtlich auch gerade in Arbeit war[28]. Damit tritt ein zweites in dieser Zeit entstehendes Magdalenenbild in Erscheinung, das für einen unbekannten Auftraggeber geschaffen wurde. Auch dieses Bild kennen wir nicht. Diese Tatsache gab zu der Vermutung Anlaß, daß Tizian das neue – von Federigo in Auftrag gegebene Bild – anders gestaltet hat als dasjenige, das sich bereits in Arbeit befand, und zwar mit Rücksicht darauf, daß das neue Bild für Vittoria Colonna gedacht war[29].

So einleuchtend diese Argumentation aussieht, liegen doch Widersprüche in ihr: 1. Das bekannte Bild im Palazzo Pitti ist eine *lacrimosa*, von einer solchen ist auch bei der Bestellung die Rede. 2. Wenn die bekannte Formulierung als zu ‚unmoralisch‘ für Vittoria Colonna erscheint, müßte sich geradezu eine zweite andere *lacrimosa* in Arbeit befunden haben. 3. Es ist bei der Bestellung des Bildes von Vittoria Colonna überhaupt nicht die Rede, sondern von del Vasto.

Wie hätte das Bild für Vittoria Colonna aussehen können? Auch darüber hat man sich Gedanken gemacht und überlegt, ob sie vielleicht bekleidet war, wie die späteren Fassungen des Themas[30]. Allerdings wurden auch diese Erwägungen wieder verworfen, weil nur zu bekannt war, daß Tizian diese Veränderung erst bei den späten Magdalenenbildern vorgenommen hat, und zwar, wie erwiesen, aus ganz bestimmten Gründen. Es kommt hinzu, daß diese Bilder stilistisch in die Spätzeit Tizians gehören[31].

Ein anderer Einwand dagegen, daß Vittoria Colonnas Bild so ausgesehen haben könnte wie das Pittibild, ergibt sich anhand eines Briefes von Tizian an Federigo Gonzaga vom 14. April 1531[32]. Hier bittet er den Herzog um Entschuldigung für die verspätete Lieferung des Bildes und bedient sich dabei der Formulierung, daß Magdalena ihm „cum le mani al petto" versprochen habe, um Fürsprache bei seinem Auftraggeber nachzusuchen[33]. Daraus wurde geschlossen, daß auf dem bestellten Bild Magdalena mit über der Brust gekreuzten Händen dargestellt worden sei[34]. Die Überlegung, ob Magdalena nackt war, wurde bei dieser Hypothese außer acht gelassen. Doch abgesehen davon, daß wir keinen einzigen solchen Bildtypus der Magdalena von Tizian kennen, bleibt die Frage, ob eine Magdalena mit überkreuzten Händen mehr Frömmigkeit vermittelt als die uns bekannte, spitzfindig.

Wollte man diese Formulierung von Tizian dennoch ernst nehmen, so müßte man sich am

Ende die Frage stellen, ob Federigo Gonzaga womöglich zwei Bilder bei Tizian bestellt haben sollte: eines für del Vasto und eines für Vittoria Colonna. Doch darüber hätte sicherlich die detaillierte Korrespondenz nähere Auskunft gegeben. So wird man schließlich in Tizians brieflicher Formulierung nicht viel mehr sehen dürfen als eine Höflichkeitsfloskel, mit der er den ungeduldigen Auftraggeber hat beschwichtigen wollen.

Dem wäre zuletzt ein weiterer – vielleicht der naheliegendste – Gedanke hinzuzufügen. Könnte Tizian nicht auch das in Arbeit befindliche Bild kurzerhand umgestaltet haben? In Anbetracht der Eile, in der das bestellte Bild gemalt werden sollte, konnte es für einen Maler wie Tizian nicht schwer gewesen sein, die entsprechenden Veränderungen an einem schon begonnenen Bild vorzunehmen. Es wäre nicht das erste Mal, daß Tizian so gearbeitet hätte[35]. Doch darüber könnte nur ein Röntgenfoto Auskunft geben.

Trotz aller Zweifel konnte sich die Forschung von dem Gedanken nicht trennen, zwischen dem bekannten Bild und dem, das Vittoria Colonna erhalten hat, Analogien zu suchen. Dabei blieb natürlich fragwürdig, wie ein solches Bild zu ihr passen würde. Um dieses Problem noch komplizierter zu gestalten, wurde eine weitere Korrespondenz in die Diskussion eingebracht. Diesesmal ist es Isabella d'Este, die Mutter Federigo Gonzagas, die in die Angelegenheit verwickelt ist[36]. 1533 geht es in einem Brief der Herzogin darum, daß sie „ihre Magdalena" erneut, auf Umwegen, an Vittoria Colonna abzugeben gebeten wird[37]. In einem Schreiben vom 4. März 1533 bedankt sich jedoch abermals del Vasto – anstelle Vittorias? – für das übersandte Bild[38]. Wieder weiß man nicht, wer der Empfänger dieses Bildes war und um welches Bild es eigentlich ging. Denn Tizians Name taucht diesesmal nicht auf. Durch diese Korrespondenz gab es nun neuerdings seltsame Einwendungen, die die höchst konstruierte Überlegung beibrachten, daß Vittoria Colonna ihr Bild 1531 zurückgegeben habe, um es zwei Jahre später aus unbekannten Gründen erneut zu erbitten[39]. Dieser Gedanke ist um so unwahrscheinlicher, als Vittoria Colonna nicht ein ihr schon gehörendes Bild zum zweiten Mal geschenkt bekommen konnte.

Das Fazit aller Überlegungen: Der verlockende Gedanke, daß Vittoria Colonnas Bild ausgesehen hat wie das bekannte in Florenz, ließ sich bis heute nicht einfach beiseite schieben. Korrespondenz, Datierung des Bildes *und* die Formulierung *lacrimosa* zeigen überzeugende Übereinstimmungen – allen moralischen Einwendungen zum Trotz. Geht man gerade diesem Problem nach, so zeigt es sich, daß hier mit zweierlei Maßstäben gemessen wird. Denn die Moralvorstellungen des 19. Jahrhunderts – und auch die heutigen – lassen sich wohl kaum an denjenigen messen, die in der Renaissance Gültigkeit hatten.

War es tatsächlich unmöglich, daß Vittoria Colonna aus moralischen Gründen ein Bild, wie das der Magdalena von Tizian, hätte annehmen können? Sie war immerhin eine für ihre Zeit ungewöhnliche Frau, die sich aktiv in den Dienst kirchlicher Reformbestrebungen gestellt hat. Sie unterstützte die neuen Kapuziner- und Theatinerorden, das *Oratorio del divino Amore* und stand in Verbindung mit vielen kirchlichen Würdenträgern. Bernardino Ochino war ihr so gut bekannt, daß sie selbst in den Verdacht der Ketzerei geriet, als jener sich den Tadel der Kirche zuzog[40]. Ihr besonderes Interesse galt allen verirrten Seelen, sie zu bekehren war ihr Ziel. Dazu gehörten auch die Kurtisanen. Nicht umsonst hat sie keine Mühe gescheut, die eine oder andere, wie Angela Greca, persönlich zur Konversion zu bewegen[41]. Sie war weder intolerant noch so engstirnig, die Rolle der Kurtisanen nicht zu kennen oder von dem Schicksal vieler von ihnen unberührt zu bleiben. Doch sah sie sie unter einer anderen Perspektive: eben als die zu bekehrenden Sünderinnen.

Von besonderem Interesse für uns ist darüber hinaus das Verhältnis Vittoria Colonnas zu Magdalena. Wie stark sie sich ihr verbunden fühlte, geht aus einem Brief hervor, den sie 1544 an Costanza d'Avalos Piccolomini, Herzogin von Amalfi, schrieb. Darin heißt es: „Vedo la ferventissima Maddalena. . . Credo a quella esser dato il titolo della contemplativa et a questa il bello e raro nome dell'amata virginità vedo alle lacrime . . . . vedo la convertita donna da l'hora."[42] Kontemplation, Reue, Keuschheit, Erbarmen sind die Grundgedanken, die Vittoria Colonna im Zusammenhang mit Magdalena beschäftigen. Natürlich projiziert sie, nicht einmal zu Unrecht, mystische Gefühle in ihre Vorstellung dieser Heiligen. Dabei nähert sie sich Castigliones Gedankengängen. Er hatte ihr das Manuskript des «Cortigiano» lange vor dessen Veröffentlichung gesandt und sie hatte es mit großer Anteilnahme gelesen. Magdalena als die große vorbildliche Heilige war ihre „advocata und fedelissima scorta"[43]. Sie war ihr so teuer, daß sie 1537 ernstlich den Gedanken erwog, eine Pilgerfahrt zum Grab der Heiligen zu unternehmen[44]. Wiederum zeigt sich am Beispiel Vittoria Colonnas, wie vielfältig eine Heilige wie Magdalena in jener Zeit gesehen werden konnte, wie einfach es war, jeweils die eine oder andere Seite ihres Wesens individuell für sich auszulegen. Es ist nur zu verständlich, wenn sich Vittoria Colonna ein Bild Magdalenas wünschte. Denn am Beispiel dieser Heiligen ließ sich die *benefizio di Cristo* nur allzu deutlich demonstrieren: die Begnadigung der Sünderin ohne Verdienste, weil sie geliebt hatte und Reue empfand[45]. Hinter solchen Empfindungen stand in jener Zeit freilich auch der mit den kirchlichen Erneuerungsbestrebungen konform gehende Gedanke des *Evangelismo*, der von dem Glauben daran getragen wurde, daß Gott den Sünder mit Erbarmen an sich zieht[46]. Es übersteigt jedoch unsere Kompetenz, den theologischen Fragestellungen und Überlegungen hierzu weiter nachzugehen.

Vergegenwärtigt man sich die Situation, so wird eigentlich unbegreiflich, warum Vittoria Colonna eine Darstellung Magdalenas, die so ausgesehen hätte wie das Bild in Florenz, nicht hätte akzeptieren sollen. Vittoria Colonna war eine empfindsame, doch sicherlich keine prüde Frau. Das beweist auch die Tatsache, daß sie, zum Entsetzen ihres Biographen Reumont, mit Aretino den einen oder anderen Brief wechselte[47]. Es gibt keinen Grund anzunehmen, daß sie Magdalena als die ‚reuige tränenreiche *Kurtisane*' nicht hätte anerkennen können. Im Gegenteil – eine solche Darstellung mußte ganz im Sinne einer Frau sein, die es sich zur Aufgabe gemacht hat, sich großzügig der verirrten Seelen, der gefallenen und vom Schicksal oft benachteiligten Gruppe jener Frauen anzunehmen, die am Rande der Gesellschaft lebten, die man jedoch nicht als Verlorene aufgeben durfte. Wir halten es deswegen für ausgeschlossen, daß Vittoria Colonnas Bild anders ausgesehen hat als das bekannte. Eine Frau ihres Verstandes hat auch die moralisierenden Tendenzen, die sich in dem Bild verbergen, nicht übersehen, nicht umsonst hatte sie sich eine *lacrimosa* gewünscht. Ebenso zweifeln wir nicht daran, daß Vittoria Colonna das von Federigo Gonzaga bestellte Gemälde – ob nun direkt oder über del Vasto – erhalten hat.

Ein letztes Problem, das im Zusammenhang mit dem bekannten Bild in Florenz zu erörtern ist, betrifft die Frage, ob man die Verbindung zwischen Vittoria Colonnas Bild und demjenigen im Palazzo Pitti nicht noch enger ziehen könnte, und zwar indem man jenes mit diesem identifiziert. Eine solche Hypothese ist nicht unbegründet.

Das Gemälde konnte dank dem Entgegenkommen von Dottore Marco Chiarini, Direktor des Palazzo Pitti, an Ort und Stelle einer technologischen Prüfung unterzogen werden. Dabei hat sich gezeigt, daß das Bild tatsächlich anscheinend in großer Eile gemalt worden ist. Über einer großzügigen Untermalung wurde mit dünnen Lasuren das Karnat gearbeitet. Landschaft und Wolken im Hintergrund erscheinen ebenso großflächig angelegt – mit flüchtig aufblitzenden Lichteffekten. Die Lichthöhungen auf dem Haar sind mit feinen Pinselstrichen locker aufgetragen und hervorgehoben. Der Bildträger wirkt wie schnellstens herbeigeschafft, rückseitig ohne viel sorgfältige handwerkliche Vorbereitung. Es ist eine Holztafel, wie in dem Brief vom 11. März 1531 beschrieben[48]. Der Einwand, daß in jener Zeit *tavola* auch Leinwand bedeuten konnte, ist für Tizian nicht stichhaltig[49]. Denn in den Briefen mit seinen Auftraggebern macht er einen deutlichen Unterschied zwischen *tavola* und *tela*, die er für ein Bild vorbereitet[50]. Kurzum – das alles paßt ungewöhnlich gut zu dem 1531 von Federigo Gonzaga bestellten Bild. Deswegen ist die Möglichkeit, daß dieses Bild mit demjenigen in Florenz identisch ist, nicht auszuschließen.

Natürlich stellt sich in diesem Fall die Frage: Wie kommt das Bild der Vittoria Colonna in den Besitz der Urbinaten? Denn durch diese gelangte es nach Florenz[51]. Hierzu hat Wethey die Hypothese aufgestellt, daß Vittoria Colonna es der Herzogin von Urbino Eleonora della Rovere geschenkt habe[52]. Sie war die Frau Francesco Marias, eines direkten Cousins von Vittoria Colonna. Eleonora, eine geborene Gonzaga, galt zu ihrer Zeit als ebenso fromm und religiös wie Vittoria Colonna. Beide Frauen hatten enge persönliche Kontakte, wie aus vielen Briefen zwischen ihnen hervorgeht[53]. Könnte man sich nicht vorstellen, daß Vittoria Colonna ihr Bild auch deswegen an Eleonora verschenkt hat, weil es dadurch auf Umwegen doch wieder an ein Mitglied der Familie Gonzaga zurückgelangen konnte, wo es seinerzeit eine so enthusiastische Aufnahme gefunden hatte[54]?

Wie auch immer – es gibt wohl keinen Beweis für diese Hypothese; dennoch halten wir sie für möglich. Vittoria Colonnas Bild wäre unter diesen Umständen die erste von Tizian gemalte „Maddalena lacrimosa", dasselbe Bild, das sich heute in Florenz befindet. Es wäre der geglückte und gelungene erste Entwurf einer Serie von weiteren Magdalenenbildern, die alle *diesen* Rang nicht mehr erreicht haben.

Quellenanhang

Federigo Gonzaga an Tizian   I

Maestro Tiziano. Ho ricevuto il quadro di S. Girolamo che me avete mandato, quale me satisfa summamente, però mi è gratissimo, e lo trovo fra le cose mie più care, per esser cosa veramente bella et da tenere carissima. Io non so che maggior condizione o laude darli che dire che l'è opera di Tiziano; però sotto questo celeberrimo nome el terrò con quella reputazione che merita: ve ne ringrazio infinitamente. Un altro piacere vorrei da voi, e questo desidero non meno che facessi il S. Hieronimo, quale desiderava summamente; vorrei che me faceste una Sta. Maddalena lacrimosa più che si può, in un quadro della grandezza che è questo, o dua dita più, e che ci metteste ogni studio in farlo bello, il che a voi non sarà gran cosa che non lo potreste farlo altramente, quando ben voleste, sì in fornirlo presto, che verrei mandarlo a donare allo Illmo. Signor Marchese del Guasto, quale è tutto mio, vogliate mo, che ve ne priego grandemente, servirmi in ciò, come so che saprete, facendola di sorte chel parà dono onorevole, essendo mandata da me ad un Signore tale come è quel Marchese: et sopra tutto fatemela avere presto, consegnandola, subito che serà fornita, al Magnifico mio Ambasciatore, che me la mandi; che me farete piacere grandissimo. Me vi offero etd.
Mantue 5 Martii 1531
Il Marchese di Montova

Gaye (1839) II 223.
Gandini (1977) 24.
Crowe/Cavalcaselle (1881) I 318 (gek.).
Braghirolli (1881) 76 (gek.).
Luzio (1940) 592 (gek.)

Federigo Gonzaga an Benedetto Agnello   II

Mag. etc. L'alligata, che va a Maestro Tutiano, gliela dareti, che è in ringraziarlo del S. Hieronimo che 'l ne ha mandato, et pregarlo che 'l ne voglia fare una Sta M.^{ia} Maddalena, la quale finita che sia ce la mandereti.
Mantuae, 5 Marzo 1531

Braghirolli (1881) 52.

Benedetto Agnello an Frederigo Gonzaga   III

1531, 11 Marzo.
Ho dato la sua lettera a M^{ro} Ticiano, qual per il desiderio grande che l' ha di servire a V. E. anchor che 'l si retrove alquanto indisposto ha gia fatto far la Tavola per far la Sta Maria Magdalena, et credo che hoggi darà principio a lavorarvi, nè gli mancarà d'ogni diligentia per far una cosa excellente de la quale V. E. ne possi restar soddisfatta. Esso M. Ticiano dice voler fare la detta Sta Mª Magdalena differente da quella che l'ha principiato, et che 'l mostrò a M. Vincenzo veneziano per far una cosa più bella, anchor ch'io credo che l'haveria da far assai a poterla migliorare, perchè in effetto quella che l'ha comincio, da quelli che

hanno cognitione di pictura è reputata cosa excellentissima.
Da Venetia, alli xi Marzo, 1531

Braghirolli (1881) 77f.
Crowe/Cavalcaselle (1881) I 450/451.

Benedetto Agnello an Federigo Gonzaga   IV

M. Ticiano ha dato principio alla Sta Maddalena et dice che si sforzerà di fornirla quanto più presto serà possibile.
Venegia, 18 marzo 1531

Braghirolli (1881) 53.
Crowe/Cavalcaselle (1881) I 451.

Federigo Gonzaga an Benedetto Agnello   V

Mi piace che M. Tiziano abbia cominciato la Madalena la quale come piu presto lhabbiamo tanto piu ne sara grata ec.
M. XIX martii MDXXXI

Pungileoni (1831) 349.
Gaye (1839) II 224.
Braghirolli (1881) 53.

Benedetto Agnello an Federigo Gonzaga   VI

Ticiano lavora gagliardamente dietro la Sta Magdalena, la quale è già in termine che la si può far vedere ad ogni eccellente pictore; et V. Ex. sii certa che serà cosa molto degna et di summa excellentia.
Venetia, alli XXII de marzo 1531

Braghirolli (1881) 53.
Crowe/Cavalcaselle (1881) I 451/452.

Federigo Gonzaga an Benedetto Agnello   VII

Dal castellano avemo inteso ch il quadro di s. Madalena ha fatto M. Titiano e fornito il ch ne stato gratiss. intendere e volemo ch ringratiate M. Tiziano da nostra parte dl studio ch ha messo in servirci bene il ch sapemo che non puo essere altramente et presto et perch desideramo d haverlo presto spediamo a posta questo cavallaro perch el ce lo porti. Fatelo mo voi intrar in un telaro et coprirlo di sorte non si possa guastar di cosa pero piu leggiera ch si puo accio che lo possa portar facendo farle quella provision sera de bisogno accio ch alli dazi non sia ratenuto ma se sia lasciato portar liberamente.
Mantuae VIII aprilis MDXXXI

Pungileoni (1831) 350/351.
Gaye (1839) II 225.
Braghirolli (1881) 53/54.

Benedetto Agnello an Federigo Gonzaga

VIII

Mando la S.ᵗᵃ Magdalena, la quale M. Ticiano ha tenuto ne le mani questi dui dì più contra la promissa che haveva fatto per darli la vernice, ma il tempo l' ha impedito, che per non esser stato il sole ben chiaro non l' ha potuta invernigiare ben a suo modo, pur dice che, così come la sta la si può mandare in ogni loco, affirmando che V. E. non ha havuto cosa alcuna delle sue che sii al paragone di questa et pensa che V. S. ne restera ben satisfacta.
Da Venetia, xii Aprile, 1531

Crowe, Cavalcaselle (1881) I 452 (nach Braghirolli).

Benedetto Angello an Federigo Conzaga

Non mandai la S.ᵗᵃ Magdalena, si come scrissi alla Ex. V. perchè essendo stata invernigata di fresco M. Titiano dubitava che la non si guastasse; hora, che l' è ben secca, la mando.
Da Vinegia, 14 aprile 1531

Braghirolli (1881) 54.
Crowe/Cavalcaselle (1881) I 452.

Tizian an Federigo Gonzaga

Tandem ho compito el quadro della Madalena qual v. ex. mi ordino con quella piu prestezza ch mi esta possibile lasciando ogni altra mia facenda ch aveva alle mani nel qual mi ho sforzato d'esprimer in qualche parte quel ch si espetta da questa arte il ch se l abbia conseguito se potra giudicar da altri. Se veramente a li concetti grandi ch aveva nell animo e nella mente le mani col penello mi havessero corisposto penseria de haver potuto sodisfar al desiderio ch ho di servir v. ex. ma ha gran spatio non li son arivato. Et pero quella mi dia perdono el qual accio ch da lei più facilmente el possi impetrar la prefata Madalena mi ha promesso di richiederlo cum le mani al petto et domandargelo in gratia. Altro nò le diro se non ch v. ex. ma tenghi in sta bona gratia et nel numero de suo minimi servitori . . .
Venetia 14 april. 1531

Pungileoni (1831) 350.
Gaye (1839) II 225.
Crowe/Cavalcaselle (1881) I 452.
Luzio (1940) 592.
Gandini (1977) 25.

Federigo Gonzaga an Tizian

XI

Messer Tiziano. Ho ricevuto il quadro della Santa Maddalena, che ci avete fatto, quale pensavo bene che dovesse essere cosa bella come che de altra sorte non ve ne possa uscire della mani per l'excellentia vostra nella pittura, e tanto più facendola per me, al quale so che vi è caro far piacere. ma la ho trovata bellissima e perfettissima, et veramente de quante cose di pittura ho veduto non mi pare che vi sia cosa più bella; e ne resto più che satisfatto. El simile dice Madama Illma., mia Madre, quale la lauda per cosa excellentissima, e confessa che di quanto opere simili ha viste, che ne ha pur viste assai, e se ne è dilectata, l'agualia a gran pezzo; e questo il medemo dicono quanti altri l'hanno veduta, e più la laudano quelli che più se intendano dell' arte della pittura. dal che conosco che in questa bellissima opera avete voluto exprimere l' amor che mi portate insieme con la singular excellentia vostra, et che queste due cose unite insieme ve hanno fatto far questa figura tanto bella, che non è possibile desiderar meglio; il che non si può exprimer quanto mi sia grato, che certo è che non si possano trovare parole atte ad exprimere l' affetto mio. Ve ne ringrazio, certificandovi che io ho in continua memoria questi e li altri piaceri che me fate, e me vi offero disposto etc.

Mantue 19 Aprilis 1531
Il Marchese di Mantova
A Messer Tiziano

Gaye (1839) II 224/225.
Braghirolli (1881) 79 (gek.).
Luzio (1940) 592.
Gandini (1977) 26.

Tizian an Federigo Gonzaga XII

Per una de v. ex. con infinito mio piacere ho inteso che la santa Madalena, che in questi dì passati gli mandai, haverli summamente piaciuta, veramente di tanta mia satisfactione che io non lo potrei dire, che havendo a quel poco o assai de arte, che è in me, impiegato per far opera che dovesse satisfare. . . . . . Et di questo è cagione la grandezza et liberalitade di v. ex. verso di me, con le quali cose mi si ha così grandemente affezionato et obbligato che io non le saprei dir quanto, benchè, parando a lèi forse piccoli i benefitii a me fatti in comparatione della sua magnanimità, ella cerchi ancora di far si sia più obligato di quello li sono . . . . Non conosco d'aver tanto con lei meritato che dassai più non mi trovi remunerato. Egli è ben vero che per el presente la espeditione del beneficio, cui v. ex. mi fece gratia in persona de mio figliuolo, mi sarebbe di grandissimo contento, nè per ora io potrei da lei aver cosa che più facesse alla quiete dell' animo mio; non dimeno questo sia nell'arbitrio suo. Restami solo a pregar v. ex. de tenermi in soa bona gratia, a la quale humilmente me raccomando, baciandoli le mani.

di Venetia alli XXVIIII de aprile MDXXXI
Tiziano

Pungileoni (1831) 351/352.
Gaye (1839) II 226.
Luzio (1940) 592/593.
Gandini (1977) 27/28.

Federigo Gonzaga an Vittoria Colonna XIII

Ill. ma S. ra come sorella hon. L'amor fraterno, ch'era fra lo ill. mo S. re di Pescara de fe(lice) me(moria) e me, e la stretissima amicitia e domestichezza, che ho con l'ill. mo S. re Marchese del Guasto, fa che singularmente ami V. S. congiunta di matrimonio alla dolce memoria dell' uno et de strettissima parentella a l'altro; e questo mio amor verso lei lo fanno anche maggiore le singular virtù sue. Perciò mi è caro havere spesso nuova di quella, et intender il suo ben stare, del che havendo havuto notizia da M. Georgio di Cardi, ne ho havuto piacere molto grande, e tanto maggiore che oltre questa bona nova me ha anche visitato in nome di quella e fattomi le amorevoli et humanissime offerte sue, che me sono state accettissime. Esso me ha anche presentato da parte sua un sacchetto di odoratissime rose, quale si per esser delicato tanto, quanto si possa desiderare, si per venir dalle mani de V. S., m'è gratissimo, et lo tengo molto caro, godendolo in memoria di quella, alla qual vorrei pure far piacere, per il quale fosse certificata del fraterno amore che le porto, se sapessi in che; però la prego di cuore che, desiderando ella di qua cosa alcuna che sia in mio potere, la si contenti di farlomi sapere, che per me non si mancarà di far quello, che ricerca la benevolentia grandissima che è tra noi. E non sapendo per hora in che altro farle piacere, se non in quello che ho inteso dal S. Fabritio Maramaldo, qual me ha detto che ellea desidera d'haver una pittura bella e di mano di pittore excellente d'una figura de S. ta Maddalena, ho subito mandato a Vinegia e scritto a Titiano, quale è

forse il più excellente in quella arte che a'nostri tempi se ritrovi et è tutto mio, ricercandolo con grande instantia a volerne far una bellissima, lagrimosa più che si può, et farmela haver presto; et alla excellentia del pittore et alla instantia ch'io li ne ho fatta, tengo che l'opera serrà perfettissima, et spero d'haverla forsi de que da Pasca, et havutola la inviarò a V. S., alla qual de continuo me racomando.
Da Mantova, alli XI marzo 1531

Ferrero/Müller (1892) 64–66.
Crowe/Cavalcaselle (1881) 188; I 451 (gek.).

Vittoria Colonna an Federigo Gonzaga   XIV

Illmo et Exmo Signor.
Una littera de la Ex.^{tia} Vostra hebbi circa un mese fa, et se sono tardata ad respondere la prego me excusi con la causa che è solo stata per non dupplicar lo error. Rengratio con questa V.^{ra} Ex.^{tia} de la infinita sua cortesia, et per li respecti dice de la felice memoria del Marchese de Pescara, mio signore, et del signor Marchese del Vasto, mio fratello, et per la sua istessa virtù lo ho havuto et havrò sempre in quella estima et reverentia che conviene. Et me dole che Georgio me honorassi cosi poco, che un coscinetto che io non viddi may donasse da mia parta a la Ex.^{tia} V.^{ra} Et essendose dignato immeritatamente satisfarsene, me ha obligata mandarli questi dui, et Doi voglia che non debbia men dolersi Georgio del suo fallo che io de sì scioccamente emendarlo. De la Magdalena la rengratio infinite volte. Sempre che se degnerà commandarme, oltra de farme singolar gratia, serà de me con quella voluntà che farria el dicto signor Marchese del Vasto et con la debita observantia servito. Et Nostro Signor Dio sua Illma et Exma persona guarde con la prosperità che merita et desidero.
Dal castelleo de Isca, a XXV de magio 1531.
Deditissima servir V. Illma et Exma S.^{ria}
La Marchesa de Pescara

Ferrero/Müller (1892) 70/71.

Federigo Gonzaga an Vittoria Colonna   XV

Illma ecc. Doe lettere di V. S. a me gratissime ho ricevuto in questi di passati, una che accompagnava il nobilissimo et precioso dono che la mi mandò di cossinetti di odoratissime rose in un bello et delicato repositorio, l'altra, con che mi avisava de havere havuto grata la Sta Madalena che le mandai. Di tutto li rendo le maggiori gratie che posso et non manco de lo havere havuto tanto accetto il mio piccolo dono che del havermi mandato a donare cosa tanto degna, la qual veramente non me potria essere stata più grata, sì per esser cosa preciosa da sè, sè per venirmi dal loco che viene. Che V. S. sia stata compiaciuta da me in la Sta Madalena et che io habbia prevenuto tutti gli altri, che in tale cosa la doveano compiacere, mi piace, perchè havendo ella veduto qualche pronteza in me di satisfarla, spero che la debba tanto più confidentemente ricercarme a farli piacere, quando la vederà di potersi accomodare di me in cosa alcuna da le bande di qua, come la prego di core che la faccia, perchè questo è uno de' grandi desideri che tengo. Volentieri ho fatto sapere al pittore che ha fatto la Sta Madalena, quanto V. S. me ne scrive, perchè so di quanto incitamento li serà lo intendere il iudicio ch'ella ha fatto de l'opera sua, dal quale l'haverà da riconoscere de l'aggiungerà cosa alcuna alle perfectione de la sua arte, eccitato de le lode che V. S. li dona. N. S. Dio conceda a V. S. tutto quello contento che la desidere alla qual, ecc.
Mantova, 28 luglio 1531

Ferrero/Müller (1892) 71/72.
Luzio (1885) 18 Anm. 3.
Luzio (1940) 593 (gek.).

M. Gio: Thomaso. Io vidi questi dì passati in una lettera che voi scrivevate al mio conte Nicola di Maphei un capitolo sopra il desiderio che tiene lo ill.^{mo} S. Marchese del Vasto d'haver il mio quadro di S.^a Maria Maddalena per farne dono a la S.^{ra} Marchesa di Pescara; et perchè non ho cosa al mondo ch'io non vogli che sia parimenti di S. Ex., mi fu di grandissima satisfatione vedere ch'ella havesse tal desiderio, et subito le haverei mandato il quadro, ma perchè ne ho voluto far prima fare un simile, è stato necessario ritenerlo, fra tanto che il pittore se ne sia servito in prenderne l'esempio. Hora che egli l'ha finito, lo mando pel medesimo portatore di questa mia, et lo indirizzo a Voi, pregandovi che in mio nome lo vogliate presentare al p.^{to} S. Marchese, facendo intendere a S. Ex. che mi duole ch'egli non sia assai più bello che non è, benchè piacendo a lei non può essere se non bellissimo; et che quando io habbia alcun'altra cosa di che ella si possa servire et valere, mi par superfluo offrirglielo, ecc.
Marzo 1533

Luzio (1885) 19 Anm. 1.
Ferrero/Müller (1892) 66 Anm. 1.
Luzio (1940) 594.

Ill.ma et Ex.ma S.ra mia,
Ho ricevuto il quadro de la Maddalena che è tale che se mai fui devoto de li soi meriti con la vista di questa imagine che tiene tanto de divinità hora me le son facto devotissimo et essendo di ciò stato causa V. ex. tanto più le rendo gratie de la rarità del dono, poichè con havermi più obligato a li meriti de si gloriosa sancta vengo a ricognoscere da lei il beneficio. Essa sancta sia quella che interceda apresso il Sr. Dio per la longheza de la vita et felicità di V. Ex. che dal canto mio non vedo con che manera de servitio posserle riferir gratie. Et le baso le mani.
Parmea, IIII martij 1533.
S. or de V. Ill.ma Ex.ma S.a Marchese del Vasto

Luzio (1940) 594.

EXKURS II:

DER BILDTYPUS EINER KNIEENDEN MAGDALENA (STICHE NACH TIZIAN)

Zu der Frage, ob es noch einen anderen als den bekannten Bildtypus der Magdalena gegeben hat, haben Stiche von C. Cort, Fontana und Rota Veranlassung gegeben[1].

In «Immagine da Tiziano» werden unter den Nummern 56 und 76 zwei bekannte Stiche veröffentlicht, die eine knieende bekleidete Magdalena in ganzer Gestalt darstellen[2]. In den Wolken schweben Engel. Der eine Stich ist von Rota (Abb. 74), der andere von Fontana (Abb. 75). Sie unterscheiden sich bis auf eine am unteren Bildrand befindliche Schrifttafel, die bei Rota beschriftet ist, bei Fontana nicht, kaum voneinander. Der Stich Rotas ist dem Bischof von Torcello gewidmet und 1570 datiert, wie aus der Schrifttafel hervorgeht[3].

Auch Cornelis Cort hat das gleiche Thema gestochen. Doch ist sein Blatt gegenüber den beiden anderen in der Ausführung qualitätvoller[4] (Abb. 76). Cort war seit 1566, wie bekannt, offizieller Stecher der Werke Tizians.

In den graphischen Sammlungen der Albertina (Abb. 77) befindet sich eine lavierte Federzeichnung, die als Vorzeichnung zu Rotas Stich gilt[5]. Freilich fehlt auf der Zeichnung im Gegensatz zu dem Stich das Salbgefäß. Rechts unten gibt es außerdem eine Aufschrift „Zuccaro", die allerdings von späterer Hand ist.

Vergleicht man die Stiche untereinander, so zeigt sich, daß diejenigen von Rota und Fontana in vielen Details derart übereinstimmen, daß kaum noch Unterschiede aufzufinden sind. Demgegenüber zeigt Corts Stich eine ungleich differenziertere Darstellung, etwa bei den Bäumen das Wachstum der Äste; das Spiel der Blätter ist genauer beobachtet und wiedergegeben. Noch auffälliger wird der Unterschied gegenüber den beiden anderen Stichen, wenn man die Faltenzüge der Gewänder aller drei Magdalenen miteinander vergleicht. Auch hier zeigt Cort ein größeres Verständnis und auch eine gewandtere Technik. Gerade hier zeigen sich allerdings auch Analogien zu der Zeichnung. Sie steht dem Stich von Cort in der Qualität näher als Rota und Fontana.

Das zeichnerische Werk Rotas ist bis jetzt noch völlig unerforscht und die genannte Zeichnung als Zuschreibung nur mit seinem Stich verglichen worden[6]. Man kann deshalb nicht umhin, zu fragen, ob sie überhaupt von ihm ist und nicht vielmehr von Cort.

Ohne diesen Überlegungen hier weiter nachgehen zu wollen, bleibt die Beantwortung der Frage, ob Tizian etwas mit diesen Stichen zu tun hat. Wir halten dies für ausgeschlossen. In seinem gesamten Werk findet sich nicht eine einzige vergleichbare Figur, die eine solche Vermutung belegen könnte. Auch die kleine Maria auf dem Bild «Mariae Tempelgang» (Venedig, Accademia) ist nicht damit vergleichbar[7].

Abgesehen davon halten wir es auch kaum für möglich, daß Tizian sich mit dem Thema Magdalena in dieser Formulierung je beschäftigt hat. Es bleibt deshalb nur die Möglichkeit, daß hier die freie Erfindung von Cort oder eines anderen Mitarbeiters vorliegt.

EXKURS III:
CORREGGIOS MAGDALENENBILDER

Correggios Magdalenenbilder gehören chronologisch eigentlich in die Zeit zwischen Leonardo und Tizian. Sie wurden jedoch dort absichtlich nicht aufgeführt, weil sie ikonographisch nur vor dem Hintergrund von Tizians Magdalenenbilder erklärbar sind. Es handelt sich um zwei verschiedene Varianten des Themas.

Das eine Bild befindet sich in London, früher als die sogenannte «Magdalena Albinea» bekannt (Abb. 78). Das Gemälde wird um 1517/18 datiert und ist nach C. Gould ein Original, von dem jedoch zahlreiche Kopien existieren[1].

Als junges Mädchen vorgestellt, lehnt Magdalena in anmutig-träger Beschaulichkeit in ganzer Figur am Felsrand vor ihrer Höhle. Mit dem rechten Arm stützt sie sich auf ein Buch, ihr linker Arm fällt herab, mit der Hand umgreift sie das Salbgefäß. Ein Tuch ist lässig um ihren Körper drapiert, sodaß, wie unabsichtlich, Brüste und linkes Bein bis zu den Schenkeln entblößt werden. Über die Schultern fällt ein durchsichtiger Schleier. Fast augenblicklich erinnert man sich an Giampietrinos Magdalena-Egeria. Es ist die ganz ähnliche verführerische Haltung, wie bei jenem wird die Figur vor dem dunklen Hintergrund betont herausgestellt. Auffallend ist die Typik der Gesichtszüge bei beiden Bildern, auch der nämliche rätselvolle Blick aus großen Augen, der weich geschwungene Mund, den ein verheißungsvolles Lächeln, kaum sichtbar, zu umspielen scheint. Es ist durchaus zu vermuten, daß Correggio Giampietrinos Spuren folgt, soweit es dieses Motiv angeht.

Eine direkte Verbindung Correggios zu Leonardo wurde lange vermutet, ließ sich jedoch nicht belegen. Dies ist erst der jüngeren Forschung gelungen. Brown, der sich mit den leonardesken Quellen in Correggios Frühwerk beschäftigt hat, glaubt, daß Correggio höchstwahrscheinlich im Herbst 1513 eine Reise nach Mailand unternommen habe[2]. Bei der Gelegenheit sei er sowohl mit eigenhändigen Werken Leonardos, wie auch mit den Schülern, zumindest mit deren Werken, bekannt geworden[3]. Nicht nur im Kolorit finden sich bei Correggio Anlehnungen an Leonardo, sondern auch formal hat er sich an Kompositionsideen des Meisters orientiert. Das zeigt sich deutlich etwa in den Madonnenbildern in Modena oder Budapest, doch auch bei dem «Portrait einer Dame» von 1518/19, das nicht ohne Kenntnis der «Mona Lisa» entstanden sein kann[4].

Dieser Reihe läßt sich mit dem Bild der Magdalena ein weiteres Beispiel, das den – wenngleich indirekten – Einfluß Leonardos belegt, hinzufügen. Unabhängig davon ergeben sich nun sogar gewisse Anhaltspunkte hinsichtlich der Entstehung von Giampietrinos Bild der Magdalena-Egeria (Abb. 31). Dieses müßte um oder vor 1513 entstanden sein, als Correggio Mailand besucht haben soll. Andererseits kann Giampietrinos Bild auch nicht später als 1516/17 zu datieren sein, denn, daß *er* sich wiederum an Correggios Magdalena orientiert hat, ist kaum anzunehmen.

Die Nähe zu Giampietrinos Bild läßt kaum Zweifel darüber aufkommen, daß auch Correggios Magdalena ein Kurtisanenporträt ist. Freilich ist die malerische Qualität mit derjenigen Giampietrinos ebensowenig vergleichbar wie die Erfassung und Gestaltung der *moti*. Correggios Magdalena steht an der Grenze dessen, was man als profaniertes Heiligenbild ansehen muß. Doch sie wirkt nicht provozierend, eher versonnen, in sich gekehrt, unschlüssig. Alles Leidenschaftliche fehlt. Ist sie fromm? Diese Frage wird man nicht ohne weiteres bejahen können, wenn man ihr ein anderes Bild gegenüberstellt, das in der National Gallery in unmittelbarer Nachbarschaft hängt: «Die Erziehung Amors» (Abb. 80). Abgesehen davon, daß die Gestalt der Venus wie jene von Magdalena im Kontrapost fast völlig gleichartig wiedergegeben ist – obgleich seitenverkehrt –, sind die Analogien von Kopfhaltung und Gesichtsausdruck bei beiden Frauen offenkundig. Wieder ein Beispiel, an dem sich zeigt, daß und wie Venus und Magdalena miteinander vergleichbar sind, und zwar nicht allein in der nachträglichen Interpretation. Die Künstler selbst müssen die Ambivalenz des Widersprüchlichen bei beiden Gestalten erkannt haben, sonst hätten sie sie nicht immer wieder in ihren Werken so auffällig miteinander in Beziehung gesetzt. Daß die Lust am Spiel, mit künstlerischen Mitteln die Möglichkeiten, die Form und die Varianten des Oszillierenden im Bilde einzufangen, dabei lenkend mitgewirkt hat, wird sich kaum bezweifeln lassen.

Das zweite Bild einer Magdalena von Correggio, die sogenannte «Maddalena leggente», befand sich früher in der Dresdner Gemäldegalerie (Abb. 81). Es ist nach dem Krieg verloren gegangen und seither verschollen[5]. Das Gemälde galt als Kopie nach einem in den zwanziger Jahren des 16. Jahrhunderts entstandenen Original Correggios[6].

In idyllischer Landschaft hat sich die schöne Sünderin hingelagert. Das Gewand verhüllt nur ihren Leib und ihre Beine. Schultern, Brust und Arme sind nackt. Mit ihrem rechten Arm stützt sie das Haupt, die Hand ist fast salopp in den blonden Locken vergraben, mit dem linken Ellenbogen lehnt sie auf dem Boden, in ihrer Hand hält sie ein aufgeschlagenes Buch.

Es ist eine sehr merkwürdige Interpretation des Themas, die in vielen Details barock erscheint. So erstaunt die Lässigkeit, mit der Magdalena über dem aufgeschlagenen Buch weniger zum Lesen als zum Träumen aufgelegt ist. Das Ganze entspricht eher einer hingebungsvollen Idylle als besinnlicher Andacht. Eine Hinwendung zur Buße, der Entschluß zu Verzicht und zur Askese scheinen bei dieser Magdalena fragwürdig und wenig glaubhaft. Ein solches Bild hat es im Leonardoumkreis nicht gegeben.

So verwunderlich diese Interpretation der liegenden Magdalena erscheint, folgt sie dennoch einer Bildtradition. Denn beinahe hundert Jahre früher, 1426, gibt es schon eine ähnliche Darstellung in dem Stundenbuch der Maguérite von Orléans[7]. Ob Coreggio die Darstellung gekannt hat, ist eine andere Frage[8]. Eher möchte man vermuten, daß diese Magdalena mit den seit Beginn des 16. Jahrhunderts mehr und mehr in Mode kommenden liegenden Akten zu tun hat[9]. Gleichviel – es bleibt zu bemerken, daß gerade dieses Bild zum Vorbild für viele der im 17. Jahrhundert entstandenen Magdalenendarstellungen geworden ist, in denen das Motiv vielfältig wiederholt oder variiert wurde[10] (Abb. 82).

Obwohl C. Gould der Meinung ist, daß das Bild ein Original von Correggio gewesen sein kann, bleiben Zweifel. Sie werden dadurch genährt, daß fremde Züge darin enthalten sind, die nicht in das 16. Jahrhundert passen wollen. Dazu gehört etwa die tief in den Locken vergrabene Hand oder das scheinbare Interesse an dem Buch, das ja nicht nur einfach vor ihr liegt, sondern das sie mit ihren Fingern von unten her umgreift. Mehr noch irritiert die Lieblichkeit der Gesichtszüge, das allzu Idyllische der Waldlandschaft.

Gerade diese Lieblichkeit der schönen Sünderin hat jedoch dazu beigetragen, daß dieses Bild, vor allem im späten 18. Jahrhundert, besonders geschätzt wurde. Es ist die frühe, aufkeimende Romantik, die Correggios Bild auf ihre Weise verklärt gesehen hat, und zwar gerade in der Ambivalenz von Sinnlichkeit und erhöhter Sensibilität; sie glaubte darin das Sinnbild erregten Seelenlebens zu entdecken. Es ist die „eigentlich schöne Seele, die der zufällige Irrtum in früher Jugendzeit nicht hatte entstellen können", so urteilt A. W. Schlegel 1799[11].

Wiederum taucht der Begriff der ‚Seelenschönheit' im Zusammenhang mit einem Magdalenenbild auf. Auch im 18. Jahrhundert ist er Gegenstand philosophischer Erörterungen, doch zielen diese Gedanken auf das Schöne an sich in der Kunst.

Dies läßt sich belegen. Schiller trägt in seiner Schrift «Über die Anmut und Würde» 1793, in Auseinandersetzung mit Kant, seine eigene Philosophie des ‚Schönen' vor[12]. „Äußere Schönheit", so sagt er, „hat das ganz Eigentümliche, daß sie in der Sinnenwelt nicht bloß dargestellt wird, sondern auch in derselben zuerst entspringt; daß Natur sie nicht bloß ausdrückt sondern auch erschafft. Sie ist durchaus nur eine Eigenschaft des Sinnlichen, und auch der Künstler, der sie beabsichtigt, kann sie nur insoweit erreichen, als er den Schein unterhält, daß die Natur gebildet habe."[13] Das Schwergewicht liegt hier auf dem Gedanken, daß äußere Schönheit nichts anderes sei als eine Eigenschaft des Sinnlichen. Anders bei Ficino: Ihm galt äußere Schönheit als Korrelat der Seelenschönheit, als die beiden einander ergänzenden Aspekte einer ganzen Wirklichkeit. Anders auch bei den spanischen Mystikern: Hier war die Quelle von Seelenschönheit die gesteigerte Sinnlichkeit religiösen Empfindens[14].

Demgegenüber wird ‚Seelenschönheit' bei Schiller nun zur durch die Vernunft objektivierten Idee: „Die objektive Eigenschaft des schönen Gegenstandes wird fähig, dieser Idee zum Symbol zu dienen."[15] Der Versuch, Schönheit dergestalt zu objektivieren, entspringt rationalistischen Gedanken. Knapp ausgedrückt versteht Schiller den Zusammenhang zwischen Sinnlichkeit und Vernunft dahingehend, daß jene, als „unabhängiger Natureffekt" verstanden, von der Vernunft transzendiert, d. h. „übersinnlich behandelt" und damit zum Ausdruck eines Vernunftsbegriffes wird[16]. In solchen Gedanken zeigt sich eine zunehmende Befangenheit gegenüber der Sinnlichkeit, sie wird von ästhetischen Gesichtspunkten unterlaufen.

„Der Geschmack, als Beurteilungsvermögen des Schönen, tritt zwischen Geist und Sinnlichkeit in die Mitte und verbindet die beiden einander verschmähenden Naturen zu einer glücklichen Eintracht, wie er dem Materiellen die Achtung der Vernunft, wie er dem Rationalen die Zuneigung der Sinne erwirbt."[17] Geist und Sinnlichkeit (als Ausdruck des Körperlichen) werden auch von Schiller dialektisch verstanden. Doch nicht das Eros-Prinzip verbindet das Gegensätzliche miteinander, sondern der Geschmack, ein Begriff der Vernunft. „Die architektonische Schönheit des Menschen ist also der sinnliche Ausdruck eines Vernunftbegriffes."[18]

Doch kann diese Schönheit auch „Erstaunen erregen, so kann nur die Anmut hinreißen"[19]. Anmut als Ausdruck der schönen Seele ist wiederum unvollkommen, wenn sie nicht mit der „Würde als Ausdruck einer erhabenen Seele" verknüpft wird[20]. Damit kommt die Moral ins Spiel. Diese ist nun freilich nicht mehr allein von der Vernunft abhängig, sondern vom Willen[21]. „Die Beherrschung der Triebe durch die moralische Kraft ist Geistesfreiheit."[22] Sie ist freilich „strenggenommen keiner Darstellung fähig . . ., doch kann sie durch sinnliche Zeichen dem Verstande vorgestellt werden"[23]. Erinnert man sich in diesem Zusammenhang noch einmal an Pomponazzi, so zeigt sich einerseits, daß Geistesfreiheit nun abermals ein anderes Gesicht trägt, andererseits, daß im zivilisierten Menschen der „Zwang zum Selbstzwang"[24] wächst.

Die Tendenz, Schönheit, Anmut, Würde und Moral derart miteinander in Einklang zu bringen, indem man sie als von der Vernunft abhängig versteht, mußte notwendigerweise dazu führen, daß sich zu einem Bild wie Correggios «Magdalena» eine besondere Affinität entwickelte. Es fordert nachgerade dazu heraus, solche Gedanken in das Bild der ‚schönen Sünderin' hineinzutragen, ohne allerdings dabei zu hinterfragen, ob eine solche Interpretation mit derjenigen übereinstimmen könnte, die zweihundert Jahre früher Gültigkeit hatte. Correggios Magdalena war de facto und ikonographisch gesehen im 16. Jahrhundert alles andere als ein *portrait moralisé.*

Ungeachtet dessen wird Correggios «Magdalena» mit Beginn des 19. Jahrhunderts tatsächlich noch einmal zum religiösen Erbauungsbild. Die Heilige wird bei Oehlenschläger zur „Göttin der Waldesfrömmigkeit", deren Sünden, nur vorübergehend, gar nicht ihrer wahren Natur entsprechen[25]. Eine ganz ähnliche Bewertung erfährt übrigens auch eines von Tizians Magdalenenbildern durch W. v. Humboldt, das er in Spanien gesehen hatte. „Die Schönheit dieses Gemäldes besteht vorzüglich in der hohen Würde, welche der Maler der Gestalt und der Physiognomie mitten in dem Ausdruck der Reue zu erhalten gewußt hat. Frei von der kleinlichen Absicht, dem verführerischen Bilde weiblicher Schönheit durch das Bekenntnis der Schuld nur einen noch höheren Reiz zu leihen – wodurch man eine der edelsten Darstellungen der neueren Kunst so oft zu einer der gemeinsten herabgewürdigt sieht – hat Tizian vielmehr seinen Gegenstand durchaus erhaben behandelt."[26] Ganz im Sinne Schillers symbolisiert für Humboldt die „Würde (des Gemäldes) als Ausdruck einer erhabenen Gesinnung" das sittliche Ideal der Zeit, die Vorstellung des Erhabenen überwindet die in der Sinnenwelt gefangene Schönheit und führt, nur dadurch, zu deren möglicher Vollendung.

Gibt es, entgegen unserer Behauptung, daß die Magdalenenikonographie mit dem Ende des 16. Jahrhunderts zum Untergang verurteilt war, doch Zeichen ihres erneuten Aufflackerns (Abb. 83, 84)? Dem muß man jedoch entgegnen, daß die meisten der Äußerungen ja immer nur die Person der Dargestellten im Blick haben, nicht jedoch die Darstellung, d. h. das Kunstwerk selbst und seine Mittel. Einzig Humboldt macht Einschränkungen. Man kann nicht umhin, zu fragen, welche zeitgenössischen Magdalenenbilder er wohl im Sinne hatte, die ihm herabgewürdigt erschienen. Zählen dazu nicht jene seltsamen Bilder von Greuze, die das Magdalenenbild nun vollends ins Sentimentalische umfunktionieren[26a]? Es ist immerhin erstaunlich, daß diese Bilder Ende des 18. Jahrhunderts entstanden, als man sich in Deutschland mit der Theorie des Schönen unter dem Postulat der Vernunft auseinandersetzte.

Wie immer man Correggios Magdalena zunächst noch als überzeugendes Beispiel des religiösen Erbauungsbildes verstand, so ändert sich dies in der Spätromantik. Für Mosen wird sie zur Inkarnation „lüsterner Begehrlichkeit, die, durch die religiöse Thematik verbrämt, nur noch erhöht wird"[27]. Morelli hat das Bild schließlich ganz und gar abgelehnt und in dieser Magdalena, die in die „Sprache der Jesuiten übersetzte Venus der Venezianer" gesehen[28]. Sie ließ ihn „kalt", und dennoch nähert er sich ihr mit „klopfendem Herzen"[29]. So interessant dieser Widerspruch in sich selbst erscheint, belegt Morellis Beurteilung nur zu deutlich den Gesinnungswandel, der sich nun angesichts der Magdalenenbilder ganz allgemein vollzieht: Moral wird nicht mehr von der Kirche gelenkt, sondern von der Vernunft. Sie läßt sich individuell interpretieren. Auch dieser Kreis schließt sich, wenn man an die Ausgangssituation unserer Untersuchung denkt. Morelli war derjenige, der erstmalig die künstlerische Qualität von Correggios «Maddalena leggente» in Frage gestellt und sie deswegen als Kopie erklärt hat[30]. Giampietrinos Magdalenenbilder wurden ebenfalls oft abqualifiziert[31], mit einer einzigen Ausnahme: das Bild in Burgos. Hatte man es deswegen vergessen? Für Morelli galt

Correggios Magdalena nicht zu Unrecht als die „Venus der Venezianer". Tizian war es, der das neue Bild der Magdalena, der christlichen Venus, entscheidend geprägt hatte und damit sogar den Moralvorstellungen der Kirche seinerzeit entgegengekommen war. Doch hat Morelli diese Aspekte übersehen, ebenso die Tatsache, daß die Weichen für diese Neuformulierung des Magdalenenbildes bereits im Leonardoumkreis gestellt worden waren.

ANMERKUNGEN

In den Anmerkungen wird die Literatur – abgesehen von besonderen Ausnahmen – abgekürzt zitiert (Autor, Jahreszahl, Seitenangabe). Die Aufschlüsselung findet sich im Literaturverzeichnis bzw. im Verzeichnis der benutzten Kataloge, Sitzungsberichte und Lexika. Aus Gründen der Übersichtlichkeit erhalten die Anmerkungen für jedes Kapitel eine eigene Zählung.

Anmerkungen zur Einleitung

1 Burckhardt (1855), 1959, 917.
2 L. Colet, L'Italie des Italiens, Paris 1862, II 64.
3 Crowe–Cavalcaselle, 1881, I 277.
4 Ebd. I 350.
5 Wölfflin (1898), 1968, 251.
6 Ruskin, 1910, II 125.
7 Tietze, 1936, Textbd. 159.
8 Pallucchini, 1969, I 78.
9 Rosand, 1978, 106.
10 Walther, 1978, 59.
11 Burckhardt (1860), 1966, 372 f.
12 H. M. Garth, Saint Mary Magdalen in Medieval Literature. J. Hopkins University Studies in Historical and Political Science 67, 1950, 347 ff. S. a. Sister Magdalen la Row SSJ., The Iconography of Mary Magdalen: The Evolution of a Western Tradition until 1300 (Marsyas XXI, 1981/82, 68).
13 Zit. n. P. Webb, 1975, 447.
14 M. Bellonci, 1979, 203.
15 Ebd.
16 G. B. Marino, Poesie Varie, Bari 1913, 242 ff.
   Vers 1 Questa, che 'n atto supplice e pentita
            se stessa affligge in solitaria cella,
            e de la prima etá fresca e fiorita
            piagne le colpe, in un doltente e bella,
            imago è di colei, che giá gradita
            fu del Signor seguace a cara ancella;
            e quanto pria del folle mondo errante,
            tanto poscia di Cristo amata amante.
17 Malvern, 1975, 26.
18 Ebd. 9 ff.
19 Moltmann-Wendel, 1980, 67 ff.
20 Frey, 1976, 104.

1 Johannes 20,1; 11–18.
2 Heiler, 1977, 100. Moltmann-Wendel, 1980, 76 f.
3 Heiler a. a. O. 98.
4 Ebd. 121.
5 Anstett-Janssen, 1961, 26.
6 Ebd. 27. Demgegenüber hat die griechische Kirche das Einheitsbild der Heiligen nicht nachvollzogen (Molt-mann-Wendel a. a. O. 89).
7 Anstett-Janssen a. a. O. 28. Sehr geraffte Darstellung der *vita* Magdalenas bei Dorn, 1967, 54 ff.
8 LThK VII, 1962, Sp. 39 f.
9 Moltmann-Wendel a. a. O. 88.
10 Anstett-Janssen a. a. O. 36.
11 Ebd. 29.
12 Ebd. 31.
13 Ebd. 34.
14 Ebd. 44.
15 Ebd. 48.
16 Ebd. 45–50.
17 Ebd. 54 ff.
18 Ebd. 54.
19 Ebd. 52.
20 Ebd. 53.
21 Ebd. 61.
22 Moltmann-Wendel a. a. O. 84.
23 Ebd. 87 ff.
24 Anstett-Janssen a. a. O. 56 ff. S. a. Dorn, 1967, 56.
25 Anstett-Janssen a. a. O. 58, S. a. Dorn a. a. O. 64 ff.
26 Anstett-Janssen a. a. O. 54 ff. und 429.
27 Ebd. 57 und 435.
28 Zu Franz von Assisi s. LCI VI, 1974, 260 ff.
29 Zu Katharina von Siena s. LCI VII, 1974, 300 ff. Zu Bernardin von Siena s. LCI V, 1973, 389 ff.
30 Zu Johannes s. LCI VII, 1974, 164 ff. Zu Onuphrius s. LCI VIII, 1976, 84. Zum Sündenregister der Magdalena s. Moltmann-Wendel a. a. O. 72 f. Männliche ‚Buhler‘ sündigen durch Übertretung des Zölibates oder durch unzüchtige Verbindungen mit verheirateten Frauen, s. dazu: Dorn a. a. O. 71 ff.
31 Moltmann-Wendel a. a. O. 73.
32 Anstett-Janssen a. a. O. 69.
33 Ebd. 104.
34 Ebd. 95 ff.
35 Ebd. 114 f.
36 Ebd. 126 f.
37 Ebd. 132.
38 Ebd. 128.
38a LCI VII, 1974, 507 ff. Abb. 2.
39 Anstett-Janssen a. a. O. 130.
40 Ebd. 137 f.
41 Ebd.
42 LCI V, 1973, 60 f.
43 Anstett-Janssen a. a. O. 138.
44 Ebd. 310–314.
45 Pope-Hennessy, 1971, 265 f.
45a Anstett-Janssen a. a. O. 250. Für die folgenden Ausführungen 313 ff. Hier auch weitere Beispiele, vor allem von Einblattholzschnitten des 15. Jahrhunderts. Genannt sei außerdem der Kupferstich des Meisters E S, um 1450, der die ‚Erhebung‘ der Heiligen zeigt, eine nackte bzw. von feinem Haarflaum bedeckte Magdalena, deren Haupthaar

in langen Wellen über die linke Seite ihres Körpers bis über die Schenkel herabfällt, auf der anderen Seite über Schulter und Rücken ausgebreitet ist.

46 Fuchs, Illustrierte Sittengeschichte, 1909, I 124.
47 Ebd.
48 Elias, 1969, I 222.
49 Ebd. 79.
49a Ebd. 223 u. 99.
50 Ebd. 91.
51 Ebd. 93.
52 Ebd. 94.
53 Ebd. 106.
54 Ebd. 103.
55 Ebd. 219 ff.
56 Ebd. 222.
57 Ebd. 223.
58 Ebd. 224.
59 Ebd. 236 f.
60 Ebd. 232.
61 Ebd. 251.
62 Ebd. 252.
63 Clark, 1958, 7.
64 Elias a. a. O. I 296.
65 Schubring, 1915, Textbd. 19 ff.
66 Ebd. 179 ff. Eine detaillierte Untersuchung zur Venus in der Cassonimalerei gibt neuerdings J. P. Watson in seiner Dissertation: Virtu und Voluptas in Cassoni Painting, Ann Arbor 1970, 39 ff.
67 Schubring a. a. O. 179.
68 Zit. nach Schubring a. a. O. 19.
69 Elias a. a. O. I 295.
70 v. Schlosser, 1924, 106.
71 L. B. Alberti, On Painting, ed. J. S. Spencer, London 1976.
72 Ebd. 73.
73 Ebd. II 53.
74 Ebd. Buch I.
75 Ebd. Buch II.
76 v. Salis, 1947, 153 ff.
77 Panofsky, 1977, 43.
78 Clark, 1958, 4.
79 Panofsky, 1977, 44.
80 Ebd. 45. S. a. Anzelewsky, 1980, 35.
81 Panofsky, 1977, 63.
82 Ebd. 129.
83 Appuhn, 1979, 32.
84 RDK, 1937, I 681 f.
85 LThK, 1957, I 504/505.
86 R. Haussherr, Über Christus-Johannes-Gruppen. Zum Problem ‚Andachtsbilder' und deutsche Mystik, in: Beiträge zur Kunst des Mittelalters, Festschrift für H. Wentzel zum 60. Geburtstag, Berlin 1975, 79 ff.
87 Appuhn, 1979, 87 f.

1 Baxandall, 1977, 181.
2 Ebd. 55.
3 Ebd. 56.
4 Appuhn, 1979, 73 ff. Vgl. a. Frey, 1972, 188 f. und Paatz, 1953, 31.
5 Alberti, On Painting, 1976, 77.
6 Baxandall a. a. O. 56.
7 Ebd. 61.
8 Ebd. 181.
9 Das Bild befindet sich in Rom, Palazzo Barberini. S. im übrigen Berenson, 1961, III Fig. 352. Von Berenson als „Florentiner Dame in Gestalt der Maria Magdalena" bezeichnet. Vorbild für Pieros Bild sind die aus der niederländisch-flämischen Kunst bekannten Andachtsportraits, zumeist auf den Seitenflügeln von in privatem Auftrag entstandenen Altären; z. B. das Bild der Magdalena auf dem Seitenflügel des Triptychons des Jean Braque (Paris, Louvre). S. a. Panofsky, 1971, I 275 und Abb. in Bd. II Fig. 333/334.
10 Friedmann, 1977, 129 ff. Zum Stifterbild s. a. Heller, 1976. Zur Herkunft und Entwicklung des Andachtsportraits, auch aus der Gattung der Eheportraits als Doppelbildnisse, s. a. Panofsky, 1971, 294 Anm. 15.
11 Karton und Photographie in Berlin Kupferstichkabinett. Anstett-Janssen a. a. O. 361 Anm. 149.
12 Th.-B. XXVI, 1932, 343/344, hier unter dem Namen „Pedrini". Weitere Namen, die mit dem Maler in Verbindung gebracht werden: Lomazzo (1584) „Pietro Rizzi"; Malaguzzi-Valeri (1917) „Giovanni di Pietro da Como pittore"; „Giovanni da Milano detto il Pavese". Zit. nach Kat. Capolavori d'arte lombarda Ai Raggi X, 1972, 132. Suida (1929, 212) nennt schließlich den Namen „Giovanni B. Belmonte" aufgrund eines signierten und 1509 datierten Madonnenbildes in der Slg. Bernasconi, Mailand. Die Schaffenszeit des Malers wird im ersten Drittel des 16. Jahrhunderts vermutet (Suida a. a. O. 212).
13 Suida a. a. O. 215.
14 1. Bergamo, Accademia di Carrara. Kat., 1979, Nr. 98 Abb. 104.
   2. Ebd. Kat. Nr. 150.
   3. Berlin, ehem. Staatl. Museen, Kat., 1931, 354 Abb. 205.
   4. Bremen, Slg. Lürmann, in: S. Reinach, Réportoire de peintures du Moyen Age et de la Renaissance, Paris 1918, 609.
   5. Augsburg, in: Reinach a. a. O. 609.
   6. Perugia, ehem. Slg. van Marle, in: Fotothek der Fondazione Cini, Venedig, Inv. Nr. 287212.
   7. Burgos, Capella del Condestabile Fernandez de Velasco, in: Schweitzer, Guide Bleu, 1967, 595.
   8. Lucca, ehem. Gallerie Mansi.
   9. Mailand, Ambrosiana (nach Suida a. a. O. 229).
   10. Mailand, Brera (Foto Anderson 11237), Abb. in Kat. Leonardeschi Ai Raggi X, a. a. O. 142.
   11. Ebd. (Foto Anderson 11238), Abb. in Suida a. a. O. 271.
   12. Mailand, Castello Sforzesco, Abb. in Kat. Leonardeschi Ai Raggi X a. a. O. 140.
   13. Rom, Coll. Briganti, Abb. Biblioteca Hertziana, Inv. Nr. 19936.
   14. Budapest, Museum, Kat. 1969, Nr. 49. Auf die beiden letztgenannten Bilder hat mich Dr. St. Kummer, Tübingen, aufmerksam gemacht.
   15. Florenz, Slg. Contini-Bonacossi.
   16. Montreux, Slg. Cuenod, in: Leonardo da Vinci, Lebensbild eines Genies, 1975, Abb. 43.
   17. Pavia, Musei Civici (Leg. Malspini). Freundlicher Hinweis von Prof. Dr. H. Siebenhüner.
15 Kat. Leonardeschi 1972, 142, Röntgenfoto Abb. 143. Bis auf die Augenpartie in der Anlage ziemlich großzügig und breitflächig.
16 Die noch lesbaren Teile der Umschrift auf dem Bildrahmen lauten: „STAIMAGEN. DIO: AESTA: SUCAPILLA: DON PERO ERNANDEZ: DEVELASCO: QUATROCODESTABILE: DECAS TILLA: DE LOS DE". Die Schriftteile auf der linken Längsseite des Rahmens sind leider nicht lesbar wegen eines davor geblendeten verglasten Rahmens.
17 Für diese Information habe ich Frau Dr. M. Wagner, Tübingen, zu danken. Einem alten Kunstführer der Kathedrale zufolge wurde das Bild als Werk Leonardos 1548 in die Kapelle gestiftet (Burgos, 1928, 225 und 259). Auch auf der in der Kathedrale erhältlichen Kunstpostkarte als Leonardo bezeichnet. Meine diesbezügliche Anfrage zwecks näherer Informationen an Burgos blieb leider unbeantwortet.
17a Zum Motiv der Gegenbewegung und dessen Herkunft aus dem Leonardo-Raffael-Kreis vgl. H. Meurers Beobachtungen an Salomedarstellungen der Zeit, Berlin 1965, 176 ff., 178 Anm. 38.

18 Pedretti, 1973, 104.

Möglicherweise bezieht sich Kardinal F. Borromeo auf diese Zeichnung, denn er bemerkt 1625 zu dem in seiner Sammlung befindlichen Bild einer Magdalena „. . . del Luini, ma pare di Leonardo, da cui forse Luino prese il disegno". Borromeo (1625), ed. Beltrami 1909, Urtext lat. 25, ital. Übers. 64.

18a Pedretti berichtet, daß sich in einem unlächst aufgefundenen Inventar des 17. Jahrhunderts von Leonardozeichnungen eine Kreidezeichnung befunden hätte, die eine nach dem lebenden Modell gezeichnete weibliche Heilige als Halbfigur darstellte. Ob die Zeichnung in einem Zusammenhang mit der «Mona Lisa», bzw. der «Mona Vanna», stand oder vielleicht eine Vorläuferfassung für den Bildtypus der Magdalenen war, wie Pedretti vermutet, ist allerdings nicht auszumachen (Pedretti, 1973, 104).

19 Vgl. Pudelko, 1932/34, 145 f.

20 Leonardo da Vinci, ed. Ludwig, part. 122.

21 Ebd. part. 180.

22 Ebd. part. 358.

23 Ebd. part. 18.

24 Scritti d'Arte, ed. P. Barocchi, II 1722/1723.

25 Leonardo da Vinci, ed. Ludwig, part. 33.

26 Leonardo da Vinci, ed. Richter, part. 1151.

27 Leonardo da Vinci, ed. Ludwig, part. 27.

28 Ebd. III 33.

29 Leonardo da Vinci, ed. Ludwig, part. 40.

30 Ebd. part. 23. Leonardo spricht dabei vom „Tatto", dem Tastsinn bzw. Tasten.

31 Wöfflin, 1968[9], 55.

32 Huber, 1978, 4.

33 v. Salis, 1947, 128/129. Zur symbolischen Bedeutung der Nacktheit seit dem Mittelalter s. Panofsky, 1980, 219 ff.

34 Es läßt sich fragen, ob Dürers Magdalena vielleicht in Leonardos Atelier bekannt war, so daß von hier aus Anregungen für die Neuformulierung des Magdalenenbildes auf Giampietrino oder auf Leonardo selbst übergriffen. F. Anzelewsky vermutet jedenfalls um 1506 Kontakte zwischen Dürer und Leonardo über Galeazzo da Sanseverino, der mit Pirckheimer befreundet war (Anzelewsky, 1980, 112 und 32/33; s. a. Panofsky, 1977, 121).

35 Elias a. a. O. I 249.

36 Leonardo da Vinci, ed. Ludwig, part. 28.

37 Ebd. part. 23.

38 Ebd. part. 30.

39 Ebd. part. 533. Alberti a. a. O. 74.

40 Panofsky, (1959) 1975[3], 24.

41 Ebd. 31/32.

42 Huber a. a. O. 3.

43 Elias a. a. O. I 225.

44 Ebd. I 281.

45 Pedretti a. a. O. 138. Für Pedretti stellt der Typus der ‚Mona Vanna' das Grundmodell für die in dieser Zeit entstehenden weiblichen Halbfigurenbilder dar. Suida (a. a. O. 148) ist jedoch der Meinung, daß Leonardo am Beispiel dieser Darstellungen seiner Schüler nur geduldet hat, was kaum seinen Beifall finden mochte.

46 Berlin, ehem. Staatliche Museen. Zum Zusammenhang mit den weiblichen Halbfigurenbildern s. Bode, 1919, 61 ff. und 1921, 123 ff.

47 Zum ‚Florastreit' s. W. v. Bode, Die Wachsbüste der Flora im Kaiser-Friedrich-Museum zu Berlin. Ein Werk des Leonardo da Vinci? JPK XXX, 1910, 303 ff. Ders., Die Wachsbüste einer ‚Flora' im Kaiser-Friedrich-Museum, JPK Sonderdruck 12. Ders., Zur Frage der Florabüste im Kaiser-Friedrich-Museum, Amtl. Ber. aus der kgl. Pr. Kunstsammlung, 1909, 75–87. Ders., BM XVII, 1910, 178 ff. Zur Frage ‚Leonardo als Bildhauer' s. H. Ost, 1975, 38 Anm. 142, hier auch weitere Literaturangaben.

48 Bode, 1921, 127 und 130. Bemerkenswert ist, daß Luinis Gestalt der ‚Eitelkeit' (Abb. 21) auch als „Flora" bezeichnet wurde (ebd. 132).

49 Lomazzo (1590), 1965, 132: „Di Leonardo è la ridente Pomona da una parte coperta da tre veli che é cosa difficilissima in quest'arte, la quale egli fece à Francesco Valesio primo Ré di Francia. "

50 Suida, 1975, 323. Adhémar, 1945, 191 ff. Adhémar nennt weitere Exemplare dieser offenbar beliebten Darstellung, ebd. 193.

50a Marcel-Reymond, 1921, 211 ff. Die von ihm erörterten Probleme hinsichtlich der Zuschreibung des Bildes an Giampietrino oder Sodoma können hier außer acht bleiben.

51 C. Amoretti Memorie Storiche, Milano 1804, 112. Zit. nach Suida, 1929, 153, Anm. 1.

52 Bode, 1921, 130.

52a Pedretti, 1973, 97 ff.

52b Leonardo da Vinci, ed. Richter, II part. 842. „Lussuria è cavsa della gieneratione." S. a. Pedretti a. a. O. 97. Näheres zu Fragen der Leda, Autorschaft Leonardos, literarische Überlieferungen, Kopien etc. s. M. Pomilio-A. O. della Chiesa, Leonardo pittore, CdA, 1967, 107–109 Nr. 34.

53 P. Schubring, Cassoni, Leipzig 1915. Neuerdings J. P. Watson, Virtu and Voluptas in Cassoni Paintings, Ann Arbor Diss. 1970.

54 Wind, 1981, 94. S. a. van Marle, 1932, II 415 ff. Erotische Themen finden sich in Italien zunehmend auch in den Badezimmerausstattungen. Z. B. Luinis Darstellung der badenden Nymphen (heute Mailand, Brera), wobei die Darstellung des Nackten die Wahl des Themas bestimmte.

55 Elias a. a. O. I 296.

56 J. Huizinga, Herbst des Mittelalters, Stuttgart 1969, 72.

57 Elias a. a. O. I 296.

58 Pedretti, 1973, 72.

59 Suida, 1929, 108 Abb. 123.

60 Ebd. 112. Vgl. Chastel, 1959, 286 ff.

61 Pedretti a. a. O. 72.

62 Vgl. D. A. Brown, The Profil of Youth and Leonardo's Annunciation, Mitt. des KHI, Florenz, XI 3, 1971, 265 ff. Außerdem ders., 1973, II 3.

63 E. H. Gombrich, Boticelli's Mythologies. A Study in the Neoplatonic Symbolism of his Circle, JWCI VIII, 1945, 10.

64 Fondazione Cini, Venedig, Fotothek, Nr. 287212.
   Hier als „Magdalena" bezeichnet, in Kat. Luini, 1975, 61 als „Egeria". Ebenso bei Suida a. a. O. 300.

65 Der Kleine Pauly, Lexikon der Antike, 1979, IV 207 ff.

66 Ebd.

67 Anstett-Janssen a. a. O. 427.

68 Lurker, 1973, 204. S. a. G. Ronchetti, Dizionario Illustrato dei Simboli, Milano 1922, ed. 1979, 391: ‚Fedeltà' und 392: ‚Fedeltà segreta'.

69 Der Kleine Pauly II 546. S. a. Ovid, Fasti III 262 und Metamorphosen XV 485 ff. und 546.

70 Panofsky, 1979, 75, Ähnliches gilt für Michelangelos Christus in der römischen Kirche S. Maria sopra Minerva.

71 Panofsky, 1979, 89.

72 Wöfflin, 1968[(9)], 247.

73 Leonardo da Vinci, ed. Ludwig, part. 25.

74 Ebd.

75 Pedretti, 1964, 113. Pedretti sieht die Anekdote inhaltlich eindeutig auf eine religiöse Darstellung bezogen.

76 Hauser, 1958, 113 über die Zweideutigkeit der Bilder. Im übrigen Panofsky, 1979, 15 ff.

77 Florenz, Uffizien.

78 Suida, in: Th.-B. XXVI 343.

79 LCI VII, 1974, 290 und 310. Eine nackte Katharina ließe sich allenfalls als auf das Rad geflochtene Märtyrerin vorstellen. Im übrigen scheint das Thema ebenso beliebt gewesen zu sein wie das der Magdalena. Von Giampietrino sind weitere Katharinendarstellungen als Einzelbilder bekannt:
   1. Berlin, ehem. Staatliche Museen, Kat. 1931, 355 Abb. 215.
   2. Hampton Court (nach Suida, 1929, 399).
   3. Mailand, Slg. Borromeo (nach Suida a. a. O. 300).
   4. Mailand, Slg. Conte Iro Brozzi (nach Suida a. a. O. 300.
   Bemerkenswert ist auch eine Darstellung «Martyrium der heiligen Kahtarina» von Gaudenzio Ferrari (Mailand, Brera, Kat. 1977, Abb. 321). Die Heilige kniet im Vordergrund des Bildes, ein rotes Tuch bedeckt ihren Körper von den Hüften abwärts, während der Oberkörper nackt ist. S. zu diesem Bild auch Vas.-Mil. VI 518 Anm. 2.

80 LCI V, 1973, 60 f.

81 Weise–Otto, 1938, 28 ff. S. a. Baxandall a. a. O. 73 ff.

82 Huber a. a. O. 24.

83 Panofsky, (1959) 1975, 25/26.

84 Wackernagel, 1938, 14.

85 Ebd. 52.

86 Ebd. 53.

87 Ebd. 292 ff.

88 Burckhardt, 1966, 75. Zu Venedig s. Savini-Branca, 1964, 14 ff. Im übrigen auch Scritti d'Arte, ed. P. Barocchi, III 2867 ff.

89 Wackernagel a. a. O. 229.

90 Ebd. 299.

91 Chastel, 1959, 398 ff.

92 Zit. nach Wackernagel a. a. O. 300.

93 Castel a. a. O. 395.

94 Burckhardt a. a. O. 453.

95 Wind a. a. O. 35/36.

96 Der Typus dieser Magdalena ist bei Reinach abgebildet und als in Augsburg befindlich angegeben, allerdings ohne nähere Angabe der Sammlung. Ein weiteres Exemplar ist mir von einer Abbildung bekannt (Foto Anstett-Janssen), das sich früher in der Gallerie Mansi in Lucca befunden haben soll. Bei Suida, 1929, ist dieser Typus nicht genannt. Bei Pigler (1956), 1974, 451 aufgelistet.

97 Wind a. a. O. 215.

98 Kristeller, 1972, 15 f.

99 Panofsky, 1979, 193.

100 Olschki, 1958, 330.

101 Cassirer, 1927, 84.

102 Ebd. 37 und 138.

103 Burckhardt, 1966, 123.

104 Cassirer a. a. O. 65.

105 Ebd. 140 ff.

106 Kristeller a. a. O. 199.

107 Ebd. 201.

108 Ebd. 377.

109 Ebd. 376.

110 Olschki a. a. O. 330.

111 Kristeller a. a. O. 377.

112 Ebd.

113 Ebd.

114 Cassirer a. a. O. 138.

115 Ebd. 139.

116 Ebd.

117 Ebd. 140.

118 Ebd.

119 Ficino, Op. 1323. Zit. nach Kristeller a. a. O. 246.

120 Ebd.

121 Kristeller a. a. O. 376.

122 Panofsky, (1959) 1979, 183.

123 Olschki a. a. O. 131.

124 Panofsky, 1979, 50.

125 Olschki a. a. 331.

126 Warburg (1893), 1979, 15 ff. Gombrich, 1945, 7 ff. Wind, 1981, 151.

127 Gombrich, 1945, 43.

128 Warburg a. a. O. 16.

129 Panofsky, 1980, 204.

130 Ders., 1979, 195.

131 Ders., 1975, 28. S. a. Chastel a. a. O. 424 ff. Über Ficinos Verhältnis zur Kunst s. Wind a. a. O. 150. Zu Leonardo und seinem Verhältnis zum Neoplatonismus s. Zubov, 1969, 126 f.

132 Panofsky, 1975, 94 Anm. 127.

133 Leonardo da Vinci, ed. Ludwig, part. 13.

134 Chastel a. a. O. 401 ff. Zur Kunsttheorie des 15. und frühen 16. Jahrhunderts s. Panofsky, 1975, 25 ff.

135 Wind a. a. O. 133. Zu Leonardos Einstellung gegenüber spekulativen geisteswissenschaftlichen Fragen über Philosophie oder Theologie s. a. Zubov a. a. O. 90 ff.

136 Wind a. a. O. 133.

137 Loos, 1955, 38.

138 Castiglione, ed. Wesselski, III.

139 Ebd. IV 59.

140 Ebd.

141 Castiglione IV 69.

142 Ebd. IV 70.

143 Ebd. IV 70 und 71.

144 Ebd. IV 72.

145 Ebd.

146 Ebd.

147 Paulus, 2. Brief Kor. 12,2–3.

148 Kristeller a. a. O. 98 und 356.

149 Panofsky, 1980, 206.

150 Wind bemerkt treffend, daß es „Kreuzungen" zwischen heidnischen und christlichen Gestalten geben kann, die sich wechselseitig beeinflussen und durchdringen können. Ob sich, vor allem geringere Künstler, viel dabei dachten, wenn solche „Kreuzungen" in ihren Werken zustande kamen, ist eine andere Frage. Wind a. a. O. 36.

151 Zur Frage der Spiegelbildlichkeit zwischen äußerer und innerer Schönheit s. a. Cropper, 1976, 388. Vgl. dazu auch Panofskys Ausführungen zur Ikonographie der *Nuda Veritas*, die sich aus der folgenschweren Verschiebung der Begriffe Reue und Wahrheit herleitet (Übersetzung des Lukian von Alberti; Panofsky, 1980, 220 f.). Die „Gestalt der Nuda Veritas wurde zu einer der populärsten Personifikationen in der Kunst der Renaissance. . ." Zugleich wurde „Nuda Vertias als Ausdruck angeborener Schönheit gedeutet" (221). S. dazu als Beispiele ikonographischer Nacktheit bei C. Ripa (Ikonologia) die «Belezza», «Anima», «Verita» (236 Anm. 102).

152 Der «Cortigiano» wurde erst 1528 in Venedig publiziert.

153 Beide Bilder, Paris, Louvre. Die Züge der Dargestellten entsprechen dem Ideal des Androgynen, das bewußt beide Geschlechter in sich zu vereinen sucht, vor allem bei Engeldarstellungen schon bei Verrocchio. Zur Frage des Androgynen s. Chastel, 1959, 289 ff. Zur Herkunft des Motives des halbfigurigen Johannes, die Beziehungen zwischen Leonardo und Rustici, s. K. Weil-Garris-Posener, Leonardo and Central Italian Art, 1515–1550, New York 1974, außerdem Clark und Pedretti, 1968, 27–28, 12328 r. Zu den zahlreichen Kopien und Varianten nach dem Johannes s. Pomilio–della Chiesa, 1967, 110, Nr. 37.
Zum Problem des Bacchus-Johannes s. R. Fritz, Zur Ikonographie von Leonardos Bacchus-Johannes, in: Mouseion, Studien für H. Förster, Köln 1960, 98 ff. Pedretti a. a. O. 165 ff.

154 Pächt, 1977, 153 ff.

155 G. v. Mutius, Die büßende Magdalena, Zeitschrift für Ästhetik und allgemeine Kunstwissenschaft XXXV, 1941, 62.

Anmerkungen zu Kapitel III

1 Wind a. a. O. 165.

2 Ders. 84 ff. Wind verweist auf den antiasketischen Einschlag im Neoplatonismus: „In christliche Moral fließt eine Art neopaganen Lustempfindens ein."

3 Ebd. 176.

4 Olschki a. a. O. 377.

5 Ebd. 384.

6 Ebd.

7 Burckhardt, 59/60.

8 Olschki a. a. O. 384.

9 Ebd. 382.

10 Logan, 1972, 90.

11 Z. B. Kardinal Bessarion, der seine Bibliothek geschlossen Venedig vermachte (Gregorovius, III, 262). Ebenso wurden die Ikonenmaler, die *madonnieri*, in Venedig, bekannt, brachten aus ihrer Heimat diese Andachtsobjekte nicht nur nach Venedig, sondern führten sie auch für die neuen Auftraggeber aus. S. Bettini, La Pittura di Icone Cretese, Veneziana e i Madonnieri, Padua 1933, besonders 12 ff.

12 Savini-Branca a. a. O. 25 ff. Vor allem die Sammlung Grimani barg eine Fülle von antiken Kunstwerken, die im späten 16. Jahrhundert der Lagunenstadt vermacht wurden (Savini-Branca 28 f.).

13 Der Anonimo Morelliano, Marcanto Michiel's Notizia d'Opere del Disegno, ed. Frimmel, Wien 1888.

14 Z. B. im Hause des Herrn Antonio Foscarini, Michiel a. a. O. 90 ff.

15 Ders. 84. Im Besitz des A. Odoni – „La nuda grande destessa driedo el letto fu de man de Hieronimo Savoldo Bressano".

16 Goffen, 1975, 512.

17 Ebd.

18 LCI IV, 1972, 4/5. S. a. Paatz, 1953, 124 f.

19 LCI III, 191/192. G. Weise, Tizian als religiöser Maler, in: Die christliche Kunst 33, München 1936/37, 164.

20 Huizinga a. a. O. 232.

21 Ebd. 231.

22 Goffen a. a. O. 494.

23 Olschki a. a. O. 379.

24 Washington, National Gallery of Art. Bei L. Dussler, 1942, 138 Nr. 44 als Magdalena aufgeführt.

25 K. Clark, 1958, 124.

26 Ebd. 123.

27 Z. B. das Motiv des ‚kreuztragenden Christus von Bellini um 1510. Pignatti, 1969, 108 Nr. 199 (Rovigo, Accademia dei Concordi) und Nr. 200 (Boston, Isabella Stuart Gardner Museum). Ebenso Tizians bekanntes Bild mit dem etwas abgewandelten Motiv in Venedig (Scuola San Rocco), entstanden um 1510/12.

28 Clark, 1958, 125.

29 W. Paatz, Giorgione im Wetteifer mit Mantegna, Leonardo und Michelangelo, Heidelberg 1959, 11. Ob für die Konzeption dieses Bildes der Einfluß Leonardos allein verantwortlich ist, wie Paatz behauptet, sei dahingestellt (12). Ebensogut läßt sich als Vergleich Tullio Lombardos ‚Doppelportrait' heranziehen, das neuerdings in das letzte Dezennium des 15. Jahrhunderts datiert wird (s. S. Wilk, Tullio Lombardo's Double Portrait Reliefs, Marsyas Studies in the History of Art XVI, 1972/73, 68 ff.).

30 Bode, 1921, 132 ff. S. a. Paatz, 1959, 12.

31 Bode a. a. O. 135.

32 Vas.-Mil. VII 433. Dazu auch T. Pignatti, 1973, 259.

33 Pignatti a. a. O. 245.

34 Tietze a. a. O. 135. Vgl. zu Tizians Holzschnitten P. Dreyer, Tizian und sein Kreis, 50 Venezianische Holzschnitte aus dem Berliner Kupferstichkabinett, Berlin 1972. Es sei angemerkt, daß hier allein auf den typologischen Zusammenhang zwischen Dürers ‚Magdalena' und Tizians ‚Eva' verwiesen werden soll. Dies kann jedoch nicht über die Tatsache hinwegtäuschen, daß Tizian den Holzschnitt zu einem „eigenen künstlerischen Ausdrucksmittel gemacht hat" (Dreyer 11). Denn „ein Dürerscher Holzschnitt ist durchaus ein Holzschnitt und ganz eine Schöpfung Dürers, ein Tizianscher Holzschnitt dagegen ist entweder eine in Holz geschnittene Zeichnung Tizians oder aber nicht durchaus ein Werk Tizians, in dem zwar die Erfindung, nicht aber die Liniengestaltung von dem Meister stammt. Das Werk, das als Wendepunkt bettrachtet werden kann, ist Tizians Trionfo della fede." (M. J. Friedländer, Der Holzschnitt, Vierte Auflage neu bearbeitet von H. Möhle, Berlin 1970. Zit. nach Dreyer 26.) Vgl. M. Muraro–D. Rosand, Tizian „In Gara con Albrecht Dürer", Tiziano e la Silografia Veneziana del Cinquecento, Vicenza 1976, 52 ff. Zur Herkunft des Motives der ‚Trionfi', ihre Funktion und Ikonographie s. ebd. 76 ff.

35 Wildenberg-de Kroon a. a. O. 74.

36 E. Hubala, Reclams Kunstführer II 1, Venedig-Stuttgart 1974, 265. S. Außerdem Roy, 1929, 57/58. Roy verweist auf ein Relief von 1567 eines unbekannten Bildhauers, das eine Magdalena darstellt, die nach dem Vorbild des Bildes «Eva Prima Pandora» von J. Cousin (Abb. 53) geschaffen wurde (b. Roy Abb. S. 57). Das Relief war, wie aus einer Inschrift hervorgeht, ein Auftragswerk für G. Sotan, Kanonikus der Kathedrale von Sens. Heute befindet es sich in der Kirche St. Maurile, Sens.

1 Crowe–Cavalcaselle, 1881, I 350. Tietze, 1936, Tafelband 288. R. Pallucchini, 1969, I 268. H. E. Wethey, 1969, I 143.

2 Man hat bisher angenommen, daß Vasari das Bild anläßlich einer Reise schon 1548 in Urbino gesehen hat (Kat. Tiziano nelle Gallerie Fiorentine, 1978, 108). Vasari berichtet, es in der Guardaroba des Herzogs von Urbino, Francesco Maria della Rovere, gesehen zu haben. 1548 war der Herzog jedoch schon ein Jahrzehnt verstorben (Vas.-Mil. VII 443). Vgl. Kallab, 1908, 381 Anm. 1.

3 Vasari kann das Bild erst 1566 gesehen haben, und zwar in der Guardaroba des Schlosses zu Pesaro (Kallab a. a. O. 124). Zampetti teilt unlängst mit, daß die Kunstschätze der Urbinaten nicht in Urbino, sondern in Pesaro aufbewahrt worden waren. Dies ergibt sich anhand von neu aufgefundenen Inventaren des Hauses Urbino (Zampetti, 1980, 322/323). S. a. Hope, 1977, 190.

4 „Ed oltre cioè una testa dal mezzo in su d'una Santa Maria Maddalena con i capegli sparsi, che è una cosa rara" (Vas.-Mil. VII 443/444).

5 Zampetti a. a. O. 322. S. a. Gronau, 1904, 9 ff.

6 Gronau a. a. O. 8. Vittoria della Rovere heiratete 1633 Ferdinand II. de Medici.

7 J. Cleugh, Die Medici, München 1977, 382.

8 Ebd. 383.

9 Kat. Tiziano nelle Gallerie . . ., 1978, 108.

10 Ebd.

11 Suida, 1929, 214.

12 Ebd., s. a. Suida, 1933, 61.

12a S. Kap. II Anm. 14 Nr. 5 und Nr. 8. Beide bei Suida, 1929, nicht erwähnt.

13 Paatz, 1953, 121. S. a. Clark, 1979[3], 120. Vgl. zur Stimmungskongruenz von Landschaft und subjektivem Empfinden in der Darstellung des Heiligen die Ausführungen von M. Meiss zu Bellinis «Ekstase des Heiligen Franziskus» (Frick Coll.) Meiss, 1964, 13–33.

14 Hetzer, 1969[3], 69.

15 Ebd. 68.

16 Ebd.

17 Ebd. 69.

18 Tietze, 1936, 147/148.

19 Entstanden zwischen 1526 und 1530. Wethey a. a. O. I 153 ff.

20 Paris, Louvre. Entstanden zwischen 1530 bis 1535. Wethey, a. a. O. III 127 ff.

21 Pallucchini a. a. O. 69 ff. Ders., 1976, 7 ff.

22 Hetzer a. a. O. 109 ff.

23 Ebd. 114.

24 Tietze a. a. O. 144 ff. Die Krise Tizians hat sicherlich auch ihre Ursache darin, daß eine neue junge Malergeneration nach vorn drängt. Zu ihnen gehören Künstler wie Veronese oder Tintoretto, auch die Bassani u. a. (s. dazu Pallucchini, 1977, 8). Hope ist allerdings vorsichtiger hinsichtlich des Begriffes einer „manieristischen Krise" bei Tizian, übersieht jedoch den formalen und stilistischen Wandel im Oeuvre Tizians nicht (Hope, 1980, 103).

25 Tietze a. a. O. 187 ff. Vgl. Frey, 1959, 218 ff. über Tizians religiöses Erleben in dieser Zeit (219 ff.), speziell sein Verhältnis zum Transzendenten und Numinosen (261).

26 Crowe–Cavalcaselle a. a. O. I 161.

27 Zu Tizians Beziehungen zum Hof von Ferrara s. Wethey a. a. O. III 153. Tizian und der Hof von Mantua, s. Wethey a. a. O. II, 107. Außerdem A. Luzio, La Galleria dei Gonzaga, Mailand 1913. Tizian und seine Auftraggeber in Urbino, s. Gronau, 1904, 1 ff. und Zampetti a. a. O. 321–323.

28 Crowe–Cavalcaselle a. a. O. I 371.

28a Paris, Louvre, Wethey a. a. O. I Abb. 155.

29 v. Wilckens Wirth, in: RDK III, Sp. 1020–1031. S. a. Clark, 1979, 17 und 120 ff.

30 Ost, 1975, 3–93. S. a. LCI VI, 1974, Sp. 523 ff. zu Motiv und Ikonographie des büßenden Hieronymus: der Eremit in wilder Landschaft, Gestik-Mimik als Korrelat gesteigerter Gemütsbewegung. Auf die Frage der Entsprechung von (auch halbfigurigen) Hieronymus- zu den Magdalenendarstellungen, vor allem in der zweiten H. des 16. Jahrhunderts, kann hier nicht eingegangen werden.

31 Bode, 1921, 133 ff.

32 Clark, 1958, 1.

33 Ebd. 68.

34 Wethey a. a. O. III, 27.

35 Curtius, 1938, 323 ff.

36 Saxl (1932), 1979, 428.

36a V. Goloubew, Les Dessin de Jacopo Bellini au Louvre et au British Museum, Brüssel 1918, 2 Vol.

37 S. Wilk. The Sculpture of Tullio Lombardo, New York-London 1978. Schlegel, 1979, 187 ff.

38 Curtius a. a. O. 233 ff.

39 Perry, 1980, 187 ff.

40 v. Rothschild, 1931, 207. Rothschild bezieht sich auf Ridolfis Bemerkung zu Tizians Magdalenen, der Maler vielleicht eine antike Venusstatue als Modell verwendet hat (Ridolfi-Hadeln I 189). S. a. Reff, 1963, 362.

41 P. Silentiarius (ed. Gio. Viansino, 27). S. a. P. Friedländer, 1912, 197. Zu Venus-Aphrodite s. Watson a. a. O. 184 ff.

42 Ovid, Liebeskunst III 224.

43 Philostrat 201.

44 Ebd. 187.

45 Ovid, Liebeskunst III 133.

46 Ders., Metamorphosen IX 89 ff.

47 Ders., Liebeskunst III 432 ff.

48 Albrecht-Bott, 1976, 30 ff. Näheres dazu auch bei K. Foscolo, La Chioma di Berenice, 1913, II 319 ff.

49 Alberti a. a. O. 81. Vgl. auch Leonardo da Vinci, ed. Richter, part. 369.

50 Warburg (1893), 1979, 19.

51 S. die Lobeshymne Giovanni della Casas auf Tizians Bild der ‚Danae' für Alessandro Farnese vom 20. 9. 1544. Darin heißt es, daß die ‚Venus von Urbino' „è una teatina appresso a queste" (die ‚Danae'), L Campana, Monsignor Giovanni della Casa e i suoi tempi, Studi Storici XVII, 1908, 383.

52 Wind a. a. O. 36.

Anmerkungen zu Kapitel V

1 Panofsky, (1959) 1975, 24.

2 Leonardo da Vinci, ed. Ludwig, part. 137.

3 Scritti d'Arte, ed. P. Barocchi, II 1613 ff.

4 Floerke, 1917, 64 f.

5 Castiglione a. a. O. I 40.

6 Ebd.

7 Anderson, 1979, 156.

8 Burckhardt sah in Tizians «Flora» ein Mädchen in Brauttracht (Burckhardt, 1966, 345). Vgl. dazu Mellenkamp, 1969, 174 ff.

9 Molmenti, 1973[7], II 458.

10 Ders. II 462 Anm. 1 und 3. S. a. R. Casagrande, 1968, 273 f.

11 Bloch, 1925, II 87.

12 Ebd. 85 ff.

13 U. Graf, Una Cortigiana fra Mille: Veronica Franca, in: Attraverso il Cinquecento, 1888, 223 ff. Neuerdings G. Masson, Courtesans of the Italian Renaissance, London 1975.

14 Bloch a. a. O. 99 ff.

15 Masson a. a. O. 6. Dies entspricht neoplatonistischen Vorstellungen von der Schönheit, kennzeichnet zugleich die Situation in jener Zeit: Kurtisanen waren wie dazu geschaffen, die neoplatonistische Auffassung des Schönen körperlich greifbar zu realisieren.

16 Masson a. a. O. 15.

17 Ebd. 88 ff. Zu der von Tullia d'Aragona gegründeten literarischen Akademie 199 ff. Zu den Kurtisanen und ihren Beziehungen zur gehobenen Gesellschaft s. Aretino, Ragionamenti, repr. 1967, III 445.

18 Casagrande a. a. O. 143 ff. Vgl. neuerdings D. u. E. Rosand, ‚Barbara di Santa Sofia' und ‚il Prete Genovese': On the Identity of a Protrait by Bernardo Strozzi, AB LXIII, 1981, 250.

19 Casagrande 219ff., 193ff. und 235ff. Zu Tullia d'Aragona s. neuerdings Ramsden, 1983, 95–108.

20 Zit. nach Bloch a. a. O. II 133f.

21 Aretino, Lettere, ed. 1619, I 243: „Io vi dó la palma di quante ne fur' mai, poi che voi piu, ch'altra havete de l' honestà, procciandosi per via de la saviezza, e de la discrezione robba, e laude."

22 Brief von Aretino an Tizian vom Dezember 1547: „un paio di fagiani e non so che altro vi aspettano a cena insieme con la signora Angiola Zaffetta e io . . .", in Gandini, Tiziano le Lettere, 1977, 101 Nr. 79. In einem anderen Brief von 1552 schildert Aretino ein Diner, an dem neben anderen Kurtisanen auch Angela Zaffetta und wiederum Sansovino und Tizian teilgenommen haben (Gay, Bibliographie des ouvrages rélatifs à l'amour III 1395). In einem anderen Billet wird die Kurtisane Franceschina zusammen mit Sansovino und Tizian bei Aretino eingeladen (vgl. Italienische Liebesbriefe, Leipzig 1908, 58).

23 Bloch a. a. O. 90.

24 Molmenti a. a. O. II 457. Über das Schicksal der Camilla Pisana, der verlassenen Maitresse Filippo Strozzis, s. Masson a. a. O. 61ff. Über Beatrice de Ferrara, deren Glanzzeit und Ruhm kaum mehr als zehn Jahre überdauerte, s. Masson a. a. O. 65ff.

25 Kristeller a. a. O. 277ff.

26 Held, 1961, 201ff.

27 Ovid, Fasti IV 863.

28 Ebd.

29 Ebd. V 183f.

30 Held a. a. O. 208.

31 Anderson, 1979, 158 Anm. 15. Vgl. Casagrande a. a. O. 276ff.

32 Horaz, Satiren, 1975, I 2, 101/102.

33 Ovid, Liebesgedichte III 1.9.

34 Ebd. III 2, 36.

35 Ebd. III 307/308.

36 Grimal, 1981, 136. S. dazu a. Zinserling, 1972, 39ff.

37 Ovid, Fasti IV 134/135.

38 Grimal a. a. O. 120.

39 Cozzi, 1980, 47ff. S. a. Floerke, 1971, 58ff.

40 Bloch a. a. O. II 255ff. Masson (a. a. O. 109f.) berichtet, wie Tullia d'Aragona denunziert wurde, weil sie die Kleiderordnung nicht einhielt. Außerdem, G. Scarabello, Devianza sessuale ed Interventi di Guistizia a Venezia nella prima Metà del XVI Secolo, Tiziano e Venezia, in: Convegno Internazionale di Studi, Venezia 1976, Vicenza 1980, 75ff.

41 C. Vecellio, Habiti antichi . . ., 1598, 107.

42 Held a. a. O. 211.

43 Leonardo da Vinci, ed. Ludwig, part 376 und part. 144.

44 Verheyen, 1968, XXVI 220ff. Verheyen will in B. Venezianos Bild eine Hochzeitsallegorie sehen. Vgl. dazu Anderson, 1979, 156. Anderson bestreitet Verheyens These zu Recht.

45 Suida, in: Piantanida–Baroni, 1975, 154.

45a U. Graf, Attraverso il Cinquecento: Veronica Franca, una Cortigiana fra Mille, 1888, 233ff. R. Casagrande, Le Cortigiane Veneziane nel Cinquecento, Mailand 1968. G. Masson, Courtesans of the Italian Renaissance, London 1975. Zum Folgenden s. a. St. Chojnacki, La Posizione della Donna a Venezia nel Cinquecento, in: Tiziano e Venezia, Convegno Internazionale di Studi, Venezia 1976, Vicenza 1980, 65ff.

45b Graf, 1888; Casagrande, 1968; Masson 1975.

46 Goodgale, 1978, 177. Neuerdings H. Ost, Die sogenannte ‚Venus von Urbino' und andere Buhlerinnen, in: Festschrift für E. Trier, 1981, 140 Anm. 6. Der bei beiden Autoren publizierte Text ist leider ohne Quellenangabe. Der Brief wurde schon 1928 von Gronau veröffentlicht: Alfonso d'Este und Tizian, JSK, Wien 1928, 246. In dem Brief des ferraresischen Gesandten Tebaldo an Alfonso d'Este vom 14. 10. 1522 entschuldigt jener Tizian, einer Einladung des Herzogs nach Ferrara nicht Folge leisten zu können. In dem Brief heißt es „Nel fine epso s'è excusato, che'l ha mutato due donne e che'l spera nel fine del presente mese haver finito quelle et certi nudi, e che, se poi V^{ra} Ex^{tia} vorà che'l vengi li, vi venirà per finire quello resto che serà teste e certe cosette che'l dice non estimar, et che non vene hora perchè qui ha comoditate de *putane* e d'homo che nudo lo satisfa." Für den Hinweis auf Gronaus Publikation habe ich Prof. H. Siebenhüner, Würzburg, zu danken.

47 Campori, 1874, 600. S. a. Hope, 1971, 718.

48 „Retrar femine nude, L. 3 – per spogliar done nude solo veder" Lotto, Libro dei Conti 10 und 12. Zit. nach Molmenti a. a. O. II 271.

49 Nach Masson a. a. O.

50 Molmenti a. a. O. II 469. H. Ramsden, 1983, 104, stellt die Identität der Dargestellten als T. d'Aragona in Frage.

51 Cropper a. a. O. 391 f.

52 Anderson, 1979, 156 f. Wethey fällt auf, daß Tizian eigentlich wenig offizielle Portraits von Damen der Gesellschaft geschaffen hat, gemessen an den Bildern von unbekannten Frauen in mythologischer Gestalt und auch an den Portraits seiner männlichen Freunde und Auftraggeber. (Wethey a. a. O. II 46). Dies scheint auch auf andere italienische Künstler zuzutreffen, wie D. R. Smith bemerkt. (D. R. Smith, Rembrandt's Early Double Portraits and the Dutch Conversation Piece, AB LXIV, 1982, 272 Anm. 45). Das mag seinen Grund auch darin haben, daß, wer es sich leisten konnte, eine Maitresse hielt (Cozzi, 1980, 52), s. u. Anm. 57, 58, 60.

53 R. Wishnewsky, Studien zum ‚portrait historié' in den Niederlanden, Diss. München 1967.

54 Held a. a. O. 216 f. Ost, 1981, 129 ff. Möglicherweise gehört dazu auch ein Bild wie Cousin's «Eva Prima Pandora». S. D. u. E. Panofsky, Pandora's Box, London 1956.

55 Panofsky, 1980, 233 Abb. 121. Panofsky hat zu Recht Zweifel und findet es eigentümlich, daß Neuvermählte oder angesehene Paare sich in Gestalt von Mars und Venus darstellen ließen, deren Beziehungen alles andere als legal war.

56 Wien, Kunsthistorisches Museum.

57 Vas.-Mil. III 169.

58 Wethey a. a. O. III 93.

59 Wilde, 1974, 248. Wilde berichtet, daß sich unter der Darstellung «Frau im Pelz» (Wien, Kunsthistorisches Museum) die getreue Replik der «Bella» (Florenz, Palazzo Pitti) befindet. Zur «Bella» s. Gronau a. a. O. 18 Dok. XXVIII, zur «Venus von Urbino» ebd. 19 Dok. XXXI.
Ähnliches ist über die von Tizian gemalte «Danae» für Philipp II. zu berichten. In einem Brief vom 10. 9. 1554 an Philipp II. kündigt Tizian dem König an, daß er ein Pendant zum genannten Bild schaffen werde, das die Schöne nicht von vorn, sondern als Rückenakt zeigen werde (Gandini, 1977, 171 Nr. 135). Damit ist eine der ‚Poesien' für Philipp gemeint.

60 Hope, 1977, 189. Ost, 1981, 145.

61 Campori, 1874, 596.

62 Hope, 1980, 112.

63 Zit. nach Floerke, 1913, 16.

64 Das Bild der «Laïs» ist 1526 datiert (Inv. Nr. 322 und 323), Kat. Die Malerfamilie Holbein, 1960, 202 und 205. Dr. J. Meyer zur Capellen, Freiburg, stellte mir freundlicherweise sein seinerzeit noch unveröffentlichtes Manuskript eines Aufsatzes über Hans Holbeins ‚Laïs Corinthiaca' zur Verfügung. Seine Vorbehalte gegenüber einer Identifizierung der Magdalena Offenburger mit der Dargestellten können hier nicht diskutiert werden. Sie sollen jedoch gelegentlich in einer gesonderten Abhandlung berücksichtigt werden.

65 Ganz, 1912, 235.

66 Held a. a. O. 215. Wishnewsky a. a. O. 35 Anm. 2.

67 Kat. Welt im Umbruch, Augsburg, 1980, II 248.

68 Adhémar, 1945, 191 ff. Zu Diane de Poitiers s. F. Bardon, Diane de Poitiers et le myth de Diane, Paris 1963.

69 E. Panofsky, Ikonographie und Ikonologie (1939/1955), 1979, 224 Anm. 1.

70 Kat. der Gemäldegalerie, Berlin 1931, 432 Nr. 307.

71 Held a. a. O. 216 Anm. 81. Helds Vermutung, daß sich in diesen Bildern von Savoldo die Darstellung einer Kurtisane in Gestalt Magdalenas verbergen könnte, gab die entscheidenden Anstöße dazu, Magdalenenikonographie auf ihre Verbindung mit der Kurtisanenikonographie zu überprüfen.

72 National Gallery London, Illustrated General Catalogue 613 Nr. 3031. Fomiciova (1978, 163) nennt eine dritte Version des Bildes in der Slg. Contini-Bonacossi, Florenz.

73 Ridolfi–Hadeln a. a. O. I 271: „In casa Averoldo in una figura della Maddalena involta in drappo, col vase dell'alabastro, incamminata al Sepolcro, celebre pittura, dalla quale si sono tratte molte copie".

74 Vecellio, 1598, 107.

75 Pedretti, 1973, 138.

76 Berlin, ehem. Staatliche Museen. Catena war ein wohlhabender und zu seiner Zeit beliebter Modemaler, der sich allerdings, vor allem in seinen Anfängen, im Schatten Giorgiones darstellt. Er war wohl auch dessen Werkstattkollege, wie sich aus einer Inschrift ergibt, die, ebenso wie die Datierung, 1506 auf der Rückseite von Giorgiones

Bild «Laura» gefunden wurde (Pignatti, 1979, 105 f.). Vielleicht stellt Catenas Bild der Magdalena sogar einen Reflex auf Giorgiones Bild dar. Zu Catena s. C. Robertson, Vincenzo Catena Edinburgh, 1954.

77 C. H. de Jonge, Portrette van Jan van Scorel en Agatha von Schoonhoven, Oud Holland XLVI, 1929, 267 ff.

78 Schuchhardt, 1981, 142 f. S. a. Kat. des Wallraf-Richartz-Museums, Köln 1969, 43 f. Das Bild ist mit der geflügelten Schlange signiert.

79 Hösle, 1969, 116.

80 Aretino, Prose Sacre 34. – „Cotali sproni spinsero a chiamaro a sé le donzelle che hanno cura a vestirla e a spogliarla. E rizzandosi suso, non potendo raffrenare il costume lascivo, con disdegno di Marta, si lasció vedere tutta ignuda. Tre giovinette le missero la camiscia di bisso fregiata di oro, e tempestata di perle; la quale, intrigandosi nella rigidezza di un cerchio d'oro pieno di smeraldi che la cingeva sopra il gombito destro, diede spazio ad altrui di mirarle il fuso del braccio ricoperto di neve mossa dai polsi che la riscaldavano con gli spirti della vita. Ed ella cadendo in seno ai vezzi della istessa lascivia con quelle arte che muovono gli atti delle peccatrici, formava alcuni sospiri, anzi insidie agli animi cortesi della sua libertade. E mentre si ornava dell'abito ebreo parlava e parlando rompeva le parole con alcune dolcezze e chaverebbero spezzato il diamante che arma il petto della ragione non che il vetro che ricopre quello del senso."

81 Ebd. 35. – „L'Aurora aveva dipinto le guance di Maddalena o se quello delle gote di Maddalena aveva colorite le guance dell'Aurora."

82 Ebd. „Altri, smarrito nella bellezza dei suoi capelli, afferma che quegli avevano dato il lucido all'oro e non l'oro a quegli. Alcuno stava in dubbio se il sole toglieva il lume dai suoi occhi o se gli occhi suoi lo prestavano al sole. Due unioni che le pendevano dalle orecchie percosse dalle reflessioni dei denti, ripercosse altrove rimanevano, come il candido dei ligustri al paragone dello ariento forbito. La vivezza delle labbra poste in quella sua bocca, che la natura le teneva alquanto aperta, con atto ridente ripercoteva in una ghirlanda di rubini che le cerchiavano le tempie . . ." „. . . Ma senza altra contesa, gli odori di che ella si ungeva cedevano alla soavità del fiato che le spirava fora della sua bella bocca."

83 Ebd. 37.

84 Hösle a. a. O. 120.

85 Ebd. 117.

86 H. Benrath, Bernardino Ochino von Siena, Leipzig (1875) 1892.

87 B. Ochino, Aploge des Bernardino Ochino, in: Der Volksmund, Hrsg. F. Kraus, VII und VIII, Leipzig 1907, III 28. Apolog 147 ff.

88 G. Paleotti, Discorso alle Immagine Sacre e Profane, in: Trattati d'Arte, ed. Barocchi, 1961, „. . . e però opera che un pittore, in vece di formare uno Cristo, formi uno Apolline, e lo scultore, in loci di comporre la statua di uno martire, compona una trasformazione favolosa; fa opra che le figure si dipingano ignude per lo più e molto lascivamente. Entra fino nei santi, e se la beata Maddalena o san Giovanni evangelista o un angelo si dipinge, fa che siano ornati et addobbati peggio che meretrici o istrioni; overo sotto coperta di una santa fa fare il ritratto della concubina; . . ."

89 Ebd.

90 Aretino, Ragionamenti, repr. 1967, III 460. „Ora mi è a le spalle per ritrarla di nuovo, non gli bastando averla avuta piú volte; egli l'ha ritratta per l'Angelo, per la Madonna, per la Maddalena, per Santa Apollonia, per Santa Orsola, per Santa Lucia, e per Santa Caterina . . ."

91 Castiglione a. a. O. II 58/59. Es sei diesbezüglich auch an jene Bemerkung des S. del Piombo erinnert, der in einem Brief vom 7. 7. 1533 an Michelangelo über den Ganymed (in der Kuppel) schreibt: „Du könntest ihm einen Heiligenschein geben, sodaß er wie der Hl. Johannes der Apokalypse aussähe", der zum Himmel auffährt. Zit. n. Panofsky, 1980, 279. Es fragt sich, ob man diese Bemerkung tatsächlich nur als Scherz verstehen muß (s. a. Gombrich, Ikonographie und Ikonologie (1972), 1979, 428 Anm. 30.)

92 S. Anm. 46 und 47 dieses Kapitels.

93 Tietze, 1936, I 29. Zu den Beziehungen zwischen Tizian und Aretino außerdem Gregori, 1978, 271 ff.

94 Crowe–Cavalcaselle a. a. O. II 58 f.

95 Tiezte a. a. O. I 29.

96 Hope, 1980, 169. A. Persio, Trattato dell'Ingegno dell' huomo, Venedig 1576, 97 f. Übersetzung und zit. nach Hope: „As I have heard from his own lips and from those who were present when he was working, when he wanted to draw or paint some figure, and had before him a real man or woman, that person would so affect his sense of sight and his spirit would enter into what he was representing in such a way that he seemed to be conscious of nothing else, and it appeared to those who saw him that he had gone into an trance. As a result of this state of

abstraction he achieved in his work little less than another Nature, so well did he represent her form and appearance."

97 Bloch a. a. O. I 775.

97a Aretino, Ragionamenti I 197: „Dimmelo io te ne prego ad ogni modo oggi é la Maddalena nostra avocata che non si fa nulla, e quando ben si lavorasse, io ho pane, e vino, e carne salata per tre di."

 98 Vor allem in der französischen, niederländischen und deutschen Kunst. Früheste Darstellung des Weltlebens im «Saelden Hort» (Codes 2841 der österreichischen Nationalbibliothek, Anstett-Janssen a. a. O. 219ff.). Als Verführerin mit ihrem Liebhaber kosend in der Handschrift Paris, Bibl. Nat., MS FR 24955 (Anstett-Janssen 389). Ähnlich auch der Kupferstich des Lucas von Leyden von 1519 (Anstett-Janssen 333). S. a. Wildenberg-de Kroon a. a. O. 36ff.

 99 Links im Hintergrund des Bildes von Cranach die Szene der ‚Erhebung Magdalenas‘, was schon auf die Entwicklung der Magdalenendarstellungen zum Sittenbild hinweist.

100 Anstett-Janssen a. a. O. 331 f.

101 Wildenberg-de Kroon a. a. O. 67ff.

102 Ebd. 68f.

103 Ebd. Wildenberg-de Kroon bemerkt zu Recht, daß sich innerhalb der bildenden Kunst eine „interne Doppelgestaltigkeit" Magdalenas entwickelt hat: Einmal ist sie die Verführerin, der Legende folgend, zum anderen die Sünderin, die sie als biblische Gestalt kennzeichnet.

104 Wildenberg-de Kroon a. a. O. 71.

105 So in den mittelalterlichen Passionsspielen von Benediktbeuren, Wien oder Frankfurt u. a. Wildenberg-de Kroon a. a. O. 67. S. dazu Malvern, 1975, 100ff.

106 S. Anm. 59 und 60 dieses Kapitels.

107 J. Damase, Saint Sébastien dans l'histoire de l'art depuis le XV siècle, Paris 1969.

108 Vas.-Mil. IV 188: „Laonde per prova fece in un quadro un San Sebastiano ignudo, con colorito molto alla carne simile, di dolce aria, e di corrispondente bellezza alla persona parimente finito; dove infinite lode acquistò appresso agli artefici. Dicesi che stando in chiesa per mostra questa figura, avevano trovato i frati nelle confessioni donne, che nel guardarlo avevano peccato per la leggiadra e lasciva imitazione del vivo datagli dalla virtù di Fra Bartolomeo: per il che levatolo di chiesa, . . ."

109 Pudelko, 1932/34, 145ff. Vgl. zur *Visio Dei*-Darstellung auch de Chapeaurouge, 1983, 82f.

110 Gilbert, 1980, 52ff.

111 Hope–Hood, 1977, 552. Tizian war aber wahrscheinlich schon 1530 kurz in Bologna und konnte das Bild auch bei der Gelegenheit gesehen haben, was die Autoren nicht ausschließen.

112 Hope–Hood a. a. O. 534ff. Gilbert a. a. O. 36ff.

113 Hope–Hood a. a. O. 540 Anm. 29. Das Bild wird von Pope-Hennessy (1970, 205) um 1509 datiert. Daß es im Besitz Aretinos gewesen sein könnte, wird mit einem Brief in Zusammenhang gebracht, in dem Aretino einem Aogosto d'Adda das Bild als Geschenk ankündigt (Prisco, 1966, 99 Nr. 84).

114 Weise–Otto a. a. O. 48ff.

115 Ebd.

116 Ebd. 54.

117 Ebd. 63.

118 Baxancall a. a. O. 88.

119 Boston, Museum of Fine Arts, Wethey a. a. O. I 129f.

120 Weise–Otto a. a. O. 28ff.

121 Ebd. 30.

122 Wildenberg-de Kroon a. a. O. 68.

123 Huizinga a. a. O. 271 Anm. 4.

124 Weinand, 1958, 31. Tentler, 1977, 237f.

125 Weinand a. a. O. 164.

126 Aretino, Ragionamenti 481.

127 Vas.-Mil. V 620 und 622. Die Kurtisane wurde wohl schon vor 1527 auf Veranlassung der Mönche exhumiert. Vgl. a. Gere, 1960, 10.

128 Vas.-Mil. V 621.

129 Masson a. a. O. 103.

130 Ebd. 132.

131 Bloch a. a. O. I 818.

132 Ebd. 819f.

133 Anstett-Janssen a. a. O. 32.

134 Huizinga a. a. O. 271.

135 Ebd. 272.

136 Jedin (1946), 1973, 60.

137 Ebd. 61.

138 Ebd. 59f. Zu V. Colonna und der katholischen Reformbewegung s. a. G. Kranz, 1963, 173 u. ders., 1976, 70.

139 Jedin a. a. O. 57.

140 Ebd. 68.

141 Ebd. 70.

142 Bloch a. a. O. II 1, 253f.

143 Ebd. II 1, 254.

144 Ebd. II 1, 255.

145 Molmenti a. a. O. II 467.

146 Montaigne, Tagebuch einer Badereise, repr. 1963, 136.

147 Graf, 1888, 223.

148 Th.-B. 29, 1935, 510–512.

149 Fomiciova, 1978, 163.

150 Anstett-Janssen a. a. O. 365.

151 Castiglione IV 15.

152 Ebd. II 2.

153 Ebd. II 3.

154 Kristeller, 1981, 77.

155 Ebd. 103.

156 Frenzel, 1976, 437ff.

157 Zit. nach Floerke, 1913, 16. In M. Bandellos 50. Novelle (1554) wird die Kurtisane Malatesta durch die Liebe bekehrt, jedoch aus Sorge, den Geliebten zu verlieren, nimmt sie sich das Leben. Die Bekehrung Magdalenas, der Kurtisane, steht auch im Mittelpunkt eines moralisierenden Dramas des Engländers L. Wager: The Life and Repentance of Mary Magdalen: A Morality Play, 1566, ed. F. I. Carpenter, repr. Chicago 1904.

158 Masson a. a. O. 62. Camilla Pisana mußte sich auf Wunsch von Filippo Strozzi für eine Nacht einigen seiner Freunde überlassen, ein Ansinnen, das sie zwar zurückweisen wollte, doch angesichts der Tatsache, daß er ihrer überdrüssig zu werden drohte, gab sie seinem Wunsch nach.

159 S. bei Saxl (1932), 1979, 427 Anm. 1 S. zur Frage der ‚Kontrastikonographie' auch Pope-Hennessy, 1966, 205.

160 Wethey a. a. O. I 144ff. Nr. 121–Nr. 129. Neben den erhaltenen Kopien, Varianten und Derivaten zählt Wethey auch alle durch Inventarlisten oder durch literarische Quellen überlieferten Magdalenenbilder sowie die verlorenen Exemplare auf.

161 1534/35 für den Castellan von Mantua, G. Calandra (Braghirolli, 1881, 84 und 117 sowie Luzio, 1940, 594). Das Bild ist unbekannt, vermutlich verschollen.

    1554 für Antonio Perrenot Granvella (Ferrarino, 1977, 37f. Dok. 20 und 21). Das Bild ist ebenso unbekannt.

    1561 für Philipp II. (Ferrarino, 1975, 61–70 Dok. 81 bis 92). Das Bild wurde 1847 an Lord Ashburton, London, verkauft und fiel 1873 einem Brand im Hause des Lords zum Opfer (Wethey, in: BM CXVIII, 1976, 693ff.). Zu der Kopie des Bildes von Luca Giordano (1695, heute Escorial, Iglesia Vieja) s. Wethey, 1969, I 148 Nr. 127.

    1567 für Kardinal Alessandro Farnese (Gandini, 1977, 238 Dok. 171 und 244 Dok. 183). Das Bild befindet sich heute in Neapel, Museo Capodimonte.

    1573 für F. A. de Toledo, Herzog von Alba (Ferrarino, 1975, 140 App. II,b). Das Bild ist unbekannt, ebenso sein Verbleib.

    1575 für den Marquese von Ayamonte war vielleicht, wie Hope darlegt, ebenfalls ein Bild der Magdalena geplant, das allerdings wohl nicht ausgeführt wurde (Hope, 1980, 165 Anm. 8).

    1576 befand sich ein Magdalenenbild im Hause Tizians. Es wurde aus seinem Nachlaß an Cristoforo Barbarigo verkauft (Cadorin, 1833, 113). Die Sammlung Barbarigo wurde 1850 nach Leningrad verkauft, wo sich dieses Magdalenenbild bis heute befindet (Siebenhüner, 1981, 29 und 32).

162 Zit. nach Albrecht-Bott, 1976, 54.

    Giovane Donna, che degli occhi fonti
      A santi piedi, e de le chiome vesta

Facesti in bei sembianti umile e mesta,
  Coi sensi volti ad ubbidirti e pronti;
Son questi gli occhi, che le piagge e i monti
  Solean colmar d'ogni più lieta festa?
  E questi i crin, che in mille nodi presta
  Tenevi, al mondo già sì noti e conti?
O fu pur Tiziano in Paradiso,
  Ed ivi dentro a' suoi color ti stese
  Casta, saggia, leggiadra, bella e viva?
Ivi fu certo, che d'umano avvisio
  Opra non è poichè mortal qui prese
  Lascivia casta, o castità lasciva.

163 Freilich ist die Dialektik bei Molza eingebunden in den Rahmen poetischer Phantasievorstellungen, die an das petrarkische Motiv des Malers im Paradies anknüpfen, damit dessen Qualitäten, auch am Beispiel eines religiösen Bildes, belegen. Näheres zur Entwicklung des Themas in Dichtung und Malerei des Barock: Albrecht-Bott a. a. O. 167 Anm. 411.

164 Lukas, 7, 47.

165 Einzige Ausnahme ist das unbekannte von Calandra 1534 bestellte Bild. S. Anm. 161 dieses Kapitels.

166 S. Anm. 161 dieses Kapitels.

167 Ebd.

168 Das Bild in Leningrad wird von Wethey 1560 datiert (a. a. O. I 145 Nr. 123), von Pallucchini hingegen 1565 (a. a. O. I 318 f.). Das Neapler Bild wird von Wethey unverständlicherweise 1550 datiert, obwohl aus dem Brief von Tizian an Kardinal A. Farnese vom 1. März 1567 klar hervorgeht, daß er es erst jüngst gemalt habe („. . . pittura di questa mia ultima età . . .", Gandino a. a. O. 238 Dok. 179). Ch. Hope bestätigte diese Bemerkung Tizians und datiert das Bild deswegen entgegen Wethey 1566/67. Im übrigen Wethey a. a. O. I 145 Nr. 122. Hier auch Näheres zu weiteren Fragen der Provenienz des Bildes. Pallucchini (a. a. O. I 321) datiert das Bild 1567.

169 Anstett-Janssen a. a. O. 427.

170 Ebd. 428.

171 B. Eckl, Über die beiden Hauptarten der christlichen Kunst: Skulptur und Malerei. b. Die kirchliche Malerei, Organ für christliche Kunst 23, Köln 1873, 185–189.

172 G. A. Gilio, Dialogo di M. G. A. Gilio da Fabriano degli Errori de' Pittori Circa l'Historie, in: Trattati d'Arte, ed. Barocchi, 1961, II 80. „Tenga per fermo il pittore che far si diletta le figure de' santi nude, che sempre gli leverà gran parte de la riverenza che se li deve."

173 B. Ammanati, Lettera agli Accademici del Disegno vom 22. August 1582, in: Trattati d'Arte, ed. Barocchi, 1962, III 177 ff. „Che siano avvertiti e si guardino, per l'Amor di Dio, e per quanto hanno cara la lor salute, di non incorrere e cadere nell'errore e difetto, nel quale io nel mio operare son incorso e caduto, facendo molte mie figure del tutto ignude e scoperte, per aver seguitato in ciò più l'uso, anzi abuso . . ." Ammanati ermahnt seine Schüler und Brüder im weiteren, niemals ein Werk zu schaffen, das in irgendeiner Weise unehrbar oder lüstern sei, das zu bösen Gedanken anreize. Möge sich niemand damit entschuldigen, daß dieser oder jene Herr oder Fürst ihn dazu gezwungen habe.

174 G. P. Lomazzo, Trattato dell'Arte de la Pittura, 1584, repr. 1968, 365 f. Lomazzo wendet sich entschieden gegen Darstellungen der nackten oder barbusigen Heiligen wie Katharina, Margarete oder Cäcilie. Er fährt fort „nella Maddalena . . . la quale bisogna rappresentare ignuda. Onde conviene usar vi grandissima destrezza nell' esprimere i suoi gesti . . . tengano le braccia in oratione, cuoprano più che si può ogni altra parte che appare: facendo che i capelli con bellissimi atti si spargano sopra le spalle, il petto, le poppe, acchioche alquanto le couprano come particolamente si può fare nella Maddalena. . ."

175 Zoppinos Dialog über das Leben und die Genealogie aller Kurtisanen Roms vom Jahre 1539, in: Aretino, Gespräch, München 1924, 174. Ein interessantes und passendes Beispiel, das Zoppinos Anmerkung belegt, ist A. del Sartos Bild der Lucrezia di Baccio von 1518 (Madrid, Prado). Auch sie trägt ein gestreiftes Kopftuch. Nach Vasari war sie, früh verwitwet, eine Frau von denkbar schlechtem Ruf, berechnend, ehrgeizig und egoistisch, umgeben von vielen Verehrern bzw. Liebhabern. Del Sarto war ihrem Zauber verfallen und heiratete sie wider besseres Wissen und entgegen dem Rat seiner Freunde, die wußten, daß sie ihn nur aus Berechnung nahm (Vas.- Mil. V 19).

176 Pasadena, Norton Simon Museum of Art. Pignatti, 1979, 143.

177 H. Jedin (1946), 1973, 75.

178 v. Waldberg, 1910, 20.

179 Ebd. 31.

180 Ebd. 30.

181 Ebd. 35.

182 Ebd. 10.

183 Ebd. 34.

184 Ebd. 4.

185 Ebd. 33.

186 Ebd. 15 ff. Eine solche Erbauungsschrift hat Pietro di Chiaves verfaßt und der schönen frommen Giulia Gonzaga gewidmet. P. Chiaves, La Conversione, Confessione et Penitenza di Santa Maria Maddalena, Venedig 1561.

187 v. Waldberg a. a. O. 15.

188 Ebd. 17.

189 Ebd.

190 Ebd. S. a. Ignatius von Loyola, Exercitia Spiritualia, 1635, 109, bei dem es heißt, daß Magdalena viele Sünden vergeben werden, weil sie viel geliebt hat und daß ihr Glaube sie gerettet hat. Nicht nur, daß sich die Worte des Ignatius mit denen aus dem Lukasevangelium fast wörtlich decken, interessanter und geradezu symptomatisch ist, daß er überhaupt Magdalena in seine Exerzitien aufgenommen hat. Ein Beweis mehr, wie wichtig die Gestalt dieser Heiligen der Kirche war, und zwar als die bekehrte Sünderin.

191 v. Waldberg a. a. O. 38.

192 Ebd. 39.

193 Jedin a. a. O. 73.

194 Ebd.

195 Ebd.

196 Weisbach, 1921, 148.

197 v. Waldberg a. a. O. 39.

198 S. Castiglione IV 59.

199 v. Waldberg a. a. O. 39.

200 Ebd. 59.

201 Ebd. 91.

202 Ebd. 90.

203 M. M. Malvern, Venus in Sackcloth, London-Amsterdam 1975.

204 Zit. nach Kristeller, 1981, 77.

205 Brief Tizians an den Herzog von Alba vom 31. Oktober 1573 „Quando io mandai li due pezzi di pittura, cioè una S.ta Maria Maddalena convertita a penitenza . . ." (Ferrarino, 1975, 140 App. II b).

206 Knipping, 1940, II 105. Im Rückblick erklärt und bestätigt sich nun auch auf andere Weise, warum Giampietrinos «Magdalena» 1548 in eine Kirche aufgenommen werden konnte, ja in Spanien sogar mußte, und warum sie immer dort geblieben ist.

207 Dies ist freilich ein langsamer Prozeß und zumindest in den ersten Jahrzehnten des 17. Jahrhunderts scheinen die alten Wertvorstellungen ihre Gültigkeit nicht verloren zu haben. Dazu sind die Bemerkungen Kardinal Federigo Borromeos über ein in seinem Besitz befindliches Bild der Magdalena von Tizian von Interesse (heute Pinacotheca Ambrosiana, Mailand, Wethey a. a. O. I 144 Kat.Nr. 121). Über sein Bild, eine *Nuda*, urteilt F. Borromeo wie folgt: In questo quadro devesi sommamente ammirare che l'artista seppe mantenere nel nudo l'onestà (Borromeo [1625] ed. Beltrami 1909, Urtext lat. 24, ital. Übers. 64). Den Hinweis verdanke ich St. Kummer, Tübingen.
Zur weiteren Entwicklung des Themas in Literatur und Kunst des Barock s. Bardon, 1968, 274 ff. Außerdem Pigler (1956), 1974, 451 ff.
Mit Interesse darf man den Ergebnissen der Dissertation von Madame O. Delenda entgegensehen, die mir mitteilt, daß sie sich mit der Magdalenenikonographie in tridentinischer und nachtridentinischer Zeit beschäftigt.

Anmerkungen zum Exkurs I

1 Gronau, 1904, 1 ff. Dennistoun, 1909, III 478 ff. Neuerdings Zampetti, 1980, 321 ff.

2 Gronau a. a. O. Dokumente 13 ff.

3 Ebd. 8.

4 Ebd. 3. Jedenfalls hat Tizian das Bild der Magdalena nicht, wie Ridolfi behauptet, in Urbino für den Herzog Francesco Maria della Rovere gemalt. S. Ridolfi-Hadeln a. a. O. I 174 Anm. 1 und 2.

5 Anhang I bis XII.

6 Anhang I.

7 Ebd.

8 Anhang III.

9 Anhang IV bis VII.

10 Anhang VIII. So berichtet B. Agnello in einem Brief vom 12. April 1531 an F. Gonzaga.

11 Anhang IX. Auskunft von B. Agnello an F. Gonzaga im Brief vom 14. April.

12 Anhang X. Tizian an F. Gonzaga.

13 Ebd.

14 Anhang XI. F. Gonzaga an Tizian.

15 Wethey a. a. O. II 78 Nr. 9 und 79 Nr. 10. Dort auch Kurzbiographie des del Vasto.

16 Luzio, 1913, 96 Nr. 106.

17 Ders. In dem Inventarverzeichnis heißt es zu anderen Werken deutlich „opera di Titiano" (131, Nr. 615) oder „di mano del Mantegna" (131, Nr. 621). Man war sich der Tatsache wohl bewußt, ob es sich um ein originales Werk handelte oder um eine Kopie.

18 Luzio, 1913, 63 ff.

19 A. van der Doort's Catalogue of the Collections of Charles I, The Walpole Society 37, 1958–1960, Glasgow 1960.

20 Luzio, 1940, 596.

21 Anhang XIII.

22 Anhang XIV. S. a. das Sonett der V. Colonna auf die Magdalena (V. Colonna, Rime, repr. 1982, 145). Veröffentlicht außerdem bei D'Ancona-Bacci, 1907, II 512. Etwas ungelenke Übersetzung b. Kranz, 1976, 151.

Sulla Maddalena di Tiziano inviatale al Duca di Mantova

Donna accesa, animosa, e dall'errante
Vulgo lontana in solitario albergo
Parmi lieta veder, lasciando a tergo
Quanto non piace al vero eterno amante;
E fermato il desio, fermar le piante
Sovra un gran monte, ond'io mi specchio e tergo
Nel bello esempio, e l'alma drizzo ed ergo
Dietro l'orme beate e l'opre sante.
L'alta spelunca sua questo alto scoglio
Mi rassembra, e 'l gran sole il suo gran foco
Ch'ogni animo gentil anco riscalda.
In tal pensier da vil nodo mi scioglio
Pregando lei con voce ardita e balda
M' impetri dal Signor appo sè loco.

23 Anhang XV.

24 Reumont, 1881, 23.

25 Tietze, 1936, Tafelbd. 288. Pallucchini, 1969, I 78. Bei beiden Autoren bleibt die Frage offen, ob das Bild im Palazzo Pitti die erste Fassung des Themas von Tizian ist.

26 Die Diskussion setzt erst ein, nachdem *Crowe und Cavalcaselle* 1881 (I 451) den von Braghirolli aufgefundenen Brief F. Gonzagas an V. Colonna vom 28. Juli 1531 publiziert haben. Die Autoren ziehen jedoch keine Schlüsse hinsichtlich des Pittibildes, sondern glauben, daß das Neapler Bild aus dem Besitz V. Colonnas stammt (II 315). *Luzio* sucht 1885 erstmals eine Verbindung zwischen dem Bild in Florenz und dem unbekannten der V. Colonna (in: Rivista Storica Mantovana I 18 f.). Luzio ist jedoch der Ansicht, daß V. Colonna das Bild aus moralischen Gründen nicht hat annehmen können.
Er wiederholt seine Bedenken 1902 (in: Giornale Storico della Letteratura Italiana XXXIX 240). *Ferrero und Müller* veröffentlichen 1892 die beiden Briefe von F. Gonzaga bzw. V. Colonna vom 11. März und 25. Mai 1531. Die Autoren schließen sich Luzios Meinung an (1892, 65 Anm. 1).
Gronau publizierte 1904 die Briefschaften zwischen Tizian und seinen Auftraggebern in Urbino, woraus sich allerdings nur ergibt, daß das Bild im Besitz der della Rovere gewesen ist (s. Anm. 1 dieses Kapitels).
Tiezte glaubt an eine Ähnlichkeit zwischen dem Bild im Palazzo Pitti und dem unbekannten der V. Colonna (a. a. O. 288).

1940 will *Luzio* das Bild für V. Colonna wiederum mit dem Neapler Bild in Verbindung bringen (Luzio, 1940, 596). Im übrigen glaubt er an zwei ähnliche Bildtypen: Einer zeigt die Dargestellte kummervoll und bekleidet, der andere zeigt sie sinnlich-verführerisch und nackt.

Wethey (1969, I 146) widerspricht dieser These zu Recht und bestreitet, daß in der Frühzeit schon ein Bildtypus der bekleideten Magdalena existiert habe.

27 S. Anm. 26, Luzio, 1885, 1902 und 1940.

28 Anhang III.

29 S. Anm. 26 und Anm. 34 in diesem Kapitel.

30 Ebd.

31 Wethey a. a. O. I 146.

32 Anhang X.

33 Ebd.

34 Pallucchini, 1969, I 78.

35 So befindet sich z. B. unter der Darstellung der ‚Mellon-Venus' (Washington) das Doppelportrait eines Mannes und einer Frau, wie sich aus einem Röntgenfoto ergibt (M. L. Rizzatti, 1976, 111). Im übrigen s. auch die Bilder «Mädchen im Pelz» (Kapitel IV Anm. 59) und die «Katharina» (Boston). Wethey a. a. O. I 130.

36 Anhang XVI.

37 Ebd.

38 Anhang XVII.

39 Luzio, 1885, 18 ff. Ferrero-Müller 1892, 65 Anm. 1.

40 v. Reumont, 1881, 117 ff. S. a. G. Kranz, 1963, 187 (Enthalten auch in Kranz, 1976, 88 ff.).

41 s. Kap. V, Anm. 130. S. a. G. Kranz, 1963, 188 (Enthalten auch in Kranz, 1976, 90 ff.).

42 v. Reumont a. a. O. 219. Ferrero-Müller, 1882, 300/301. S. a. das Sonett der V. Colonna, Anm. 22 dieses Kapitels.

43 Ferrero-Müller a. a. O. 299.

44 Ebd. 131 f.

45 Zit. aus einem Brief v. H. Jedin (†) vom 3. 12. 79, den ich als Antwort auf meine Anfrage erhielt.

46 Näheres zum Komplex des *Evangelismo* bei E. M. Jung, On the Nature of Evangelismo in Sixteenth Century Italy, Journal of the History of Ideas 14, 1953, 511 ff. Den Hinweis auf diese Veröffentlichung verdanke ich Prof. Jedin.

47 v. Reumont a. a. O. 47. Ferrero-Müller a. a. O. 148 f., 154 f., 163 und 166.

48 Anhang III.

49 Wethey a. a. O. I 37 Anm. 201.

50 Gronau, 1904, 30 Dok. LXXXVII: In dem Brief vom 9. Mai 1573 an Guidobaldo della Rovere wird ausdrücklich angefragt, ob Tizian ein Bild auf eine *tavola* oder auf eine *tela* malen soll.

51 Gronau a. a. O. 8.

52 Wethey a. a. O. I 150 Nr. 4.

53 Ferrero-Müller a. a. O. 74 ff.

54 S. Anm. 14 dieses Kapitels.

Anmerkungen zum Exkurs II

1 Den Hinweis auf die Existenz dieses Bildtypus verdanke ich Prof. H. Siebenhüner, Würzburg.

2 Kat. Immagini da Tiziano, Rom 1967/77, 48 Nr. 56 und 53 Nr. 76.

3 Ebd. 53.

4 Ebd. 41 Nr. 31.

5 Kat. Zeichnung in Deutschland I, Stuttgart 1979, 86 Abb. S. 87 C2.

6 Ebd. 86.

7 Schließlich könnte man auch an Tizians Bild «Allegory der Religion» (Madrid, Prado. Wethey a. a. O. I 124 Nr. 88) denken. Die halbknieende Gestalt ist von Typus (Gestik) her gesehen der Magdalena (Pitty-Typ) ähnlich, doch ist sie als Vergleich zur ‚Knieenden' ungeeignet (s. a. Panofsky, 1969, Exkurs 6, 185–190). Im übrigen bezweifelt Bierens de Haan ebenfalls die Möglichkeit, daß die ‚Knieende' auf einen Entwurf Tizians zurückgeht und weist dieses Motiv Cort zu (J. C. G. Bierens de Haan, Oeuvre Gravé de Cornelis Cort, den Haag 1948, 150).

Auch in den beschreibenden Inventaren des 17. Jahrhunderts taucht ein solcher Bildtypus von Tizian nicht auf. S. G. Campori, Raccolta di Cataloghi ed Inventarii Inediti, Modena 1870. Neuerdings S. Savini-Branca, Il Collezionismo Veneziano nel '600, Padua 1964.

Dr. St. Kummer machte mich auf eine unveröffentlichte Dissertation von J. Bierhaus, Stecher nach Tizian, aufmerksam, die ich jedoch nicht einsehen konnte.

Anmerkungen zum Exkurs III

1 Gould, 1976, 222 und 278.
2 Brown, 1973, I 47.
3 Ebd.
4 Ebd. I 88.
5 Gould a. a. O. 279 ff.
6 Herzog zu Mecklenburg, 1970, 188.
7 Anstett-Janssen a. a. O. 374.
8 Ebd. 377. Vgl. dazu neuerdings Werckmeisters Ausführungen über das Eva-Relief vom Tympanon von Autun (1972, 1 ff.). Zur Frage der Bildtradition der liegenden Heiligen seit dem Mittelalter 3 ff., zur Typologie und theologischen Exegese, Buße-Bekehrung-Auferweckung 16 ff.
9 Meiss, 1967, III 271 ff.
10 So besonders von Batoni. Sein Bild der Magdalena in der Dresdner Galerie wurde Ende des 18. Jahrhunderts gleichrangig mit Raffaels «Sixtinischer Madonna» bewertet (A. W. Schlegel, Die Gemälde, in: Atheneum (1799), repr. 1980, II 1, 90 ff.).
11 Ebd. 92.
12 F. Schiller, Kallias oder über die Schönheit. Über die Anmut und Würde, Stuttgart 1979.
13 Ebd. 78.
14 v. Waldberg a. a. O. 39.
15 Schiller a. a. O. 80.
16 Ebd. 78 f.
17 Ebd. 80.
18 Ebd. 81.
19 Ebd. 112.
20 Ebd. 113.
21 Ebd. 115.
22 Ebd. 119.
23 Ebd.
24 Elias a. a. O. II 312 ff.
25 Zit. nach Mecklenburg a. a. O. 53 und 69.
26 W. v. Humboldt, Prüfung der Untersuchungen über die Urbewohner Hispaniens . . ., 1821, 542. Den Hinweis auf Humboldts Beschreibung verdanke ich Prof. A. Flitner, Tübingen.
26a Abb. 70 und 15–78. A. Brookner, Greuze. The rise and fall of an eighteenth century phenomena, London 1972.
27 Zit. nach Mecklenburg a. a. O. 72.
28 Morelli, 1880, 161.
29 Ebd. 153.
30 Ebd. 155.
31 A. Venturi, Leonardo da Vinci und seine Schule, Wien 1942, XXXV.

LITERATURVERZEICHNIS

Adhémar, J., French Sixteenth Century Genre Paintings, JWCI VIII, 1945, 191–194.

Alberti, L. B., On Painting (Della Pittura) ed. R. Spencer, New Haven-London 1976.

Albrecht-Bott, M., Die bildende Kunst in der italienischen Lyrik des Barock, Mainzer Romanistische Arbeiten XI, Wiesbaden 1976.

D'Ancona A.–Bacci, O. (Hrsg.), Manuale della Letteratura Italiana, Florenz 1907.

Anderson, J., The Giorgionesque Portrait: From Likeness to Allegory, in: Giorgione, Atti del Convegno Internazionale di Studi per il 5° Centenario della Nascità 1978, Castelfranco 1979, 153–158.

Dies., Giorgione, Titian and the Sleeping Venus, in: Tiziano e Venezia, Convegno Internazionale di Studi, Venezia 1976, Vicenza 1980, 377–342.

Der Anonimo Morelliano. Marcanton Michiel's Notizie d'Opere del Disegno, ed. Th. Frimmel, Wien 1888.

Anstett-Janssen, M., Maria Magdalena in der abendländischen Kunst. Ikonographie der Heiligen von den Anfängen bis in das 16. Jh., Diss. (unveröffentl.) Freiburg 1961.

Antal, F., Florentine Painting and its Social Background, London 1948.

Anzelewsky, F., Albrecht Dürer. Das malerische Werk, Berlin 1971.

Ders., Dürer, Werk und Wirkung, Stuttgart 1980.

Appuhn, H., Einführung in die Ikonographie der mittelalterlichen Kunst in Deutschland, Darmstadt 1979.

Aretino, P., Le Lettere di P. Aretino, Il Primo Libro, Paris 1619.

Ders., I Ragionamenti, Repr. nach der Ausgabe von 1584, Mailand 1967.

Ders., Prose Sacre, ed. G. Carabba, Lanciano 1914.

Assunto, R., Die Theorie des Schönen im Mittelalter, Köln (1963) 1983.

Bacci, M., L'Opera Completa die Pietro Cosimo, Classici dell'Arte, Mailand 1976.

Bandmann, G., Melancholie und Musik. Wissenschaftliche Abhandlungen der Arbeitsgemeinschaft für Forschung des Landes Nordrhein-Westfalen XII, Köln 1960.

Bardon, F., Diane de Poitiers et le Mythe de Diane, Paris 1963.

Dies., Le thème de la Madeleine pénitente au XVIIme siècle en France, JWCI XXXI, 1968, 274–306.

Barocchi, P., Trattati d'Arte del Cinquecento fra Manierismo e Controriforma, 3 Vols., Bari 1960–1962.

Dies., Scritti d'Arte del Cinquecento, 3 Vols., Milano-Napoli 1973.

Bataille, G., Der Heilige Eros (Erotisme 1957), Darmstadt-Neuwied 1974.

Baxandall, M., Die Wirklichkeit der Bilder, Frankfurt/M. 1977.

Bellonci, M., L'Opera Completa del Mantegna, Classici dell'Arte, Mailand 1967.

Dies., Lukrezia Borgia, München 1979.

Bembo, P., Istoria Viniziana, 2 Vols. (1487–1512), 1809, Repr. Mailand 1978.

Benrath, H., Bernardino Ochino von Siena, Leipzig (1875) 1892.

Berenson, B., Venetian Painters of the Renaissance, New York 1906.

Ders., Die italienischen Maler der Renaissance, Zürich 1952.

Ders., Italian Pictures of the Renaissance, Venetian School, 2 Vols., ed. London 1957.

Ders., I Disegni dei Pittori Fiorentini, 3 Vols, Mailand 1961.

Bettini, S., La Pittura di Icone Cretese, Veneziane e i Madonnieri, Padua 1933.

Bevilaqua, A., L'Opera Completa del Correggio, Classici dell'Arte, Mailand 1970.

Bierens de Haan, J. C. G., L'Oeuvre Gravé de Cornelis Cort, den Haag 1948.

Bihlmeyer, K.-Tüchle, H., Kirchengeschichte, 3 Bde., Paderborn 1982[18].

Birbari, E., Dress in Italian Painting, 1460–1500, London 1975.

Bloch, I., Die Prostitution, 2 Bde., Berlin 1912, 1925.

Blunt, A., Artistic Theory in Italy, 1450–1600 (1940, 1956), Oxford 1964.

Bode, W. v., Die Wachsbüste der ,Flora' im Kaiser-Friechrich-Museum zu Berlin – ein Werk des Leonardo da Vinci, JPK XXX, 1910, 303–314.

Ders., Leonardo und das weibliche Halbfigurenbild der italienischen Renaissance, JPK XXXV, 1919, 61–74 (erweitert enthalten in: Studien über Leonardo da Vinci, 1921, 121–138).

Ders., Studien über Leonardo da Vinci, Berlin 1921.

Borromeo, F., Il Museo del Cardinale Federigo Borromeo (1625), ed. L. Beltrami, Mailand 1909.

Braghirolli, W., Tiziano alla Corte dei Gonzaga, repr. v. Atti e Memorie della Real Accademia Virgiliana, Mantua 1881.

Brown, D. A., The Young Correggio and his Leonardesque Sources, Diss., 3 Vls., Yale University 1973.

Buchner, E., Das deutsche Bildnis der Spätgotik und der frühen Dürerzeit, Berlin 1953.

Burckhardt, J., Der Cicerone (1855), Stuttgart 1959.

Ders., Die Kultur der Renaissance in Italien (1860), Stuttgart 1966.

Burke, P., Tradition and Innovation in Renaissance Italy (1972), Fontana ed., 1974.

Cadorin, C., Dello Amore ai Veneziani di Tiziano Vecellio delle sue Case in Cadore e Venezia, Venedig 1833.

Campori, G., Raccolta di Cataloghi ed Inventarii Inediti, Modena 1870.

Ders., Tiziano e gli Estensi, Nuova Antologia XXVII, 1874, 581–620.

Casagrande di Valliviera, R., Le Cortigiane Veneziane nel Cinquecento, Mailand 1968.

Cassirer, E., Individuum und Kosmos in der Philosophie der Renaissance, Studien der Bibliotehk Warburg, Hrsg. F. Saxl, Berlin 1927.

Ders., Was ist der Mensch? Stuttgart 1960.

Castellaneta, C., L'Opera Completa di Perugino, Classici dell'Arte, Mailand 1969.

Chastel, A., Art et humanisme à Florence au temps de Laurent le Magnifique, Paris 1959.

Castiglione, B., Der Hofmann, ed. A. Wesselski, München–Leipzig 1907.

Chapeaurouge, D. de, ,Das Auge ist ein Herr, das Ohr ein Knecht', der Weg von der mittelalterlichen zur abstrakten Malerei, Wiesbaden 1983.

Cicogna, E. A., Delle Iscrizioni Veneziani, 6 Vols., Venedig 1824–1853.

Cicogna, L.–Cadorin, G., Delle Maddalena in Contemplazione, Venedig 1881.

Clark, K., Das Nackte in der Kunst, Köln 1958.

Ders., Leonardo da Vinci, Hamburg 1969.

Ders., Landscape into Art, London 1979.

Clark, K.–Pedretti, C., Leonardo's Drawings in Windsor Castle, 2 Vols., London 1968, 2 Bde.

Cloulas, A., Documents concernant Titien, conservés aux Archives de Simancas, Mélanges de la Casa de Vélasques III, 1967, 197–286.

Corti, M., L'Opera Completa di Memling, Classici dell'Arte, Mailand 1969.

Cozzi, G., La Donna, l'Amore e Tizian, in: Tiziano e Venezia, Convegno Internazionale di Studi, Venezia 1976, Vicenza 1980, 47–63.

Cropper, E., On Beautiful Women, Parmigianino, Petrarchismo and the Vernacular Style, AB LVIII 3, 1976, 374–394.

Crowe, J. A.–Cavalcaselle, G. B., The Life and Times of Titian, London 1881, 2 Bde.

Curtius, L., Zum Antikenstudium Tizians, Archiv für Kulturgeschichte XXVII, 1938, 234–241.

Dejob, Ch., De l'influence du Concile de Trente sur la littérature et les beaux-arts, chez les peuples catholiques, Paris 1884.

Dennistoun, J., Memoirs of the Dukes of Urbino, 1440–1630, London (1851), 1909, 3 Vols.

Dolce, L., Dialogo della Pittura intitolato l'Aretino, Venedig 1557, in: Trattati d'Arte I, ed. P. Barocchi, 1960, 145–206.

Doort, A. van der, Catalogue of the Collection of Charles I Walpole Society, XXVII, 1958–1960.

Dorn, E., Der sündige Heilige in der Legende des Mittelalters, Medium Aevum, Philologische Studien, X, München 1967.

Dussler, L., Sebastiano del Piombo, Basel 1942.

Einem, H. v., Giorgione, der Maler als Dichter, in: Akad. der Wissenschaften und Literatur, Mainz 1972, Nr. 2, 27–51.

Elias, N., Über den Prozeß der Zivilisation, 2 Bde. (1936), Bern 1969.

Elwert, Th. W., Pietro Bembo e la Vita Letteraria del suo Tempo, La Civiltà Veneziana del Rinascimento (Storia della Civiltà Veneziana) IV, Florenz 1958, 127 ff.

Fehl, Ph., Titian and the Olympian Gods: The Camerino for Philipp II, in: Tiziano e Venezia Convegno Internazionale di Studi, Venezia 1976, Vicenza 1980, 139–147.

Ferrarino, L., Tiziano e la Corte di Spagna nei Documenti dell'Archivio di Simancas, Madrid 1975.

Ders., Lettere di Artisti Italiani ad Antonio Perrenot di Granvella, Madrid 1977.

Ferrero, E.–Müller, G., Vittoria Colonna, Marquese di Pescara, Carteggio, Florenz-Rom 1892.

Firenzuola, A., Dialogo delle Bellezze delle Donne, 1541, ed. A. Seroni, Florenz 1958.

Floerke, H. (Hrsg.), Italienische Künstlernovellen, München-Leizig 1913.

Ders., Der Mensch und seine Kleidung, I: Die Mode der italiensichen Renaissance von 1300–1550, München 1917.

Ders., Das Weib in der Renaissance, München 1929.

Fomiciova, T., Giorgione e la Formazione della Pittura di Genere nell'Arte Veneziana del XVI Secolo, in: Giorgione, Atti del Convegno Internazionale di Studio per il 5º Centenario della Nascità 1978, Castelfranco 1979, 159–164.

Francini Ciaranfi, A. M., La Galleria Palatina Pitti, Florenz 1956 und 1964.

Franco, G., Habiti delle Donne Venetiane intagliate in Rame, Venezia 1610.

Freedberg, S. J., Painting of the High Renaissance in Rome and Florence, Cambridge Mass. 1961.

Frenzel, E., Motive der Weltliteratur, Stuttgart 1976.

Frey, D., Das religiöse Erlebnis bei Tizian, Jahrb. d. Berl. Mus. I, 1959, 218–261.

Ders., Kunstwissenschaftliche Grundfragen, Darmstadt (1946) 1972.

Ders., Bausteine zu einer Philosophie der Kunst, (1958) Darmstadt 1976

Friedländer, M. J., Die altniederländische Malerei, 12 Bde. Berlin 1924–1936.

Friedländer, P. (Hrsg.), Johannes von Gaza und Paulus Silentiarius, Kunstbeschreibungen justinianischer Zeit, Leipzig-Berlin 1912.

Friedman, J., An Iconogical Examination of the Half-Length Devotional Portrait Dyptich in the Netherlands, 1460–1530, Diss. Ann Arbor 1977.

Fritz, R., Zur Ikonographie von Leonardos Bacchus-Johannes, in: Mouseion, Studien für H. Förster, Köln 1960, 98–101.

Frommel, Chr. L., Der Römische Palastbau der Hochrenaissance, 3 Vols., Tübingen 1973.

Fuchs, E., Illustrierte Sittengeschichte, 3 Bde. und Ergänzungsbde., München 1909.

Ders., Geschichte der erotischen Kunst, Bd. 1, München 1909.

Fuchs, F., Venus. Zur Apotheose des Weibes – der weibliche Schönheitstypus in der bildenden Kunst, Berlin o. J.

Fünten von der, W., Maria Magdalena in der Lyrik des Mittelalters, Diss. Münster/W. 1965.

Gandini, C., Tiziano-Le Lettere, Cadore 1977.

Ganz, P., Hans Holbein d. J. Des Meisters Gemälde, KdK XX, Stuttgart-Leipzig 1912.

Gaye, G., Carteggi d'Artisti, Florenz 1840.

Gere, J. A., Two late Fresco Cycles by Pierino del Vaga: The Massimi Chapel and the Sala Paolina, BM CII, 1960, 9–19.

Gilbert, C. E., Some Findings on Early Works of Titian, AB LXII, 1980, 36–75.

Gilio, G. A., Dialogo nel quale si ragione degli Errori e degli Abusi de' Pittori circa l'Historie, 1564, in: Trattati d'Arte II, 3–115.

Goffen, R., Icone and Vision: Bellini's Half-Length Madonnas, AB LVII, 1975, 487–518.

Goldscheider, L., Leonardo da Vinci – Leben und Werk, London 1960.

Goloubew, V., Les dessins de Jacopo Bellini au Louvre et au British Museum, 2 Vols., Brüssel 1918.

Gombrich, E. H., Botticelli's Mythologies: A Study in the Neoplatonic Symbolism of his Circle, JWCI VIII, 1945, 7–60. (Auch enthalten in Symbolic Images, 1972, 31–81).

Ders., Icones Symbolicae: The Visual Image in Neo-Platonic Thought, JWCI XI, 1948, 163–192.

Ders., Symbolic Images, Studies in the Art of Renaissance, London 1972.

Goodgale, D., The Camerino of Alfonso I d'Este, Art History I, 1978, 162–190.

Gould, C., The Paintings of Correggio, London 1976.

Graf, A., Attraverso il Cinquecento, Turin 1888.

Grassi, E., Die Theorie des Schönen in der Antike (1962), Köln 1980.

Gregori, M., Tiziano e Aretino, in: Tiziano e il Manierismo Europeo a cura di R. Pallucchini (Civiltà Veneziana, Saggi 24), Florenz 1978, 271–306.

Gregorovius, F., Geschichte der Stadt Rom, München (1859–1870, 1953, 1957) 1978.

Grimal, P., Liebe im alten Rom, Frankfurt/M. 1981.

Gronau, G., Die Kunstbestrebungen der Herzöge von Urbino, JPK, Beiheft z. Bd. 25, Berlin 1904, 1–33.

Ders., Correggio. Des Meisters Gemälde, KdK, Stuttgart-Leipzig 1907.

Ders., Alfonso d'Este und Tizian, Jahrbuch der kunsthistorischen Sammlungen Wien, Wien 1928, 233–246.

Hale, J. R. (Hrsg.), Renaissance Venice, London 1973.

Hauser, A., Philosophie der Kunstgeschichte, München 1958.

Ders., Sozialgeschichte der Kunst und Literatur, München 1958.

Ders., Der Manierismus, München 1964.

Heckscher, W. S., Aphrodite as a Nun, Phoenix VI, 1953, 105 ff.

Heiler, F., Die Frau in den Religionen der Menschheit, Berlin 1977.

Held, J., Flora, Goddess and Courtesan, in: De Artibus Opuscula XL, Essays in Honor of Erwin Panofsky, Hrsg. M. Meiss, New York 1961, 201–218.

Heller, E., Das altniederländische Stifterbild, Diss. München 1976.

Hetzer, Th., Tizian – Geschichte seiner Farbe, Frankfurt/M. (1935, 1948) 1969.

Heydenreich, L. H., Leonardo da Vinci, Basel 1954.

Hösle, J., Pietro Aretinos Werk, Berlin 1969.

Hoffmann, K., Antikenrezeption und Zivilisationsprozeß im erotischen Bilderkreis der frühen Neuzeit, Antike und Abendland XXIV, Berlin-New York 1978, 146–158.

Holt, E. G., Literary Sources of Art History, Princeton, New Jersey 1947.

Hood, W.–Hope, Ch., Titian's Vatican Altarpiece and the Pictures underneath, AB LIX, 1977, 534–552.

Hope, Ch., The Camerini d'Alabastro of Alfonso d'Este, BM CXIII, 1971, II 641–650 und 712–721.

Ders., A Neglected Document about Titian's ,Danae', AV XXXI, 1977, 188–189.

Ders., Problems of Interpretation in Titian's Erotic Paintings, in: Tiziano e Venezia, Convegno di Studi, Venezia 1976, Vicenza 1980, 111–124.

Ders., Titian, London 1980.

Horatius, Quintus Flaccus, Sermones Satiren, ed. K. Büchner, zweisprachig (1972), Stuttgart 1975.

Huber, E. W., Ikonologie. Zur Anthropologischen Grundlegung einer kunstwissenschaftlichen Methode, Studia Ikonologica II, Mittenwald-München 1978.

Huizinga, J., Herbst des Mittelalters, Stuttgart 1969[10].

Humboldt, W. v., Prüfung der Untersuchungen über die Urbewohner Hispaniens vermittels der Baskischen Sprache, 1821.

Jedin, H., Katholische Reform oder Gegenreformation? (1946) In: Wege der Forschung CCCXI, Hrsg. E. W. Zeeden, Darmstadt 1973, 46–81.

Jung, E. M., On the Nature of Evangelismo in Sixteenth Century Italy, Journal of the History of Ideas 14, 1953, 511–527.

Kaemmerling, E., Ikonographie und Ikonologie. Bildende Kunst als Zeichensystem, Köln 1979.

Kallab, W., Vasaristudien, Wien-Leipzig 1908.

Keller, H., Tizians Poesie für König Philipp II von Spanien (Sitzungsberichte der wissenschaftlichen Gesellschaft an der Johann-Wolfgang-Goethe-Universität, Frankfurt/M. VII, 1968, Nr. 4) Wiesbaden 1969, 107–200.

Kleinschmidt, I., Gruppenvotivbilder venezianischer Beamter (1550–1630) Venezia (Centro Tedesco), Venezia 1977.

Knipping, B., Iconographie van de Contra-Reformatie en de Nederlanden, 2 Bde., Hilversum 1939.

Kranz, G., Politische Heilige und katholische Reformatoren, Augsburg 1963.

Ders., Herausgefordert von ihrer Zeit. Sechs Frauenleben, Regensburg 1976.

Ders. (Hrsg.), Bildmeditationen der Dichter, Verse auf christliche Kunst, Regensburg-Hamburg 1976.

Kristeller, P. O., Die Philosophie des Marsilio Ficino, Frankfurt/M. 1972.

Ders., Studien zur Geschichte der Rhetorik und zum Begriff des Menschen in der Renaissance, Göttingen 1981.

Ladendorf, H., Antikenstudium und Antikenkopie, Berlin 1958.

Leonardo da Vinci, Das Buch von der Malerei (1882), ed. Ludwig, Wien 1888.

Lewis, C. S., The Allegory of Love, Oxford 1936.

Liebenwein, W., Studiolo, Frankfurter Forschungen zur Kunst VI, Hrsg. W. Prinz, Berlin 1977.

Lippe, R. zur, Naturbeherrschung am Menschen, 2 Bde., Frankfurt/M. 1947.

Logan, O., Culture and Society in Venice 1470–1790, London 1972.

Lomazzo, G. P., Trattato dell'Arte de la Pittura, 1584, Repr. Hildesheim 1968.

Ders., Idea del Tempio della Pittura, 1590, Repr. Hildesheim 1965.

Loos, E., Baldassare Castigliones Libro del Cortegiano, Studien zur Tugendauffassung des Cinquecento, Frankfurt/M. 1955.

Lucie-Smith, E., Eroticism in Western Art, London 1972.

Lurker, M., Wörterbuch biblischer Bilder und Symbole, München 1973.

Luzio, A.. Vittoria Colonna, Rivista Storica Mantovana, Mantua 1885, I 1–53.

Luzio, A.-Renier, R., Mantua e Urbino, Isabella d'Este ed Elisabetta Gonzaga, Turin-Rom 1893.

Dies., Il Lusso di Isabella d'Este, Nuova Antologia, 1896, III, IV, V.

Dies., La Cultura e le Relazioni Letterarie di Isabella d'Este Gonzaga, Giornale Storico della Letteratura Italiana, Turin 1902, XXXIX 193–251.

Luzio, A., La Galleria dei Gonzaga, Mailand 1913.

Ders., Le Maddalene di Tiziano, La Lettura, Rivista mensile de Corriere della Sera, Mailand 1940, Nr. 8, 591–598.

Mac Mullan, R., Mona Lisa. The Picture and his Myth, London (1975) 1976.

Malaguzzi-Valeri, F., Leonardo e la Scultura, Bologna 1925.

Mâle, E., L'art religieux après le Concile de Trênte, Paris 1932.

Malvern, M. M., Venus in Sackcloth, London-Amsterdam 1975.

Mandel, G., L'Opera Completa del Botticielli, Classici dell'Arte, Mailand 1967.

Marcel-Reymond, Ch., La Cléopatre du Louvre et Giampietrino, GBA, 1921, II 211–224.

Marino, G. B., Poesie Varie, ed. B. Croce, Bari 1913.

Ders., La Galleria, Venezia 1620. La Galleria del Cav. Marino a cura di G. Batelli, Lanciano 1926.

Marle, R. van, Iconographie de l'art profane au Moyen Âge et à la Renaissance, 2 Vols., La Haye 1932.

Masson, G., Courtesans of the Italian Renaissance, London 1975.

Mayer, A. L., The Yarborough Magdalen by Titian, Apollo XI, 1930, 102.

Mecklenburg, Herzog zu, C. G., Correggio in der deutschen Kunstanschauung in der Zeit von 1750–1850, Studien zur deutschen Kunstgeschichte, Bd. 347, Baden-Baden 1970.

Meiss, M., Giovanni Bellini's St. Francis in the Frick Collection, Princeton 1964.

Ders., Sleep in Venice. Stil und Überlieferung in der Kunst des Abendlandes, in: Akten des 21. Kongresses für Kunstgeschichte, Bonn 1964, 3 Bde., Berlin 1967, III 271–279.

Mellenkamp, E. H., A Note on the Costume of Titian's ,Flora', AB LI, 1969, 174–177.

Meurer, H., Zwei antike Figuren bei Rogier van der Weyden, in: Festgabe für H. von Einem, Berlin 1965, 172–182.

Molmenti, P. G., La Storia di Venezia nella Vita Privata, 3 Vols., Trieste (1880, 1905–1908) 1973.

Moltmann-Wendel, E., Ein eigener Mensch. Frauen um Jesus, Gütersloh 1980.

Molza, F. M., Poesie . . ., colla Vita dell'Autore, scritta da P. A. Serassi, Mailand 1908.

Montaigne, M. de, Tagebuch einer Badereise, repr. Stuttgart 1963.

Morelli, G., Die Werke der italienischen Meister in den Galerien München, Dresden und Berlin, Leipzig 1880.

Müller-Walde, P., Leonardo da Vinci, Lebensskizze und Forschungen, München 1889.

Mutius, G. v., Die büßende Magdalena, Zeitschrift für Ästhetik und allgemeine Kunstwissenschaft XXXV, 1941, 61–63.

Nelson, Ch., Renaissance Theory of Love, New York-London 1958.

Ochino, B., Die Apólóge des B. O., in: Der Volksmund, Hrsg. F. Krauss, VII und VIII, Leipzig 1907.

Olivieri, A., Erotik und gesellschaftliche Gruppen im Venedig des 16. Jahrhunderts: die Kurtisane. In: Hrsg. Ph. Ariès-A. Béjin, Die Masken des Begehrens und die Metamorphosen der Sinnlichkeit, Frankfurt/M. 1984, 121–129.

Olschki, L., Italien: Genius und Geschichte, Darmstadt 1958.

Ost, H., Einsiedler und Mönche in der deutschen Malerei des 19. Jahrhunderts, Bonner Beiträge zur Kunstwissenschaft XI, Hrsg. H. v. Einem und H. Lützeler, Düsseldorf 1971.

Ders., Leonardostudien, Beiträge zur Kunstgeschichte XI, Hrsg. G. Bandmann, E. Hubala, W. Schöne, Berlin 1975.

Ders., Tizians sogenannte ‚Venus von Urbino' und andere Buhlerinnen, in: Festschrift für E. Trier, Hrsg. J. Müller-Hofstede und W. Spies, Berlin 1981, 129–149.

Ders., Falsche Frauen. Zur Flora im Berliner und zur Klytia im Britischen Museum, Köln 1984.

Osten, G. von der, Deutsche und niederländische Kunst der Reformationszeit, Köln 1973.

Ovidius, Publius Naso, Liebesgedichte, ed. W. Marz und R. Harder, zweisprachig, München 1956.

Ders., Liebeskunst, üb. W. Hertzberg, ed. Fr. Burger, zweisprachig, München 1969.

Ders., Fasti, ed. Sir J. G. Frazer, zweisprachig, Cambridge Mass.–London 1976.

Ders., Metamorphosen, ed. Rösch, zweisprachig, München (1952) 1979.

Paatz, W., Die Kunst der Renaissance in Italien, Stuttgart 1953.

Ders., Giorgione im Wetteifer mit Mantegna, Leonardo und Michelangelo (Abhandlungen der Heidelberger Akademie der Wissenschaften), Heidelberg 1959.

Pächt, O., Methodisches zur kunsthistorischen Praxis, München 1977.

Paleotti, G., Discorso intorno alle Imagine Sacre e Profane (1582), in: Trattati d'Arte, ed. P. Barocchi, 1961, II 119–503.

Pallucchini, R., Tiziano, 2 Vols., Florenz 1969.

Ders., L'Opera Completa del Lotto, Classici dell'Arte, Mailand 1974.

Ders., Tiziano e la Problematica del Manierismo (Tiziano Vecellio) in: Convegno indetto nel IV Centenario dell'Artista, Rom 1976, Atti dei Convegni Lincei, Rom 1977, 7–19.

Panofsky, D. u. E., Pandora's Box. The Changing Aspects of a Mythical Symbol, London 1956.

Panofsky, E., Problems in Titian, Mostly Iconographic, New York 1969 (The Wrightsman Lectures 2).

Ders., Early Netherlandish Painting, New York-San Francisco-London, 2 Bde. (1953) 1971.

Ders., Sinn und Deutung in der bildenden Kunst (1955, 1957), Köln 1975.

Ders., Idea. Ein Beitrag zur Begriffsgeschichte der älteren Kunsttheorie (1924, 1959), Berlin 1975.

Ders., Das Leben und die Kunst Albrecht Dürers, (Princeton 1943, 1948, 1955) München 1977.

Ders., Die Renaissancen in der europäischen Kunst (1960), Frankfurt/M. 1979.

Ders., Studien zur Ikonologie. Humanistische Themen in der Kunst der Renaissance (1962, 1967), Köln 1980.

Passavant, G., Verrocchio, London 1969.

Pedretti, C., Leonardo da Vinci, On Painting, a lost Book (Libro A), Berkeley-Los Angeles 1964.

Ders., Leonardo, London 1973.

Perry, M., On Titian's ‚Borrowings' from Ancient art: A Cautionary Case, in: Tiziano e Venezia, Convegno Internazionale di Studi, Venezia 1976, Vicenza 1980, 187–191.

Petrocchi, G., Scrittore e Poeti nella Bottega di Tiziano, in: Tiziano e Venezia, Convegno Internazionale di Studi, Venezia 1976, Vicenza 1980, 103–109.

Philostratos, Die Bilder, ed. O. Schönberger, zweisprachig, München 1968.

Piantanida, S.–Baroni, C. (Hrsg.), Leonardo da Vinci. Lebensbild eines Genies (zur Leonardo da Vinci-Ausstellung, Mailand 1939, ital. Ausgabe 1955, 1975) dtsch., Novara 1975.

Pigler, A., Barockthemen. Eine Auswahl von Verzeichnissen zur Ikonographie des 17. und 18. Jahrhunderts, 2 Bde. (1956), Budapest 1974 (Zu Magdalena: I 451–464.)

Pignatti, T., The Relationship between German and Venetian Painting in the Late Quattrocento and Early Cinquecento, in: Renaissance Venice, ed. J. R. Hale, London 1973, 244–273.

Ders., L'Opera Completa di Giovanni Bellini, Classici dell'Arte, Mailand 1969.

Ders., Giorgione (1978), Stuttgart 1979.

Pino, P., Dialogo di Pittura, 1548, in: Trattati d'Arte, ed. Barocchi, 1960, I 95–139.

Planiscig, L., Venezianische Bildhauer, Wien 1921.

Plinius Secundus d. Ä., Naturkunde XXXV, zweisprachig, München 1978.

Pomillio, M.–della Chiesa, A. O., L'Opera Completa di Leonardo Pittore, Classici dell'Arte, Mailand 1967.

Pope-Hennessy, J., The Portrait in the Renaissance, New York 1966.

Ders., Raphael, London 1970.

Ders., Italian Renaissance Sculpture, London 1971.

Popham, A. E., The Drawings of Leonardo da Vinci, London (1946) 1964.

Preuss, H., Deutsche Frömmigkeit im Spiegel der bildenden Kunst, Berlin 1926.

Prisco, M., L'Opera Completa di Raffaello, Classici dell'Arte, Mailand 1966.

Pudelko, G., Studien über Domenico Veneziano, Mitt. des Kunsthistorischen Institutes Florenz IV, 1932/34, 145–200.

Pungileoni, L., Notizie spettanti a Tiziano Vecelli di Cadore, Giornale Arcadico, Rom 1831, II 335–360.

Ramsden, E. H., ,Come, Take This Lute'. A Quest for Identities in Italian Renaissance Portraiture, Salisbury 1983.

Reau, L., Iconographie de l'art chretien, 3 Bde., Paris 1955–1959.

Reff, Th., The Meaning of Titian's ,Venus of Urbino', Pantheon XXI, 1963, 359–366.

Reumont, A. v., Vittoria Colonna, Freiburg 1881.

Ricci, C., Antonio Allegri da Correggio, Berlin 1897.

Richter, J. P., The Literary Works of Leonardo da Vinci, 2 Vols., New York (1883, 1939) 1970.

Ridolfi, C., Le Marariglie dell'Arte 1648, Ed. D. v. Hadeln 1914–24, repr. Rom 1965.

Rizzatti, M. L., I Geni dell'Arte, Tiziano, Mondadori, Mailand 1976.

Robertson, C., Vicenzo Catena, Edinburgh 1954.

Ronchini, A., Delle Relazioni di Tiziano coi Farnesi, Deputazioni di storia patria per la provincie modanesi e parmesi, Atti e Momorie, Modena 1864, 129–146.

Rosand, D., Titian's Light as Form and Symbol, in: AB LVII, 1975, 58–64.

Ders., Titian, New York 1978.

Rothschild, E. v., Tizians Darstellungen der Laurentiusmarter, Belvedere X, 1931, H. 6, 202–209, H. 7–8, 11–17.

Row La, Sister Magdalen SSJ., The Ikonography of Mary Magdalen: The Evolution of a Western Tradition until 1300, Marsyas XXI, 1981/82, 68.

Roy, M., Artistes et Monuments de la Renaissance en France, Paris 1929.

Ruskin, J., The Complete Works of John Ruskin, New York 1910.

Sainsbury, A. N., Original Unpublished Papers of Sir Peter Paul Rubens, London 1859.

Salis, A. v., Antike und Renaissance, Zürich 1947.

Sansovino, F., Venetia Citta Nobilissima (1580), ed. G. Martinioni 1663, repr. Venedig 1968.

Savini-Branca, S., Il Collezionismo Veneziano nel '600, Padua 1964.

Saxl, F., Antike Götter in der Spätrenaissance. Ein Freskenzyklus und ein Discorso des Jacopo Zucchi, Studien der Bibliothek Warburg, Hrsg. F. Saxl, Leipzig-Berlin 1927.

Ders., Die Ausdrucksgebärden in der bildenden Kunst (1932), in: A. Warburg, Ausgewählte Schriften, Hrsg., D. Wuttke, Baden-Baden 1979, 419–431.

Ders.–Panfosky, E., Classical Mythology in Mediaeval Art, Metropolitan Museum Studies IV, 1932/33, 228–280.

Schapiro, M., Leonardo and Freud: An Art-Historical Study, Journal of the History of Ideas, IV, 1956, 147–178.

Schiller, F., Kallias oder über die Schönheit. Über die Anmut und Würde, Stuttgart 1979.

Schlegel, A. W., Die Gemälde, in: Atheneum II 1, Berlin, 1799, Repr. Darmstadt 1980, 39–151.

Schlegel, U., Simone Bianco und die venezianische Malerei, Mitt. des Kunsthistorischen Institutes Florenz XXIII H. 1/2, 1979, 187–196.

Schlosser, J. v., Die Kunstliteratur. Ein Handbuch zur Quellenkunde der neueren Kunstgeschichte, Wien 1924.

Schubart, W., Religion und Eros, München 1966.

Schubring, P., Cassoni, 2 Bde., Leipzig 1915.

Schuchardt, Chr. Lucas Cranach d. Ä. Leben und Werke, Leipzig 1871.

Schulze, H., Das weibliche Schönheitsideal in der Malerei, Jena 1912.

Sciascia, L.-Mandel, G., L'Opera Completa di Antonello da Messina, Classici dell'Arte, Mailand 1967.

Seznec, J., The Survival of the Pagan Gods, London 1940.

Sheard, W. S., Giogione und Tullio Lombardo, in: Atti del Convegno Internazionale di Studi per il 5⁰ Centenario della Nascita, Castelfranco 1979, 201–211.

Siebenhüner, H., Der Palazzo Barberigo della Terrazza in Venedig und seine Tizian-Sammlung, München 1981.

Suida, W., Leonardo und sein Kreis, München 1929.

Ders., Tizian, Zürich-Leipzig 1933.

Ders., Die Schule Leonardos, in: Piantanida-Baroni, 1975, 315–336.

126

Szövêrffy, J., „Peccatrix quondam femina': A Survey of the Mary Magdalen Hymns, Traditio 19, 1963, 79–146.

Le Targat, F., Saint Sebastien dans l'histoire de l'art depuis le XV siècle, Paris 1979.

Tentler, Th., Sin and Confession on the Eve of the Reformation, Princeton 1977.

Tervarent, G. de, Attributs e Symbols dans l'art profane, 1450–1600. Dictionaire d'un langage perdu, 2 Bde., Genf 1958.

Ticozzi, S., Vite dei Pittori Vecellio di Cadore, Mailand 1817.

Ticozzi, S.–Maier, A., Della imitazione pittorica della eccellenza delle opere di Tiziano, 3 Vols., Venedig 1818.

Tietze, H., Tizian, Leben und Werk, 2 Bde., Wien 1936.

Ders., An Early Version of Titian's „Danae'. An Analysis of Titian's Replicas, Arte Veneta VIII, 1954, 199–208.

Tietze-Conrat, E., Titian's Workshop in His Late Years, AB XXVIII, 1946, 76–88.

Valcanover, F., Tutta la Pittura di Tiziano, 2 Vols, Mailand 1960.

Vasari, G.–Milanesi, G., Le Vite dei più eccellenti Pittori, Scultori ed Architetti (1568), ed. G. Milanesi, Florenz 1907, Repr. 1973.

Vecellio, C., Habiti antichi et moderni di tutto il mondo, Venezia 1598.

Venturi, A., La Galleria Estense in Modena, Modena 1882.

Ders., Leonardo da Vinci und seine Schule, Wien 1942.

Verheyen, E., Der Sinngehalt von Giorgiones Laura, Pantheon XXVI, 1968, 220–227.

Ders., The Paintings in the Studiolo of Isabella d'Este at Mantua, New York 1971.

Voss, H., Die Malerei der Spätrenaissance in Florenz und Rom, 2 Bde., Berlin 1920.

Wackernagel, M., Der Lebensraum des Künstlers in der florentinischen Renaissance, Leipzig 1938.

Wager, L., The Life and Repentance of Maria Magdalen: A morality play (1566), Repr. Chicago 1904.

Waldberg, M. v., Zur Entwicklungsgeschichte der „schönen Seele' bei den spanischen Mystikern, Literarhistorische Forschungen XLI, Berlin 1910.

Walther, A., Tizian, Leipzig 1978.

Warburg, A., Sandro Botticelli's „Geburt der Venus' und „Frühling' (1893), in: A. Warburg, Ausgewählte Schriften, Hrsg. D. Wuttke, Baden-Baden 1979, 11–63.

Watson, P. F., Virtu and Voluptas in Cassone Paintings, Diss. Ann Arbor 1970.

Webb, P., The Erotic Arts, London 1975.

Weil-Garris-Posener, K., Leonardo and Central Italian Art: 1515–1550, New York 1974.

Weinand, H. G., Tränen, Untersuchung über das Weinen in der deutschen Sprache und Literatur des Mittelalters, Diss. Bonn 1958.

Weisbach, W., Der Barock als Kunst der Gegenreformation, Berlin 1921.

Weise, G.–Otto, G., Die religiösen Ausdrucksgebärden des Barock und ihre Vorbereitung durch die italienische Kunst der Renaissance. Schriften und Vorträge der württembergischen Gesellschaft der Wissenschaften H. 5, Stuttgart 1938.

Werckmeister, O. K., The Lintel Fragment Representing Eve from Saint-Lazare, Autun, JWCI XXXV, 1972, 1–30.

Wethey, H. E., Titian's Escorial-Ashburton Magdalen, BM CXVIII, 1976, 693–698.

Ders., Titian, 3 Vols., 1969–1975.

Wethey, H. E.–Wethey, A. S., Titian: Two Portraits of Noblemen in Armor and their Heraldry, AB LXII, 1980, 76–96.

Wilk, S., The Sculpture of Tullio Lombardo, Studies in Sources and Meaning, New York-London 1978.

Wilde, J., Venetian Art from Bellini to Titian, London 1974.

Wildenberg-De Kroon, C., Das Weltleben und die Bekehrung der Maria Magdalena im deutschen religiösen Drama und in der bildenden Kunst des Mittelalters, Amsterdamer Pulbikationen zur Sprache und Literatur XXXIX, Amsterdam 1979.

Wind, E., Heidnische Mysterien in der Renaissance (1958, 1968), Frankfurt/M. 1981.

Wishnewsky, R., Studien zum „portrait historié' in den Niederlanden, Diss. München 1967.

Wölfflin, H., Die klassische Kunst (1898), Stuttgart 1968.

Zampetti, P., L'Opera Completa di Giorgione, Classici dell'Arte, Mailand 1968.

Ders., Celebrazione Tizianesche ad Urbino, in: Tiziano e Venezia Convegno Internazionale di Studi, Venezia 1976, Vicenza 1980, 321–323.

127

Zanetti, A. M., Descrizione di tutte le pubbliche pitture della Città di Venezia, 1733, Repr. Bologna 1980.

Ders., Varie Pitture a fresco dei principali Maestri Veneziani, Venezia 1760.

Zarco del Valle, M. R., Unveröffentlichte Beiträge zur Geschichte der Kunstbestrebungen Karl V. und Philipp II., JSK VII, 1888, 221–237.

Zerner, H., L'estampe érotique au temps de Titien, in: Tiziano e Venezia, Convegno Internazionale di Studi, Venezia 1976, Vicenza 1980, 85–90.

Zinserling, V., Die Frau in Hellas und Rom, Stuttgart 1972.

Zubov, V. P., Leonardo da Vinci, Princeton 1969.

VERZEICHNIS DER BENUTZTEN
KATALOGE, SITZUNGSBERICHTE UND LEXIKA

Austellungskataloge
(nach Künstlern alphabetisch geordnet)

Cranach, L. 1973   Opera Incisoria, Venedig 1973.
Cranach, L. 1974   Ausstellungskatalog Basel 1974, 2 Vols., ed. D. Koepplin, T. Falk.
Dürer, A. 1971   Nürnberg 1971.
Giorgione 1978   Giorgione, Tempi di Giorgione, Castelfranco 1978.
Giorgione 1978   Giorgione a Venezia, Venedig 1978.
El Greco 1982   El Creco of Toledo, Washington 1982.
Greco-Coya 1982   Von Greco bis Goya, München 1982.
Holbein 1969   Die Malerfamilie Holbein in Basel, Basel 1969.
Leonardeschi 1972   Capolavori d'Arte Lombarda I Leonardeschi ai Raggi ‚X', Mailand 1972.
Luini 1975   Sacro e Profano nella Pittura di Bernardino Luini, Luino 1975.
Tizian 1926   Tiziano e il Designo del suo Tempo, Florenz 1926.
Tizian 1935   Mostra di Tiziano, Venedig 1935.
Tizian 1976   Ommaggio a Tiziano, Florenz 1976.
Tizian 1976   Tiziano per i Duchi di Urbino, Urbino 1976.
Tizian 1976   Tiziano e la Silografia Veneziana del Cinquecento (D. Rosand), Venedig 1976.
Tizian 1976/77   Immagini da Tiziano, Stampe dal sec. XVI al sec. XIX della Collezioni del Gabinetto Nazionale delle Stampe, Rom 1976/77.
Tizian 1978/79   Tiziano nelle Gallerie Fiorentine, Florenz, Palazzo Pitti, 1978/79.
Tizian-El Greco 1981 Da Tiziano a el Greco, Venedig 1981.

Kataloge von Museen, Galerien und Sonderausstellungen
(topographisch geordnet)

Augsburg 1980   Welt im Umbruch, Augsburg 1980, 2 Bde.
Berlin 1931   Beschreibendes Verzeichnis der Gemälde im Kaiser-Friedrich-Museum und deutschen Museum, Berlin 1931.
Berlin 1933   Die Bildwerke des Kaiser-Friedrich-Museums, die italienischen und spanischen Bildwerke der Renaissance und des Barock (F. Schottmüller), Berlin, I, 1933.
Berlin 1971   Staatliche Museen, Preußischer Kulturbesitz Berlin, Kupferstichkabientt, Tizian und sein Kreis (P. Dreyer), Berlin 1971.
Berlin 1978   Staatliche Museen Preußischer Kulturbesitz, die italienischen Bildwerke des 17. und 18. Jahrhunderts (U. Schlegel), Berlin 1978.
Stuttgart 1979/80   Zeichnung in Deutschland, deutsche Zeichner 1540–1640, Stuttgart 1979/80, 2 Bde.
Florenz 1980   Firenze e la Toscana dei Medici nell' Europa del Cinquecento, Florenz 1980, 5 Vols.
Florenz 1979   Gli Uffizi, Catalogo Generale Florenz 1979.
Frankfurt 1980   Italienische Zeichnungen des 15. und 16. Jahrhunderts, Frankfurt 1980.
Köln 1969   Wallraf-Richartz-Museum. Katalog der deutschen und niederländischen Gemälde bis 1550, Köln 1969.

Köln 1973	Wallraf-Richartz-Museum. Katalog der italienischen, französischen und spanischen Gemälde bis 1800, Köln 1973.
Leningrad 1977	L'Eremitage a Milano, Mailand 1977.
London 1973	National Gallery, Illustrated General Catalogue, London 1973.
London 1981/82	Splendors of the Gonzaga, Victoria-and-Albert-Museum, London 1981/82.
London 1983/84	The Genius of Venice 1500–1600, Royal Academy of Arts, London 1983/84.
Madrid 1979	Museo del Prado, Pintura Italiana anterior a 1600, Madrid 1979.
Mailand 1969	La Pinacoteca Ambrosiana, Mailand 1969.
Mailand 1977	La Pinacoteca di Brera, Mailand 1977.
Venedig 1971	Arte a Venezia (G. Mariacher), Venedig 1971.
Venedig 1973	G. B. Cavalcaselle, Disegni da Antichi Maestri, Venedig 1973.
Venedig 1974	Disegni Veneti del Museo di Stoccolma, Venedig 1974.
Venedig 1980	Disegni Veneti di Collezioni Inglese, Venedig 1980.
Washington 1968	National Gallery of Art, Washington 1965.
Wien 1973	Kunsthistorisches Museum, Verzeichnis der Gemälde, Wien 1973.

Sitzungsberichte, Essays

Giorgione 1979	Atti del Convegno Internazionale di Studio per il 5⁰ Centenario della Nascità, Castelfranco 1979.
Tizian 1977	Convegno inedetto nel IV Centenario dell'Artista, 1976, Rom 1977.
Tizian 1980	Tiziano e Venezia, Convegno Internazionale di Studi, Venezia 1976, Vicenza 1980.
Tizian 1978	Tiziano e il Manierismo Europeo, a cura di R. Pallucchini, Florenz 1978 = Civiltà Veneziana Saggi 24.

Lexika

LCI	Lexikon der christlichen Ikonographie, Hrsg. E. Kirchbaum, Bd. 1–8. Allgemeine Ikonographie, Freiburg 1968–1972. Ikonographie der Heiligen, 1973–1976.
RAC	Reallexikon für Antike und Christentum. Hrsg. Th. Klauser, Bd. 1–9, Stuttgart 1959–1976.
RDK	Reallexikon zur deutschen Kunstgeschichte, Hrsg. O. Schmitt, E. Gall, L. Heydenreich, H. M. v. Erffa, K. A. Wirth, Bd. 1–6, Stuttgart 1937–1973.
LThK	Lexikon für Theologie und Kirche, 2. Aufl., Hrsg. J. Höfer, K. Rahner, 10 Bde., Freiburg 1957–1965.
Th.-B.	U. Thieme-F. Becker, Allgemeines Lexikon der bildenden Künstler von der Antike bis zur Gegenwart, 37 Bde., Leipzig 1907–1950.

ABKÜRZUNGSVERZEICHNIS

AB	The Art Bulletin
ASA	Archivio Storici del' Arte
AV	Arte Veneta
BM	The Burlington Magazine
CdA	Classici dell' Arte
GASLA	Giornale Arcadico di Scienze, Lettere ed Arti
GBA	Gazette des Beaux-Arts
GSLI	Giornale Storico della Letteratura Italiana
JHI	Journal of the History of Ideas
JPK	Jahrbuch der preußischen Kunstsammlungen
JSK	Jahrbuch der Sammlungen des allerhöchsten Kaiserhauses, Wien
JWXI	Journal of the Warburg and Courtauld Institutes
Kat	Katalog
RSM	Rivista Storica Mantovana
ZÄK	Zeitschrift für Ästhetik und allgemeine Kunstwissenschaft.

ABBILDUNGSVERZEICHNIS

1. Die Büßende Magdalena
   Tizian
   Florenz, Palazzo Pitti
   (Foto: Fiorentini Florenz)
2. Erhebung Mariae Magdalenae
   Stundenbuch der Sforza
   London, British Museum
   (Foto: Archiv des Kunsthistorischen Institutes, Universität Tübingen)
3. Maria Magdalena
   Donatello (Detail)
   Florenz, Dommuseum
   (Foto: Alinari Florenz)
4. Maria Magdalena
   T. Riemenschneider
   München, Bayrisches Nationalmuseum
   (Foto: Bayrisches Nationalmuseum München)
5. Die Entrückung der Maria Magdalena
   A. Dürer
   Berlin, Kupferstichkabinett
   Staatliche Museen Preußischer Kulturbesitz
   (Foto: Archiv des Kunsthistorischen Institutes, Universität Tübingen)
6. Weibliche Aktstudien (Detail)
   A. Pisanello
   Rotterdam, Museum Boymans van Beuningen
   (Foto des Museums)
7. Mars, Venus und Diana (Detail)
   A. Mantegna
   London, British Museum
   (Foto, Archiv des Kunsthistorischen Institutes, Universität Tübingen)
8. Maria Magdalena
   Perugino
   Florenz, Palazzo Pitti
   (Foto: Archiv des Kunsthistorischen Institutes, Universität Tübingen)
9. Portrait einer Dame als Magdalena
   Piero di Cosimo
   Rom, Galleria Nazionale
   (Foto: Archiv des Kunsthistorischen Institutes, Universität Tübingen)
10. Maria Magdalena
    Giampietrino
    Mailand, Museo d'arte antica del Castello Sforzesco
    (Foto: Alinari Florenz)
11. Studie zum Philippus
    Leonardo da Vinci
    Windsor Castle
    (Foto: Archiv des Kunsthistorischen Institutes, Universität Tübingen)

Wien, Privatbesitz
(Foto: aus Suida, Leonardo und sein Kreis)

25. Sabina Poppaea
    Schule von Fontainebleau
    (nach Leonardo)
    Genf, Musée d'Art et d'Histoire
    (Foto des Museums)

26. Kleopatra
    Giampietrino
    Paris, Louvre
    (Foto: Réunion des musées nationaux Paris)

27. Colombine
    F. Melzi
    Leningrad, Eremitage
    (Foto: Archiv des Kunsthistorischen Institutes, Universität Tübingen)

28. Flora
    Leonardo da Vinci (?)
    Berlin, Staatliche Museen Preußischer Kulturbesitz
    (Foto: Archiv des Kunsthistorischen Institutes, Universität Tübingen)

29. Bildnis eines jungen Mädchens
    Botticelli
    Frankfurt, Städelsches Kunstinstitut
    (Foto: Archiv des Kunsthistorischen Institutes, Universität Tübingen)

30. Kleopatra
    Piero di Cosimo
    Chantilly, Musée Condé
    (Foto: Archiv des Kunsthistorischen Institutes, Universität Tübingen)

31. Nymphe Egeria
    Giampietrino
    Mailand, Sammlung Brivio
    (Foto: Archiv des Kunsthistorischen Institutes, Universität Tübingen)

32. Heilige Katharina
    Giampietrino
    Florenz, Uffizien
    (Foto: Archiv des Kunsthistorischen Institutes, Universität Tübingen)

33. Bacchus und Ariadne
    T. Lombardo
    Wien, Kunsthistorisches Museum
    (Foto: Archiv des Kunsthistorischen Institutes, Universität Tübingen)

34. Portrait einer jungen Frau
    Sebastiano del Piombo
    Washington, National Gallery of Art
    Samuel H. Kress Collection
    (Foto: National Gallery of Art Washington)

35. Toilette der Venus
    Tizian
    Washington, National Gallery of Art
    Andrew W. Mellon Collection
    (Foto: Archiv des Kunsthistorischen Institutes, Universität Tübingen)

36. Laura
    Giorgione
    Wien Kunsthistorisches Museum
    (Foto: Archiv des Kunsthistorischen Institutes, Universität Tübingen)

37. Venus Anadyomene
    Tizian

Edinburgh, National Gallery of Scotland
Leihgabe des Herzogs von Sutherland
(Foto: Nation Gallery of Scotland)
38. Flora
Tizian
Florenz, Uffizien
(Foto: Archiv des Kunsthistorischen Institutes, Universität Tübingen)
39. Junge Frau bei der Toilette
G. Bellini
Wien, Kunsthistorisches Museum
(Foto: Archiv des Kunsthistorischen Institutes, Universität Tübingen)
40. Flora
B. Veneziano
Frankfurt, Städelsches Kunstinstitut
(Foto des Museums)
41. Junge Frau bei der Toilette
Tizian
Paris, Louvre
(Foto: Réunion des musées nationaux Paris)
42. Vanitas
Tizian
München, alte Pinakothek
(Foto: Archiv des Kunsthistorischen Institutes, Universität Tübingen)
43. Blonde Frau
Palma Vecchio
London, National Gallery
(Foto: Archiv des Kunsthistorischen Institutes, Universität Tübingen)
44. Portrait einer jungen Frau
Palma Vecchio
Mailand, Museo Poldi Pezzoli
(Foto des Museums)
45. Frau mit Schachtel
Palma Vecchio
Wien, Kunsthistorisches Museum
(Foto: Archiv des Kunsthistorischen Institutes, Universität Tübingen)
46. Halbfigur einer jungen Frau
Palma Vecchio
Berlin, Staatliche Museen Preußischer Kulturbesitz
(Foto: Staatliche Museen zu Berlin, DDR)
47. Halbfigur einer jungen Frau
Palma Vecchio
Berlin, Staatliche Museen Preußischer Kulturbesitz
(Foto: Staatliche Museen zu Berlin, DDR)
48. Mädchen mit einer Nelke (Angela Zaffetta?)
P. Bordone
London, National Gallery
(Foto: National Gallery London)
49. Salome
Moretto da Brescia
Brescia, Palazzo Martinengo
Galleria Tosio
(Foto: Archiv des Kunsthistorischen Institutes, Universität Tübingen)
50. Mädchen im Pelz
Tizian

Wien, Kunsthistorisches Museum
(Foto: Kunsthistorisches Museum Wien)
51. La Bella
Tizian
Florenz, Palazzo Pitti
(Foto: Archiv des Kunsthistorischen Institutes, Universität Tübingen)
52. Venus von Urbino
Tizian
Florenz, Uffizien
(Foto: Archiv des Kunsthistorischen Institutes, Universität Tübingen)
53. Eva Prima Pandora
J. Cousin d. Ä.
Paris, Louvre
(Foto: Réunion des musées nationaux Paris)
54. Flora
J. Massys
Stockholm, Nationalmuseum
(Foto: Archiv des Kunsthistorischen Institutes, Universität Tübingen)
55. Die Herzogin von Villar und Gabrielle d'Estrées
Schule von Fontainebleau
Paris, Louvre
(Foto: Archiv des Kunsthistorischen Institutes, Universität Tübingen)
56. Diane de Poitiers
J. Clouet
Washington, National Gallery of Art
Samuel H. Kress Collection
(Foto: Archiv des Kunsthistorischen Institutes, Universität Tübingen)
57. Venus und Amor
H. Holbein d. J.
Basel, Öffentliche Kunstsammlung
(Foto: Archiv des Kunsthistorischen Institutes, Universität Tübingen)
58. Laïs Corinthiaca
H. Holbein d. J.
Basel, Öffentliche Kunstsammlung
(Foto: Archiv des Kunsthistorischen Institutes, Universität Tübingen)
59. Maria Magdalena
L. Cranach
Köln, Wallraf-Richartz-Museum
(Foto des Museum, Rheinisches Bildarchiv)
60. Maria Magdalena (Agatha van Schoonhoven?)
J. van Scorel
Amsterdam, Rijksmuseum
(Foto: Archiv des Kunsthistorischen Institutes, Universität Tübingen)
61. Junge Venezianerin
G. Savoldo
Berlin, Staatliche Museen Preußischer Kulturbesitz
(Foto des Museums, P. Anders, Berlin)
62. Maria Magdalena
G. Savoldo
London, National Gallery
(Foto: Archiv des Kunsthistorischen Institutes, Universität Tübingen)
63. Himmelfahrt Mariae (Detail)
A. Mantegna
Padua, Ovetari Kapelle
(Foto: Archiv des Kunsthistorischen Institutes, Universität Tübingen)

136

Wien, Graphische Sammlung Albertina
(Foto: Archiv des Kunsthistorischen Institutes, Universität Tübingen)
78. Magdalena (von Albinea)
A. Correggio
London, National Gallery
(Foto: National Gallery London)
79. Die Büßende Magdalena
Tintoretto
Rom, Kapitol, Pinakothek
(Kopie nach Foto Gabinetto Fotografico Nazionale Rom)
80. Die Erziehung Amors
A. Correggio
London, National Gallery
(Foto: Archiv des Kunsthistorischen Institutes, Universität Tübingen)
81. Magdalena (Leggente)
Stich nach A. Correggio
ehemals Dresden, Gemäldegalerie
(Stich: Eigentum der Autorin)
82. Die Büßende Magdalena
Stich nach P. Batoni
Dresden, Gemäldegalerie
(Stich: Eigentum der Autorin)
83. Maria Magdalena
F. Furini
Wien, Kunsthistorisches Museum
(Foto: Kunsthistorisches Museum Wien)
84. Maria Magdalena
F. Furini
Wien, Kunsthistorisches Museum
(Foto: Kunsthistorisches Museum Wien)

Ich danke den folgenden Museen, Galerien und Instituten für die Hilfe und Unterstützung bei der Beschaffung der Fotos sowie die Reproduktionsgenehmigung:

Berlin, Staatliche Museen der Stiftung Preußischer Kulturbesitz, Herr Dr. Schleier – Staatliche Museen zu Berlin (DDR), Frau Dr. Geismeier – Chicago, The Art Institute of Chicago – Edinburgh, Duke of Sutherland, National Gallery of Scotland, Mr. MacAndrew – Frankfurt, Städelsches Kunstinstitut, Frau Dr. Heinemann – Genf, Musée d'Art et Histoire – Köln, Wallraf-Richartz-Museum – Leningrad, Eremitage, Direktor V. Suslov – London, National Gallery, Mr. Galloway – Mailand, Museo Poldi Pezzoli – München, Bayrisches Nationalmuseum, Frau Dr. Gockerell – Paris, Louvre – Rom, Bibliotheca Hertziana, Frau Fr. E. Stahn – Stuttgart, Staatsgalerie, Frau Dr. Gauss – Tübingen, Kunsthistorisches Institut der Universität – Washington, National Gallery of Art – Wien, Kunsthistorisches Museum.

Liste der im Text erwähnten, jedoch *nicht* im Abbildungsteil aufgenommenen Werke

G. Bellini	Triptychon, Frarikirche, Venedig (Ghiotto-Pignatti, Bellini, Classici dell' Arte, Nr. 134)
G. Bellini	Pala di Pesaro (Ghiotto-Pignatti, Bellini, Classici dell'Arte, Nr. 68)
G. Bellini	Sacra Conversazione mit den Heiligen Katharina und Magdalena (Ghiotto-Pignatti, Bellini, Classici dell'Arte, Nr. 138)
V. Catena	Junge Frau als Magdalena (Kat. Berlin, 1933, Abb. S. 22)
J. van Cleve	Junge Frau (Pomillo-della Chiesa, Leonardo, Classici dell'Arte, unter Nr. 31)
Correggio	Portrait einer Dame (Bevilaqua-Quintavalle, Correggio, Classici dell'Arte, Nr. 44)
Correggio	Anbetung (Mailand. Bevilaqua-Quintavalle, Correggio, Classici dell'Arte, Nr. 29)
Correggio	Madonna (Budapest. Bevilaqua-Quintavalle, Correggio, Classici dell'Arte, Nr. 63)
C. Crivelli	Magdalena (Kat. Rijksmuseum, 1973, S. 22, Abb. 2. s. a. weitere ähnliche Exemplare: London, National Gallery, Kat. Nr. 907 B und Berlin, Staatliche Museen, Kat. Berlin 1930, Abb. 1156)
Piero di Cosimo	Assunta (Florenz. Piero di Cosimo, Classici dell'Arte, Nr. 33)
Giampietrino	Abundantia (Piantanida-Baroni, Leonardo, Abb. S. 326)
Giotto	Erhebung Magdalenas durch die Engel (Magdalenenkapelle, San Francesco, Assisi. Kat. Giotto e i Giotteschi in Assisi, a cura di G. Palumbo, Abb. Taf. XV)
D. Hopfer	Hüftbild einer jungen Frau (Kat. Welt im Umbruch, Augsburg, 1980, II, Abb. S. 249)
Leonardo	Profilbild einer Frau (Suida, Leonardo und sein Kreis, Abb. 123)
Leonardo	Hieronymus (Pomilio-della Chiesa, Leonardo, Classici dell'Arte, Nr. 13)
Leonardo	Johannes d. T. (Louvre, Paris, Pomilio-della Chiesa, Leonardo, Classici dell'Arte, Nr. 37)
Leonardo	Johannes-Bacchus (Louvre, Paris, Pomilio-della Chiesa, Leonardo, Classici dell'Arte, Nr. 36)
Leonardo (Schüler)	Leda, stehend und knieend. (Pomilio-della Ciesa, Leonardo, Classici dell' Arte, Nr. 34)
B. Luini	Venus, liegend (Kat. Washington, Abb. 289)
Palma Vecchio	Violante (Wethey, II, Abb. 222)
Palma Vecchio	Blonde Frau im schwarzen Kleid (Wethey, II, Abb. 223)
Palma Vecchio	Tarquin und Lukrezia (Wethey, III, Abb. 33)
Parmigianio	Portrait Anataea (Neapel, Pinakothek, Nr. 190)
Pistoia, Meister von	Magdalena (M. Meiss, Das große Zeitalter der Freskenmalerei, München, 1973[2], Abb. 103)
Sebastiano del Piombo	Bildnis einer jungen Römerin (Hl. Dorothea? Staatliche Museen, Berlin, Kat. 1930, Abb. 259 B)
Sebastiano del Piombo	Frauenportrait (sogen. »Fornarina«. Florenz, Uffizien, Catalogo Generale, Abb. P 1593)

Sebastiano del Piombo	Salome (London, National Gallery, Gat. Abb. Nr. 2493)
Sodoma	Lukrezia (Turin, Kat. Leonardeschi . . ., Abb. 186)
Tizian	Triumph des Glaubens (Kat. Tizian e la Silografia, Scheda Nr. 1 (Block X)
Tizian	Petrus Martyr (Stich nach Rota, Wethey, I, Abb. 154)
Tizian	Allegorie des d'Avalos (Wethey, III, Abb. 68)
Tizian	Mariae Tempelgang (Wethey, I, Abb. 36)
Tizian	Katharina von Alexandrien (Wethey, I, Abb. 188)
Tizian	Lukrezia (Hampton Court, Wethey, III, Abb. 37)
Tizian	Hieronymus (Louvre, Paris. Wethey, I, Abb. 155)
Tizian	Salome (Galleria Doria, Rom. Wethey, I, Abb. 149)
T. Vitti	Magdalena (Berenson, Die italienischen Maler der Renaissance, Abb. 347)

ABBILDUNGEN

1. Die Büßende Magdalena, Tizian, Florenz, Palazzo Pitti

2. Erhebung Mariae Magdalenae
   Stundenbuch der Sforza
   London, British Museum

2

4

4. Maria Magdalena
   T. Riemenschneider
   München, Bayrisches Nationalmuseum

3. Maria Magdalena
   Donatello (Detail)
   Florenz, Dommuseum

3

6. Weibliche Aktstudien (Detail)
   A. Pisanello
   Rotterdam, Museum Boymans van Beuningen

6

5

5. Die Entrückung der Maria Magdalena
   A. Dürer
   Berlin, Kupferstichkabinett

7. Mars, Venus und Diana (Detail)
   A. Mantegna
   London, British Museum

7

8. Maria Magdalena
   Perugino
   Florenz, Palazzo Pitti

9. Portrait einer Dame als Magdalena
   Piero di Cosimo
   Rom, Galleria Nazionale

10. Maria Magdalena
    Giampietrino
    Mailand, Museo d'arte antica del
    Castello Sforzesco

11. Studie zum Philippus
    Leonardo da Vinci
    Windsor Castle

12

12. Maria Magdalena, Giampietrino
    Burgos, Kathedrale

13. Maria Magdalena, Giampietrino
    Mailand, Pinacoteca di Brera

13

14

14. Maria Magdalena, Raffael
    Berlin, Kupferstichkabinett

15. Maria Magdalena
    B. Luini
    Washington
    National Gallery of Art
    Samuel H. Kress Collection

16. Studien zu einer Maria Magdalena
    Leonardo da Vinci
    London, Courtauld Institute of Art

17. Maria Magdalena
    Giampietrino
    Florenz, Sammlung Contini-Bonacossi

18. Weibliches Portrait (als Magdalena)
    Leonardo zugeschrieben
    wahrscheinlich Giampietrino
    Montreux, Sammlung Cuenod

19. Flora
   Giampietrino
   vormalig Gallerie Morrison
   Basildon Park

20. Mona Vanna
   Leonardoschule
   Chantilly, Musée Condé

21

22

21. Martha und Magdalena
    (Eitelkeit und Bescheidenheit)
    B. Luini
    Paris, Baron Rothschild

22. Venus
    Marco d' Oggiono
    Wien, Sammlung Lederer

23. Susanna (Detail), B. Luini, Mailand, Sammlung Borromeo

24. Mythologische Figur
    Giampietrino
    Wien, Privatbesitz

25. Sabina Poppaea
    Schule von
    Fontainebleau
    (nach Leonardo)
    Genf, Musée d'Art
    et d'Histoire

26. Kleopatra, Giampietrino, Paris, Louvre

27. Colombine, F. Melzi, Leningrad, Eremitage

28. Flora, Leonardo da Vinci (?), Berlin, Staatliche Museen Preußischer Kulturbesitz

29. Bildnis eines jungen Mädchens, Botticelli, Frankfurt, Städelsches Kunstinstitut

30. Kleopatra, Piero di Cosimo, Chantilly, Musée Condé

31. Nymphe Egeria, Giampietrino, Mailand, Sammlung Brivio

32. Heilige Katharina, Giampietrino, Florenz, Uffizien

33. Bacchus und Ariadne, T. Lombardo, Wien, Kunsthistorisches Museum

34. Portrait einer jungen Frau, Sebastiano del Piombo
Washington, National Gallery of Art, Samuel H. Kress Collection

35. Toilette der Venus
    Tizian
    Washington,
    National Gallery of Art
    Andrew W. Mellon Collection

36. Laura
    Giorgione
    Wien, Kunsthistorisches Museum

37. Venus Anadyomene, Tizian, Edinburgh, National Gallery of Scotland, Leihgabe des
    Herzogs von Sutherland

38. Flora, Tizian, Florenz, Uffizien

39

40

39. Junge Frau bei der Toilette
    G. Bellini
    Wien, Kunsthistorisches Museum

40. Flora
    B. Veneziano
    Frankfurt, Städelsches Kunstinstitut

41. Junge Frau bei der Toilette
    Tizian
    Paris, Louvre

42. Vanitas
    Tizian
    München, Alte Pinakothek

43. Blonde Frau, Palma Vecchio, London, National Gallery

44. Portrait einer jungen Frau
    Palma Vecchio
    Mailand, Museo Poldi Pezzoli

45. Frau mit Schachtel
    Palma Vecchio
    Wien, Kunsthistorisches Museum

46. Halbfigur einer jungen Frau
Palma Vecchio
Berlin, Staatliche Museen
Preußischer Kulturbesitz

47. Halbfigur einer jungen Frau
Palma Vecchio
Berlin, Staatliche Museen
Preußischer Kulturbesitz

48. Mädchen mit einer Nelke (Angela Zaffetta?)
    P. Bordone
    London, National Gallery

49. Salome
    Moretto da Brescia
    Brescia, Palazzo Martinengo
    Galleria Tosio

50. Mädchen im Pelz, Tizian
    Wien, Kunsthistorisches Museum

51. La Bella, Tizian
    Florenz, Palazzo Pitti

52. Venus von Urbino, Tizian, Florenz, Uffizien

53. Eva Prima Pandora, J. Cousin d. Ä., Paris, Louvre

54. Flora, J. Massys, Stockholm, Nationalmuseum

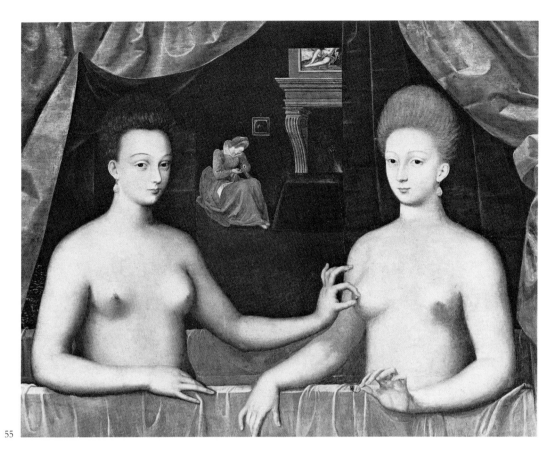

55

56

55. Die Herzogin von Villar und
    Gabrielle d'Estrées
    Schule von Fontainebleau
    Paris, Louvre

56. Diane de Poitiers
    J. Clouet
    Washington, National Gallery of Art
    Samuel H. Kress Collection

57. Venus und Amor
   H. Holbein d. J.
   Basel, Öffentliche Kunstsammlung

58. Laïs Corinthiaca
   H. Holbein d. J.
   Basel, Öffentliche Kunstsammlung

59. Maria Magdalena
    L. Cranach
    Köln, Wallraf-Richartz-Museum

60. Maria Magdalena
    (Agatha van Schoonhoven?)
    J. van Scorel
    Amsterdam, Rijksmuseum

61. Junge Venezianerin
    G. Savoldo
    Berlin, Staatliche Museen
    Preußischer Kulturbesitz

62. Maria Magdalena
    G. Savoldo
    London, National
    Gallery

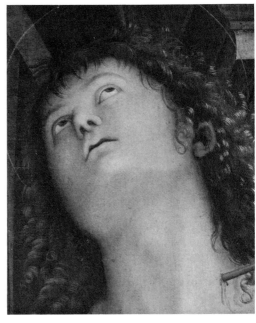

63. Himmelfahrt Mariae (Detail)
    A. Mantegna
    Padua, Ovetari Kapelle

64. Sebastian (Detail)
    Perugino
    Florenz, Uffizien

65. Sebastian (Detail)
    Perugino
    Paris, Louvre

66. Assunta (Detail)
    Tizian
    Venedig, Frarikirche

67. Heilige Katharina
Raffael
London, National Gallery

68. Büßende Magdalena
    Tizian
    Leningrad, Eremitage

69. Büßende Magdalena
    Tizian
    Neapel, Gallerie Nazionali di
    Capodimonte

70. Fornarina
    Raffael (?)
    Rom, Galleria Nazionale

71. Frau bei der Toilette
    G. Romano
    Moskau, Museum

72. Maria Magdalena
Moretto da Brescia
Chicago, TheArt Institute

73

73. Cortigiana
Tizian (?)
Pasadena, Norton Simon Museum

72

74. Die Büßende Magdalena, M. Rota
    Stuttgart, Staatsgalerie

75. Die Büßende Magdalena, G. B. Fontana
    Rom, Gabinetto Nazionale delle Stampe

76. Die Büßende Magdalena, C. Cort
    Rom, Gabinetto Nazionale delle Stampe

77. Die Büßende Magdalena, M. Rota
    Wien, Graphische Sammlung Albertina

78. Magdalena (von Albinea)
A. Correggio
London, National Gallery

78

79. Die Büßende Magdalena
Tintoretto
Rom, Kapitol, Pinakothek

79

80. Die Erziehung Amors
A. Correggio
London, National Gallery

80

81. Magdalena (Leggente), Stich nach A. Correggio, ehemals Dresden, Gemäldegalerie

82. Die Büßende Magdalena, Stich nach P. Batoni, Dresden, Gemäldegalerie

83. Maria Magdalena
    F. Furini
    Wien, Kunsthistorisches
    Museum

84. Maria Magdalena
    F. Furini
    Wien, Kunsthistorisches
    Museum